IL VANGELO SECONDO ME

Giuseppe Riccardo Festa

IL VANGELO SECONDO ME

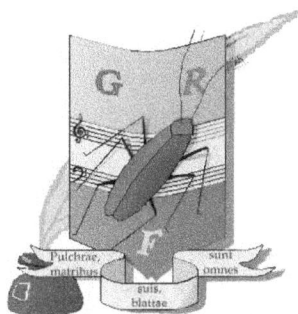

IL VANGELO SECONDO ME

«Per carità» ridacchiò con condiscendenza il professore: «lei più di tutti deve pur sapere che niente di quanto è scritto nei vangeli è mai successo; se cominciamo a considerare il vangelo come una fonte storica...».

M. Bulgakov – Il maestro e Margherita – Cap. III

La fede nella verità comincia col dubbio su tutte le «verità» fino ad allora credute

F. Nietzsche – Umano, troppo umano

Tu sei! Tu sei! Dice Lavater. Tu sei!! Tu sei!!!
Tu sei!!!! Tu sei il Signore Gesù Cristo!!!!!
Non ripeterebbe così forte parola e precetti,
se la cosa non desse adito a sospetti.

W. Goethe – Sul *Canto di un cristiano a Cristo* di Lavater.

Dio è davvero il principio e la fine di tutte le cose: è infatti la prima risposta dell'ignoranza e l'ultima della paura.

GRF

INTRODUZIONE

Uno dei capisaldi della dottrina cattolica è l'asserzione secondo la quale è la Chiesa e la Chiesa soltanto, intesa come gerarchia, a possedere le giuste chiavi di lettura delle Scritture, in quanto lei sola – ispirata com'è, a suo dire, dal proprio Fondatore - è in grado di interpretarne correttamente il testo. Pertanto, il buon cattolico non può e non deve pretendere di avvicinarsi alla lettura dei Sacri Testi, se non alla luce del suo insegnamento.

La Chiesa cattolica si è sempre ritenuta portatrice di verità assolute e incontestabili, e non solo in campo religioso:

> Non ci è dottrina al mondo che possa competere di ampiezza e d'importanza con la dottrina cattolica. Di essa è poco il dire con l'altissimo Poeta che tenti *Descriver fondo a tutto l'universo*. La dottrina cattolica leva il suo sguardo assai più in alto. Irraggiata da una luce misteriosa e celeste, studia l'universo e il Creatore dell'universo, il finito e l'infinito, il mutabile e l'immutabile, il temporaneo e l'eterno. Non basta: indaga l'armonia di cose tanto tra loro diverse, e ne intravede l'unione intima ed efficace.[1]

Il pio catechista dell'Ottocento non aveva dunque dubbi: *la* Verità, *ogni* verità, sta nella dottrina cattolica. Punto e basta. A maggior ragione quando si tratta dei testi sacri, dei Libri dai quali essa trae la sua stessa ragion d'essere. Questo punto di vista è talmente radicato nella Chiesa che, almeno fino al Concilio Vaticano II, essa arrivava a preferire che i fedeli *non* acquisissero una conoscenza diretta delle Scritture, contentandosi di

---

[1] Alfonso Capecelatro: *La Dottrina Cattolica esposta in tre libri* – Terza edizione, Vol. I, pag. 2. Tipografia Liturgica di S. Giovanni, Roma, MDCCCLXXXVIII. *L'altissimo poeta*, ovviamente, è Dante Alighieri. La citazione, da Inf., XXXII, 8, è piuttosto fuori luogo: nell'opera l'endecasillabo si riferisce infatti al timore di Dante di non esser capace di descrivere il più profondo dell'inferno, che sta per visitare.

quella che veniva loro erogata nel corso delle liturgie[2]. Ho ben chiaro, a questo proposito, il ricordo della mia breve permanenza nel seminario vescovile di Macerata, quando il Rettore affermava che *la Chiesa non sconsiglia la lettura delle Scritture, ma neppure la consiglia.* Era il 1965 e il Concilio Vaticano II era ancora in corso. La Chiesa riteneva che senza la sua guida il lettore avrebbe potuto travisare il senso dei testi e giungere a conclusioni contrastanti con *il loro vero significato* che, naturalmente, era quello che la Chiesa stessa attribuiva loro. Questa visione, imposta in passato con metodi molto meno morbidi di quelli attuali, è rimasta vincente nei primi mille e cinquecento anni di storia del cristianesimo, come dimostra la costante epurazione di coloro che, come Ario, Valdo, Dolcino, Giordano Bruno ed altri, definiti secondo i casi *eretici* o *scismatici,* tentavano di proporre visioni diverse da quella *giusta.* Non a caso uno dei capisaldi della Protesta luterana è proprio il rifiuto di ogni intermediazione nel rapporto fra il credente e la Scrittura[3].

Le eresie, vincenti come la luterana o perdenti come quasi tutte le altre, nascevano in genere all'interno della Chiesa stessa: coloro che osavano proporre interpretazioni delle Scritture che si discostassero dall'ortodossia (in Francia si dice *pas très catholique,* per antonomasia, riferendosi a qualcosa che esce dalle regole) erano preti, o frati, o vescovi. E non poteva essere altrimenti: l'affermazione del cristianesimo coincise con - e contribuì a

---

[2] Non è un mistero che gran parte del clero abbia visto nel concilio Vaticano II una iattura. In più di un'occasione, negli anni successivi al Concilio, ho sentito lamentare l'eccessiva apertura che esso aveva *concesso* alle altre religioni ed alle altre confessioni cristiane. In particolare, disturbava i tradizionalisti la traduzione della messa dal latino alle lingue correnti. Un vecchio prete mi disse senza tante ambage che era meglio *prima*, quando il latino ammantava la liturgia di una veste misteriosa e magica, e la gente era colta da soggezione di fronte a quelle parole incomprensibili.

[3] Un rifiuto che – sia detto per inciso – ha favorito l'alfabetizzazione, e quindi la crescita culturale, delle popolazioni nordiche. Analogamente, l'obbligo di studiare la Torah ha fatto sì che gli Ebrei, anche durante il Medio Evo, sviluppassero le loro doti intellettive e possedessero un grado di cultura inimmaginabile fra le masse analfabete che li circondavano in Europa. Questo costituiva, insieme all'accusa di deicidio, un ulteriore motivo di astio verso di loro da parte del clero e delle popolazioni.

provocare[4] - il crollo dell'impero Romano e il conseguente disfacimento di ogni struttura sociale e scolastica, specialmente in Italia. Nei successivi mille anni il grado di alfabetizzazione delle popolazioni rimase pressoché nullo ed anche nelle classi dominanti il livello culturale era tutt'altro che esaltante, con poche e frequentemente scomunicate eccezioni: una per tutte, Federico II di Svevia. In ogni caso, il tenore di vita non era tale da incoraggiare spunti polemici o indagini filosofiche in gente che faticava, e non sempre riusciva, a mettere insieme un pasto decente al giorno. Solo i chierici ricevevano una educazione e godevano di un tenore di vita passabilmente elevati, tali da consentir loro di porsi delle domande. Non sembra dunque errato affermare che il livello medio di consenso che la Chiesa cattolica ha avuto, nel corso della storia, è sempre stato inversamente proporzionale al grado di benessere e, soprattutto, di cultura delle popolazioni ad essa sottomesse o con essa coesistenti.

Con sommo disappunto della Chiesa, tuttavia, a poco a poco le sue pecorelle cominciarono a star meglio, o se si preferisce meno peggio, e ad uscire dal gregge: prima nel nord dell'Europa e poi, con molto maggiore lentezza, anche in Italia e Spagna, tradizionali culle e rifugi del tradizionalismo cattolico. Con la nascita della stampa a caratteri mobili[5] divenne più facile entrare in possesso di libri per una fascia di fedeli più ampia, pur se ancora limitata. I cristiani del nord Europa, più benestanti e meno ignoranti di quelli del sud, vivevano con crescente disagio e fastidio l'imposizione vaticana, oltre che di onerosi oboli, di una chiave di lettura dei vangeli e della Bibbia non più confacente ad uno stile di vita, ormai lontano dai valori medievali, che rivendicava un ruolo più attivo e costruttivo, per l'individuo, anche nel rapporto con Dio.

---

[4] Molto illuminanti, a questo proposito, sono i capitoli XV e XVI di *The decline and fall of the Roman Empire*, di Edward Gibbon.

[5] Quasi emblematicamente, il primo libro stampato dai fratelli Gutenberg fu proprio una Bibbia. Anche Victor Hugo, in *Notre Dame de Paris*, pone in evidenza il fatto che la stampa soppianta le sculture e le vetrate della Cattedrale come fonte di informazione e formazione del fedele.

I vizi che hanno caratterizzato la Chiesa romana in epoca rina-
scimentale (simonia, nepotismo, lussuria e lusso sfrenati, abuso
di potere e corruzione) furono soltanto l'occasionale fattore sca-
tenante dell'eresia luterana e del conseguente scisma: prima o
poi l'Europa delle nazioni e del commercio si sarebbe comunque scrollata di dosso i vincoli imposti dalla Chiesa. Un altro
esempio illuminante, a questo proposito, è lo scisma anglicano
che, scatenato da Enrico VIII per motivi dinastici[6], fu accolto
con entusiasmo dalla popolazione, tanto che il tentativo di re-
staurazione cattolica, posto in atto pochi anni dopo dalla figlia
Maria, fallì miseramente. Enrico VIII agì in un contesto sociale,
culturale ed economico già maturo per la separazione da Roma.
Questa separazione sarebbe intervenuta comunque, prima o poi,
che la Corona fosse o meno ad essa favorevole.
In Italia, per giungere a un pur parziale svincolo delle coscienze
dall'obbligo dell'ortodossia cattolica, c'è voluto molto di più.
Proprio nel Paese che aveva inventato il Rinascimento, la Con-
troriforma strangolò la possibilità che si formasse una coscienza
critica in materia religiosa, filosofica e scientifica e mortificò
ogni forma di sviluppo culturale indipendente. Ci sono voluti il
Risorgimento (che aveva una forte componente anticlericale) e
la nascita di una Sinistra politicamente forte e ideologicamente
agguerrita (non necessariamente anticlericale ma comunque laica) per attenuare il potere, già assoluto, che la Chiesa deteneva
sulla formazione culturale e morale degli italiani[7]; un potere che,
peraltro, essa continua a rivendicare[8].

---

[6] Enrico voleva un erede maschio ma i figli maschi che aveva avuto da Caterina
d'Aragona, la prima moglie, non erano vissuti a lungo. A quei tempi, la colpa per
questo genere di problemi si dava sempre alla moglie. Il papa negava il consenso
all'annullamento del matrimonio: non tanto per la sacralità del vincolo, quanto per la
necessità di non irritare il cattolicissimo re di Spagna, padre della moglie contestata.
[7] Ebbe ampia eco il caso di un vescovo di Prato, tale Pietro Fiordelli, che nel 1956
definì "pubblici peccatori e concubini" due sposi che avevano scelto di unirsi col solo
rito civile.
[8] Per quanto riguarda l'Italia, basti pensare alle polemiche scatenate dall'abolizione
dell'obbligo, nella scuola, dell'insegnamento della religione, od alle prese di posizione della Chiesa sulle leggi che regolamentano il divorzio, l'aborto volontario, l'uso

Nell'àmbito del cattolicesimo gli articoli di fede – cristallizzati dal Concilio di Trento nel *Simbolo* o *Credo,* poi integrati dal Vaticano I con i dogmi dell'infallibilità papale e dell'immacolata Concezione di Maria – sono l'equivalente dei postulati nella geometria euclidea: non si discutono. Chiunque, filosofo, teologo o studioso, osi discostarsene, non potendo più essere mandato al rogo oggi è immediatamente emarginato o espulso, se appartenente all'alveo culturale religioso, o indicato dalla Chiesa al pubblico sdegno, come bugiardo e iconoclasta, se laico[9].

Dio è quindi uno e trino, il Padre genera il Figlio fuori dal tempo, lo Spirito Santo *procede* dal Padre e dal Figlio (entrambi di sesso rigorosamente maschile), tutti e tre sono della stessa *sostanza*; Maria è, era, è sempre stata e sempre sarà vergine, ed è stata concepita senza peccato. Cristo è risorto dopo tre giorni dalla morte ed è andato con tutto il corpo in cielo, dove poi lo ha raggiunto anche Maria; il papa è l'erede di Pietro ed è infallibile quando parla *ex cathedra*, l'ostia consacrata è vero corpo di Cristo e muta sostanza, pur conservando l'accidente originario[10], al momento dell'Elevazione. E via dogmatizzando, sulla base di un approccio conoscitivo fondato sul pensiero aristotelico mediato da Tommaso d'Aquino. Tutto questo, agli occhi di una persona di mentalità laica e fornita di una formazione scientifica anche

---

dei contraccettivi, le unioni fuori dal matrimonio, la fecondazione medicalmente assistita o, ancora, alle sue pretese in materia di finanziamento pubblico delle scuole private, che per la maggior parte sono d'ispirazione confessionale. Per migliori approfondimenti circa il rapporto fra la Chiesa cattolica e la crescita civile, culturale e morale degli Italiani, rimando al libro *Gli Italiani sotto la Chiesa*, di Giordano Bruno Guerri (Mondadori).

[9] È esemplare il caso del già citato Giordano Bruno Guerri e del suo *Povera santa, povero assassino* (Mondadori, 2000), come esempio di aggressione a un laico che pone in discussione l'infallibilità (se non la buona fede) della Chiesa. Per quanto riguarda, invece, gli incauti che, dall'interno, osano mettere in discussione i dogmi della religione cattolica, basti pensare all'ex abate Franzoni, che, all'epoca del referendum contro la legge sul divorzio, osò schierarsi su posizioni autonome, difendendo la legge: fu privato del suo status di ecclesiastico e *ridotto* allo stato di laico.

[10] Forma, colore, sapore, peso, struttura molecolare e atomica sono *accidente*. Ciò che rimane, sulla base di una vetusta e ormai improponibile teoria aristotelica, è *sostanza*. Viene da dire, rischiando una facile ironia, che *la sostanza non è un accidente*.

non profondissima, suonerebbe divertente, nella sua totale e perentoria irrazionalità, se non fosse che per centinaia d'anni la vita politica, civile e morale di buona parte dell'umanità è stata costantemente - e spesso violentemente – condizionata dalla imposizione di questi dogmi; e che anche oggi, che il potere coercitivo della Chiesa è stato ridimensionato, milioni di persone lasciano che la loro esistenza e le loro coscienze vengano orientate e condizionate da questo cumulo di articoli di fede, senza nemmeno porsi il quesito che nasce istintivo in qualsiasi altro campo: *è giusto o sbagliato che io creda in queste cose? Chi mi dimostra che tutto questo è vero?*
Bertrand Russell, al riguardo, non ha dubbi:

> [La religione] è stata dannosa perché ha fatto in modo che la gente credesse a cose delle quali non esistevano prove concrete e questo ha falsato il pensiero di tutti, ha falsato i sistemi di educazione e creato anche una completa eresia morale; e cioè che è bene credere a determinate cose e male credere ad altre, senza domandarsi se queste cose sono vere o false.[11]

C'è naturalmente un motivo, se i più accettano facilmente ed acriticamente una fede religiosa, ed è che pochissimi hanno il coraggio di buttarsi alle spalle il bagaglio di rassicuranti certezze offerte dalla religione, *da qualsiasi religione*. L'umanità è assillata dalla paura della morte: una paura che tenta di esorcizzare in tutti i modi giungendo perfino, come tende a fare oggi, a fingere che non esista. Ma il pensiero è comunque là, con la consapevolezza che quel momento verrà e tutto finirà. È per questo, forse, che i più preferiscono lasciarsi convincere, acriticamente, che la Chiesa è davvero depositaria della *Verità*: in cambio ricevono una consolatoria e tranquillizzante promessa di vita eterna[12].

---

[11] Bertrand Russell intervistato da Voodrow Wyatt per la BBC, in *Russell dice la sua*, Longanesi, 1968.
[12] Anche alcuni scienziati contemporanei, con convinzione più o meno decisa, manifestano chi un teismo agnostico, come Albert Einstein (Ebreo di ascendenza ma non di religione) chi un deciso agnosticismo, come Bertrand Russell (che al suo non essere cristiano ha dedicato un libro), chi un fervido cattolicesimo, come il nazional-popolare Antonino Zichichi. Il mondo della scienza è fatto di esseri umani, e questo

In teoria, quando uno ha fede non dovrebbe aver bisogno di spiegazioni razionali di ciò in cui afferma di credere: dovrebbe credere e basta. La Chiesa afferma infatti che la fede è un dono di Dio: o ce l'hai, o non ce l'hai. Ma la natura umana è curiosa, ed indagatrice. Ha bisogno di ordinare, classificare, spiegare. E così Agostino, Anselmo, Tommaso d'Aquino, la filosofia Scolastica e tutti gli altri, giù giù fino a Vittorio Messori e inclusi gli eretici, da un lato parlano di fede, dall'altro si accaniscono in un faticoso e puntiglioso argomentare che, tuttavia, non mette mai in dubbio la validità delle loro fonti: su esse, anzi, questo argomentare si basa, pur se variamente interpretandole.

La furia indagatrice che caratterizza questi *scienziati della fede* è però contraddittoria. I loro libri salvifici e messianici traggono infatti solo da sé stessi la propria autorevolezza: essi, cioè, si autodefiniscono testi sacri, ed autocertificano la propria veridicità e la verità del proprio contenuto; dunque, ogni attività di ricerca dovrebbe essere ritenuta inutile, se non blasfema. Un esempio di questa autocertificazione si trova nel vangelo di Giovanni:

> Chi ha visto ne dà testimonianza e la sua testimonianza è vera ed egli sa che dice il vero, perché anche voi crediate.[13]

Un altro esempio appare nel Libro dell'Apocalisse:

> Poi [l'Angelo] mi disse: «*Queste parole sono certe e veraci*. Il Signore, il Dio che ispira i profeti, ha mandato il suo angelo per mostrare ai suoi servi ciò che deve accadere tra breve. Ecco, io verrò presto. *Beato chi custodisce le parole profetiche di questo libro*». *Sono io, Giovanni, che ho visto e udito queste cose*. Udite e vedute che le ebbi, mi prostrai in adorazione ai piedi dell'angelo che me le aveva mostrate. Ma egli mi disse: «Guardati dal farlo! Io sono un servo di Dio come te e i tuoi fratelli, i profeti, e come coloro che custodiscono le parole di questo libro. È Dio che devi adorare.[14]

---

perciò non sorprende. Esso tende comunque, in generale, ad osservare le problematiche religiose nella loro veste di fenomeno socio-antropologico, ed il coinvolgimento personale degli uomini di scienza nelle fedi religiose tende a scemare col progredire della comprensione dei fenomeni naturali (incluso il comportamento umano) e delle loro cause.

[13] Gv. 19,35
[14] Ap. 22,6-9. I corsivi sono miei.

L'autocertificazione è la procedura utilizzata dalle religioni, da tempi immemorabili, per legittimare sé stesse. Un aspetto sostanziale della critica laica ai testi cosiddetti *rivelati* è appunto che del loro contenuto non esistono riscontri e testimonianze di fonte indipendente ed autonoma.

Islam, Ebraismo e Cristianesimo – le grandi religioni monoteiste - si fondano sull'asserita veridicità e sacralità delle rispettive Scritture. Tutte e tre hanno una comune radice nei testi sacri ebraici, *il Libro* per antonomasia: la Bibbia[15]. Solo l'Ebraismo, però, è rimasto fedele al testo originario: il Cristianesimo lo ha dichiarato superato e gli ha aggiunto il Nuovo Testamento e l'Islam, ad esso ispirandosi, ha partorito il Corano[16].

Maometto, lo sa ogni Musulmano, ha ricevuto il testo del Corano, nel settimo secolo dell'era cristiana, sotto dettatura. A dettare era l'Arcangelo Gabriele. Il Musulmano è in buona fede convinto che questa sia una verità incontestabile, visto che viene da Maometto, e che Maometto è il Profeta. Tutto questo l'ha detto Maometto e quindi è vero, visto che Maometto è il Profeta[17].

---

[15] *Ta biblia*, in greco, vuol dire "i libri". Questa definizione nasce forse anche dal fatto che per secoli gli unici libri che si ritennero degni di essere in qualche modo riprodotti e diffusi erano appunto questi.

[16] Molto grosso modo, la parola *Corano* vuol dire, per gli Arabi, la stessa cosa che *Bibbia* vuol dire per noi.

[17] Non intendo affatto prendere in giro i fedeli dell'Islam. Questa è l'argomentazione che una mia amica marocchina (laureata alla Sorbona di Parigi) mi proponeva per dimostrare la veridicità del Corano. A questo proposito, mi piace citare un'altra mia esperienza personale, questa volta con i Mormoni, i cui rappresentanti per qualche tempo si sono aggirati, a coppie nerovestite, per le città di provincia italiane. Due di questi simpatici ed educatissimi ragazzotti nordamericani hanno un giorno suonato il campanello di casa mia pregandomi di accettare in dono una copia de *Il Libro di Mormon*. Hanno sorriso compiaciuti quando, chiacchierando amabilmente, ho fatto loro notare, appunto, che la veridicità dei testi sacri di altre religioni non era suffragata da elementi *oggettivi* di prova. Con estremo orgoglio, hanno affermato che questo non era il caso per quanto riguardava il *loro* libro, il cui Autore ne aveva trascritto il testo da una redazione autentica ed originale su tavole d'oro che aveva rinvenuto grazie al suggerimento di un angelo, apparsogli in sogno. Compiaciuto, ho commentato che certamente i Mormoni conservavano queste tavole d'oro come preziose e sacre reliquie. I due mi hanno risposto di no, perché dopo la trascrizione l'Angelo si era ri-

La Bibbia ebraica è costituita da una gran quantità di Libri, redatti in un lungo volgere di secoli da un numeroso stuolo di redattori. In parte *il Pentateuco*, costituito dai primi cinque libri della Bibbia, è attribuito da alcuni addirittura a Mosè[18].

È costante, in tutti i libri del Pentateuco, la ripetizione del messaggio: *uno è il Dio, ed è il Dio di Israele, e Israele è il Popolo Eletto, particolarmente amato da Dio, che lo renderà numeroso come le stelle nel Cielo.*

La Bibbia nasce dunque come testo di una religione nazionale, senza alcuna ambizione universalistica. Al contrario, essa prèdica la necessità di un costante ed assoluto isolamento degli Ebrei dal resto del mondo. Quando Giosuè guida il Popolo eletto nella Terra Promessa, l'ordine di Dio – il *Dio di Israele* - è perentorio: ogni volta che una città viene conquistata, la popolazione deve esserne sterminata senza pietà uccidendo uomini, vecchi, donne, bambini[19]. Deve essere evitato ogni contatto, ogni contaminazione del Popolo eletto con popoli diversi e con i loro dèi. Questo testo è alla base della *Religione Universale.*

La Bibbia cristiana è costituita da quella ebraica[20] e da successivi testi, redatti per narrare di Gesù di Nazareth e dimostrarne lo status di figlio di Dio. La prima, senza chiedere il parere degli Ebrei, è quindi stata definita *Antico Testamento*; i secondi, che dell'Antico rappresenterebbero il superamento, *Nuovo Testamento*. Anche il Nuovo Testamento è frutto di una molteplicità di autori, tutti, afferma la Chiesa, ispirati da Dio. La sua parte

---

preso le tavole. Comunque, tutto quanto mi avevano riferito era puntualmente narrato nel libro di Mormon, e quindi…

[18] La Torah, *la Legge*, è infatti costituita da questi primi cinque libri: *Genesi, Esodo, Levitico, Numeri e Deuteronomio.*

[19] Vedi ad esempio, in Giosuè 6, la presa di Gerico: «La città con quanto è in essa sarà votata allo sterminio per il Signore […] Votarono poi allo sterminio, passando a fil di spada, ogni essere che era nella città, dall'uomo alla donna, dal giovane al vecchio, e perfino i buoi, gli arieti e gli asini».

[20] Con alcune aggiunte: i quattro libri dei Maccabei, accettati dalla Chiesa ortodossa, lo sono in parte dal cattolicesimo e per nulla sia dagli Ebrei che dalle Chiese protestanti.

principale è rappresentata dai quattro Vangeli[21] di Matteo, Marco, Luca e Giovanni. I primi tre, più simili fra loro, sono detti *vangeli sinottici*[22]; l'altro, Giovanni, il più filosofico, è ritenuto autore, oltre che di un vangelo, anche dell'*Apocalisse*, il primo testo gotico, se non decisamente horror, nella storia della letteratura, se si prescinde da certi passaggi del Vecchio Testamento.

Il Nuovo Testamento è completato dagli Atti degli Apostoli, attribuiti all'evangelista Luca, che narrano alcune vicende successive alla Ascensione di Gesù al cielo; dalle lettere di Paolo di Tarso (l'*Apostolo delle Genti),* da quelle degli apostoli Pietro e Giovanni ai fedeli delle varie comunità cristiane fondate qui e là, fra la Palestina e Roma, nei primi anni dopo la morte del Maestro, e infine da un'unica lettera di un non ben identificato Giuda.

L'entusiasmo dei primi apologeti ha generato una gran massa di testi sulla vita di Gesù, ma solo una parte ridottissima di questi testi è stata eletta dalla Chiesa alla dignità di Testo Sacro. Tutto il resto, alla stregua delle biografie non autorizzate che oggi si scrivono sui personaggi famosi, è stato scartato e definito *apocrifo*, cioè falso… o quasi. Uta Ranke Heinemann[23] fa notare che, pur se apocrifi, numerosi testi, scacciati dal portone della cattedrale, sono poi rientrati dalla porticina della sagrestia. Per esempio, i nomi dei genitori di Maria e dei Magi, come il numero di questi ultimi, non ci sono stati tramandati dai testi *autentici*, che non ne parlano affatto, ma da quelli *apocrifi*.

Voltaire fornisce una gustosa quanto improbabile ricostruzione[24] del modo in cui al concilio di Nicea (325 E.v.) si decise quali,

---

[21] *Vangelo* viene, tanto per cambiare, dal greco. È una banalizzazione del termine *Eu Anghelos*, cioè Buon Messaggio, ossia Buona Novella. La radice è la stessa di "Angelo", che in origine voleva dire "Messaggero".

[22] Il termine, di origine greca, significa "con una stessa ottica".

[23] Teologa, cattolica ma di formazione protestante, autrice di *Così non sia* e *Eunuchi per il Regno dei Cieli* (pubblicati in Italia da RCS), due opere di sostanziale critica all'ortodossia in materia di sessualità e di approccio alla lettura dei vangeli, che le sono valse l'allontanamento dall'università di cattolica di Essen, in Germania, ove era titolare della cattedra di teologia.

[24] *Dizionario Filosofico*, alla voce *Concili*.

fra i numerosi testi evangelici che circolavano, fossero autentici e quali apocrifi: tutti quei libri, dice (evidentemente pensava a *volumi*, cioè rotoli), furono messi su un altare. Quelli che non rotolarono a terra furono ritenuti autentici, gli altri scartati.

In realtà, il contenuto dei vangeli apocrifi è a tal punto agiografico, fiabesco e assurdo che, se legittimi dubbi sussistono circa la veridicità storica dei vangeli canonici, gli apocrifi sono addirittura comici, soprattutto per come ricostruiscono la vita di Maria ed il presunto soggiorno in Egitto della *sacra famiglia*[25].

La Chiesa di Roma ha dunque scartato i testi evangelici più palesemente inattendibili ed ha scelto di considerare autentici solo quelli più antichi e più direttamente correlati alla sostanza della predicazione del Cristo. Su questi, oltre che sull'Antico Testamento (al quale i vangeli fanno continuamente riferimento) afferma di basare tutta la propria etica, la propria teologia e la propria legittimità. Quanto alla parte teorica, essa, come ho già accennato, è stata definitivamente sistemata da Tommaso d'Aquino, il quale è riuscito a dimostrare che Platone e soprattutto Aristotele, i massimi esponenti del pensiero filosofico e scientifico greco, non erano altro che precursori di Cristo e che il Vangelo poteva benissimo andare d'accordo con la metafisica aristotelica. Il fatto che, secondo Aristotele, Dio sarebbe immobile, immutabile e privo di una volontà (e quindi non potrebbe essere né Padre né Creatore) era per Tommaso secondario. Anche perché la concezione cosmogonica[26] di Aristotele andava a

---

[25] Il modo in cui viene *documentata* la verginità di Maria dopo il parto, nell'apocrifo detto di *pseudo Matteo*, è addirittura osceno. Ma intanto Giotto, nella Cappella degli Scrovegni, in Padova, ha dipinto episodi della vita di Maria tratti di peso dai vangeli apocrifi.

[26] Ossia, il modo in cui viene concepita la struttura dell'universo. Secondo Aristotele – e Tolomeo, che nel II secolo E.v. fissò il sistema che gli deve il nome –la Terra è al centro dell'Universo e tutto le ruota intorno; i moti astrali, secondo questa concezione morale più che scientifica, devono essere perfetti, e quindi riguardare sfere che si muovono in cerchio su sfere; per giustificare le anomalie nel movimento dei pianeti, che appariva evidentemente tutt'altro che circolare, Tolomeo inventò gli *epicicli*, un complicato gioco di moti circolari dei pianeti sulle rispettive sfere. Galileo, osservando le asperità della superficie lunare e scoprendo i satelliti di Giove (che non ruotano

nozze con la Genesi: metteva l'uomo al centro di tutto e il suo pianeta al centro di un universo perfetto ed immutabile, solo che si salisse un po' oltre la corruttibile sfera centrale, preda del libero arbitrio.

Per secoli la Bibbia, Aristotele e Tommaso d'Aquino sono stati i pilastri sui quali la Chiesa ha fondato non soltanto la fede religiosa ma ogni forma di conoscenza ammessa. Ogni speculazione che contrastasse con il contenuto *letterale* della Bibbia o con quanto affermava Aristotele[27] produceva accuse di eresia e, con una certa frequenza, anche condanne al rogo.

Ma, piano piano, il Medioevo è finito e a malincuore, con una particolare accelerazione nel corso degli ultimi duecento anni, la Chiesa ha dovuto a poco a poco modificare il proprio approccio, con riguardo alla veridicità *letterale* dei testi biblici.

I guai, come tutti sanno, sono cominciati quando l'evidenza scientifica ha costretto le gerarchie ecclesiastiche ad ammettere che, qualunque cosa avesse detto Giosuè[28], era la Terra a girare intorno al Sole, e non viceversa[29], e che i cieli erano tutt'altro che perfetti e immutabili. Poi ci si mise di mezzo anche Darwin, che contestò i modi e i tempi della Creazione ed attribuì la origine delle specie ad un lungo e casuale processo evolutivo condizionato dall'ambiente, in ciò supportato in sèguito anche da

---

intorno alla Terra), mise in crisi tale costruzione ed evidenziò quanto il sistema eliocentrico copernicano fosse più rispondente alla realtà.

[27] L'espressione *Ipse dixit*, cioè *l'ha detto Lui*, è diventata proverbiale. Veniva usata, nel corso delle discussioni, per far presente che si stava citando Aristotele, e questo poneva termine ad ogni contestazione.

[28] Mi riferisco all'episodio della guerra contro gli Amorrei, in Giosuè 10,12-13. La battaglia volge a favore degli Ebrei, ma il sole sta tramontando; e ciò, provocando la sospensione delle ostilità, gioverebbe ai nemici. Giosuè prega che il sole si fermi, viene esaudito e così la giornata si allunga di quel tanto che occorre per vincere definitivamente la battaglia. Questo era l'argomento che, secondo la Chiesa, non consentiva di dubitare, sul piano *scientifico*, della validità del sistema Tolemaico.

[29] La Chiesa (bontà sua) ha *riabilitato* Galileo Galilei soltanto nel 1999, ammettendo implicitamente che la Santa Inquisizione, nel costringerlo a rinnegare le proprie posizioni, aveva preso un solenne e altrettanto santo granchio. Il cardinale Bellarmino, capo del Tribunale ecclesiastico cui si deve la condanna, oltre che di Galileo, anche di Giordano Bruno, è stato poi fatto santo.

biologi e paleontologi; e Freud, scoprendo che la psiche umana è articolata e complessa e che gli stessi concetti di *bene* e di *male* sono relativi e non assoluti, in quanto la formazione della volontà è spesso condizionata da fattori inconsci che l'individuo non può controllare; ed Einstein, che rivoluzionava i tradizionali concetti di spazio e di tempo, mostrando un universo del tutto difforme da quello concepibile col solo aiuto del sentire comune. Gli archeologi, dal canto loro, riesaminavano miti biblici come il Diluvio, la Torre di Babele, la cattività in Egitto, l'Esodo e il passaggio del Mar Rosso, spogliandoli del contenuto leggendario e ridimensionandone la portata, quando non arrivando a demolirli del tutto, come accadde con la bella favola della Creazione dell'Uomo e del Peccato Originale.

La Chiesa ha fatto di tutto per resistere all'avanzare di questo flusso di conoscenze, che percepisce come una vera e propria aggressione al suo antropocentrico sistema concettuale[30], opponendo all'incalzare delle scoperte i testi biblici e il proprio approccio metafisico alla conoscenza a quello empirico sperimentale; ma dopo qualche diecina o qualche centinaio di anni, secondo i casi, ha dovuto poi piegarsi all'evidenza dei fatti.

Oggi la Chiesa cattolica ammette che il contenuto di carattere storico e scientifico dell'Antico Testamento va valutato tenendo conto dei tempi in cui è stato scritto, e che le relative affermazioni vanno lette in chiave allegorica, pur restandone assolutamente incontestabile il significato teologico. Insomma, *big bang* o no[31], il Vaticano non rinuncia al suo antropocentrismo e ribadisce che l'universo nasce da un atto di volontà di Dio.

---

[30] L'antropocentrismo è un sistema di pensiero per il quale tutto esiste per servire l'umanità. La resistenza non veniva dalla sola Chiesa cattolica: gli Anglicani tentarono ferocemente di smantellare le tesi di Darwin. Per certi versi, anzi, le posizioni di altre confessioni cristiane sono ancora oggi più becere e ottuse di quelle del Sant'Uffizio. Basti pensare alla pedissequa e rigida interpretazione della Bibbia dei Testimoni di Geova, o al fatto che in taluni Stati degli USA si è giunti a vietare, nelle scuole, l'insegnamento dell'evoluzionismo, in quanto contrario alla lettera delle Scritture.

[31] Il *Big Bang* è visto in realtà dalla gerarchia cattolica, a partire da Pio XII, come una sorta di àncora di salvezza del creazionismo: in questo evento singolare essa vede un

Quest'universo, con tutto il suo sterminato numero di galassie, di stelle e l'incommensurabile estensione di spazio e tempo di cui è costituito, ha, sempre secondo la Chiesa (e le altre teologie monoteistiche), lo scopo di consentire a noi esseri umani di nascere, operare ed esercitare il libero arbitrio: per guadagnarci il paradiso (come Dio auspica nella sua infinita bontà) o viceversa per subire, dopo la morte, le pene eterne dell'inferno, avendo offeso il nostro Creatore[32]. Il fatto che l'umanità stessa non rappresenti che un episodio nella storia della vita sul pianeta (in proporzione, un paio di minuti contro ventiquattro ore) non conta, come non conta la marginalità della Terra stessa nella storia dell'universo.

Diverso è il discorso per quanto riguarda i Vangeli. Qui, la Chiesa è adamantina. I fatti in essi riportati, afferma, sono assolutamente veri e incontestabilmente storici:

> La Chiesa ha sempre in ogni luogo ritenuto e ritiene che i quattro Vangeli sono di origine apostolica. Infatti, ciò che gli Apostoli per mandato di Cristo predicarono, dopo, per ispirazione dello Spirito Santo, fu dagli stessi e da uomini della loro cerchia tramandato in scritti, come fondamento della fede, cioè il Vangelo quadriforme, secondo Matteo, Marco, Luca e Giovanni.
> La Santa Madre Chiesa ha ritenuto e ritiene con fermezza e costanza massima, che i quattro suindicati Vangeli, *di cui afferma senza esitanza la storicità, trasmettono fedelmente quanto Gesù Figlio di Dio, durante la*

---

necessario intervento creativo divino. Sfortunatamente, gli sviluppi della cosmologia e della fisica – soprattutto la fisica quantistica – oltre alla possibilità della autogenerazione dell'Universo dal nulla, ipotizzano oggi che una molteplicità di universi si generi continuamente nello spazio, e che il nostro non sia che uno tra gli infiniti universi esistenti, in un ulteriore, e definitivo, passo verso la rimozione dell'Uomo dal centro dell'esistente.

[32] Questo misericordioso Dio cristiano è piuttosto spietato. Per nefande che possano essere state le colpe di un peccatore, Hitler, Stalin e Pol Pot compresi, esse hanno comunque generato un danno *finito*, nel senso che il male prodotto è delimitato nel tempo, nello spazio e nella quantità. Una pena *infinita* appare quindi sproporzionata ed iniqua, ed in contrasto con un senso di giustizia anche elementare. Figurarsi se divino.

sua vita tra gli uomini, effettivamente operò e insegnò per la loro eterna salvezza, fino al giorno in cui fu assunto in cielo (cfr. At 1,1-2).[33]

La Chiesa, quindi, non ha dubbi: i Vangeli raccontano *fatti*. Solo che essa, per dimostrare la veridicità di questi fatti, utilizza un approccio che sa di esegesi, più che di analisi storica.

Afferma Vittorio Messori, che del pensiero storico e storiografico della Chiesa è oggi, almeno in Italia, uno dei principali rappresentanti:

> Buona parte delle incomprensioni e dei rifiuti nei riguardi del cristianesimo vengono proprio da questo: dall'applicare anche qui, cioè, le categorie che valgono per ogni altra realtà della storia, ma che non valgono per la Storia della Salvezza, per l'ingresso e la presenza di Dio nella vicenda umana. Esiste quella che i tedeschi chiamano *die christliche Weltanschauung*, la prospettiva cristiana sulla storia e sul mondo. È uno sguardo che ha le sue leggi. Chi le ignora o le trascura, nulla può comprendere, pur illudendosi di capire tutto[34].

Parole che lasciano allibiti. Criteri come lo sforzo di obiettività; e la ricerca, la necessità, il vaglio e la concordanza di una molteplicità di fonti, non applicano dunque, secondo Vittorio Messori, quando si parla di storia cristiana.

Citerò spesso Messori, nelle pagine di questo libro, e sempre in chiave critica. Non perché ce l'abbia particolarmente con lui ma in quanto è un tipico rappresentante, e dunque un eccellente modello di riferimento, dei più fieri e caparbi difensori dell'ortodossia cattolica.

Pur se con ben diverso stile, concetti analoghi sono espressi anche da altri pensatori cristiani fra i quali il protestante Albert Schweitzer, il grande teologo, filantropo e musicista alsaziano, il quale scriveva:

> «Il problema della vita di Gesù non trova analogie nel campo della storia. Nessuna scuola storica ha mai dettato i canoni per l'indagine di questo

---

[33] Dalla *Costituzione dogmatica del Concilio Ecumenico Vaticano II sulla divina rivelazione*, 17-18. Riprendo la citazione da *La Sacra Bibbia*, Edizione Ufficiale della CEI, nell'introduzione al Nuovo Testamento, pag. 969. Il corsivo è mio.
[34] Vittorio Messori, *Dicono che è risorto – un'indagine sul sepolcro vuoto*, pag. 7. SEI, Torino, 2000.

problema, *nessuno storico professionista ha mai prestato il suo aiuto alla teologia per la sua soluzione.* Ogni metodo comune di investigazione storica si dimostra inadeguato alla complessità delle condizioni. La normale ricerca storica appare qui insufficiente, i suoi metodi non applicabili in maniera diretta. *Lo studio della vita di Gesù ha dovuto creare metodi adatti al proprio scopo* [...]. Non c'è tuttavia alcun metodo diretto per risolvere il problema nella sua complessità; tutto quel che si può fare è sperimentare continuamente, *partendo da determinate assunzioni*; e in questo sperimentare il principio informatore deve alla fine basarsi sull'intuizione storica»[35].

Pur se con grande umiltà, anche Schweitzer ammetteva dunque che il cristiano affronta la ricerca storica partendo da posizioni predeterminate: posizioni che dichiara vere in modo pregiudiziale, e che prescindono da qualunque approccio storico scientifico. Messori, da parte sua, dice ai laici che sono presuntuosi, se non pateticamente cretini, nella loro pretesa di analizzare la storia del cristianesimo, perché essi non si avvalgono della *christliche Weltanschauung*; cosa che lui, ovviamente, invece fa. E non si rende conto di comportarsi *lui* da presuntuoso, con simili affermazioni[36]. O non se ne preoccupa, perché quest'affermazione è gratificante per il suo pubblico che indossa, a sua volta, gli occhiali della *christliche Weltanschauung*[37].
Sulla base di siffatti criteri, però, ogni ideologia potrebbe rivendicare un approccio differenziato e *ad hoc* alla propria immagine della storia, purché in possesso di un suo libro sacro: anche il nazismo (*Mein Kampf*) e il bolscevismo (*Das Kapital*), che

---

[35] Albert Schweitzer: *Rispetto per la vita,* antologia a cura di Charles R. Joy, Edizioni Comunità, Milano, 1957, pagg. 113-114; i corsivi sono miei.
[36] Egli afferma inoltre, parlando di *Così non sia* di Uta Ranke Heinemann, che il libro «non meriterebbe alcuna attenzione se si presentasse come uno dei consueti pamphlets di qualche agnostico, ateo, ex credente» (op.cit., pag. 280): per chi non condivide i suoi punti di vista, dunque, solo disprezzo: non mette conto parlarne. Non a caso l'intera sua opera – esegetica, ripeto, e non storica: lo dimostra un simile approccio – non è che un continuo gioco di rimandi a questo o quell'autore, sempre e comunque rigorosamente di parte: la sua.
[37] Nel mondo del Mago di Oz tutto era di un meraviglioso color verde smeraldo, e tutti si chiedevano come facesse il mago a trasformare così ogni cosa. Nessuno si chiedeva perché il mago imponesse a tutti, quando entravano nel suo regno, di indossare occhiali dalle lenti verdi...

avrebbero il diritto di allogare la non criticabilità delle loro *nazi Weltanschauung* e *bolschewistish Weltanschauung.*

È singolare che più avanti, nell'opera dalla quale traggo l'illuminante brano che ho citato, Messori stesso si affanni poi a cercare, nel testo dei vangeli, elementi a suo parere *oggettivi* (estranei quindi alla *christliche Weltanschauung)* per sostenere il proprio punto di vista, senza tralasciare di trattare con evidente disprezzo, e definendolo *ridicolo,* l'osservatore laico o comunque portatore di un punto di vista non omologo al suo.

È rivelatrice, circa il suo approccio, la violenza con la quale si scaglia contro Uta Ranke Heinemann[38], colpevole di essere tedesca (non è chiaro perché egli ritenga che questo la renda degna di disprezzo), di dubitare della storicità dei vangeli e di pretendersi tuttavia cattolica. Fra le righe della sua violenta, e piuttosto volgare requisitoria a carico della Ranke Heinemann, emerge chiaro l'astio del cattolico tradizionalista nei confronti di chiunque, riguardo alle *verità* evangeliche, tenti una strada diversa dalla sua, soprattutto se portatore di una cultura che non chiede *imprimatur* e non sopporta censure né da sé stessa né da pretesi *portatori di verità.* Il laico, da Voltaire in poi, aggredisce *un'idea*; il cattolico, da sempre, aggredisce *un nemico*[39].

Messori si scaglia contro chi pone in dubbio le parti del Nuovo Testamento che lui difende ma come vedremo demolisce, rettifica, reinterpreta o sminuisce, o semplicemente ignora, quelle che

---

[38] Uta Ranke Heinemann, già protestante, si convertì al cattolicesimo per amore del suo cattolico fidanzato. Questa conversione è motivo, per Messori, di legittimo scherno nei suoi confronti. Le conversioni al cattolicesimo stanno bene, alla Chiesa ed ai suoi esegeti, solo quando sono acriticamente allineate con le loro posizioni.

[39] Prevengo una facile obiezione. Immagino infatti che mi si contesterà il comportamento degli *atei* bolscevichi nei confronti di tutti i loro avversari. Rispondo che il comunismo, così come è stato vissuto nell'ex Unione Sovietica ed esportato nei vari Paesi del mondo (inclusa l'Italia, fino a Berlinguer) è stato una vera e propria religione fortemente indebitata, quanto a sistema organizzativo ed approccio ideologico, proprio col cristianesimo, dal quale ha peraltro mutuato molti concetti di fondo, anche positivi. Che poi li abbia travisati ed usati come vernice per celare una spietata dittatura, è un altro discorso. Ma, anche in questo, ha avuto ottimi maestri.

contrastano con le sue tesi[40], disinvoltamente dimenticando che il suo è un castello dal quale è pericoloso togliere anche un solo mattone, perché rischia poi di rovinargli addosso tutto intero.

Gli riesce facilissimo dimostrare di aver ragione, dato che:

a) prende in considerazione, del contesto che esamina, solo gli elementi utili a sostenere le proprie tesi[41] (elementi che definisce aprioristicamente ed apoditticamente giusti, ignorando o svalutando tutti gli altri (esattamente quello che fa Peter Kolosimo per dimostrare che in passato, sul nostro pianeta, c'è stato un gran via vai di extraterrestri)[42];

b) enuncia come fatti incontestabili ipotesi e deduzioni tutte sue, prive di qualsiasi supporto anche nel contesto degli stessi libri sacri, utilizzando (ma non è il primo) una tecnica di ricostruzione degli eventi che mi piace definire come *Metodo della congettura perentoria*;

c) si rivolge ad un pubblico già convinto della validità delle sue tesi, o che di esserne convinto ha una voglia barbina (ed anche in questo non c'è molta differenza di approccio psicologico fra i suoi lettori e quelli di Kolosimo).

Nessuna sorpresa, quindi, circa il successo editoriale di Messori (e delle Edizioni Paoline). In un mondo in perpetuo e sempre più rapido mutamento, pieno di incertezze e di paure, sovraffollato e

---

[40] Allo stesso modo, nell'opera citata Messori copre letteralmente di insulti, *in quanto tedeschi*, Hans Küng, i vescovi tedeschi, la Heinemann e con lei i teologi, filosofi ed esponenti della cultura germanica (inclusi Goethe e Schiller!) che la studiosa cita nelle sue opere, affermando che sono superati, noiosi, prolissi e che i tedeschi sono pessimi cattolici, salvo poi infarcire la propria opera di riferimenti ad una pletora di altri pensatori tedeschi.

[41] Usando la tecnica della *lettura selettiva* grazie alla quale, come rileva Michel Onfray nel suo *Trattato di Ateologia* (Fazi Editore, Roma, 2005), ognuno sceglie, dei testi sacri della propria religione, le parti che meglio si sposano con la sua visione. La Bibbia legittima in questo modo le Crociate, Francesco d'Assisi, l'Inquisizione, George W. Bush, Rocco Buttiglione, Martin Lutero, il Ku Klux Klan e chiunque, nella Bibbia, voglia trovarci qualunque cosa vi cerchi.

[42] Circa questi processi di costruzione della prova, diffusissimi nel mondo delle scienze inesatte, Piero Angela fornisce esempi illuminanti e non poco divertenti nel suo *Indagine sulla Parapsicologia* (Garzanti, Milano, 1992).

minaccioso, nel quale il territorio della religione è continuamente eroso dal progredire della scienza sperimentale, cosa c'è di meglio di uno scrittore che ti conforta nel tuo bisogno di trascendenza fornendoti, a supporto della tua fede religiosa, elementi che *sembrano* scientifici? Osserva Alan Cromer:

> La maggior parte degli occultisti riveste il proprio lavoro con una patina di scienza. Così Joan Quingley, la chiaroveggente dei cui consigli si avvale Nancy Reagan, si definisce una "seria astrologa scientifica" [...] e V. James De Meo, un moderno difensore dell'idea di Wilhelm Reich secondo la quale l'orgasmo è una forza cosmica, sostiene che "ogni passaggio della teoria orgonica di Reich è stato derivato sperimentalmente"[43]

Un metodo utilizzato non soltanto dagli occultisti, ma anche da Messori, Kolosimo, i difensori dell'autenticità della Sindone, i biografi di Padre Pio e tanti altri che vendono milioni di copie. Attenzione, però: vendere molto non significa necessariamente aver ragione. Se così fosse, i veri profeti non sarebbero né Gesù né Maometto, ma Michael Jackson e Federico Moccia.
Molto più modestamente di Messori, io non pretendo di aver ragione, anche perché ricorro a metodi decisamente più fallibili della sua *christliche Weltanschauung*. Scrivendo questo libro ho voluto soltanto richiamare l'attenzione di chi ha un po' di curiosità sulle contraddizioni e le incongruenze dei testi biblici; contraddizioni e incongruenze sulle quali l'esegesi ecclesiastica, da sempre, sorvola con ineffabile disinvoltura. Queste contraddizioni e incongruenze sono tali, a mio avviso, da giustificare che si dubiti, oltre che della realtà storica di quei testi, anche della gran quantità di dogmi, norme, miti, riti e credenze che sulla loro base si sono venuti accumulando nel tempo e che costituiscono il corpus ideologico del cattolicesimo: non ultimo, il preteso primato del papa su tutti i cristiani e la sua infallibilità.
Questo libro non è, e non pretende di essere, né un'opera originale né un'opera esauriente ed esaustiva; né, meno che mai, una trattazione dotta. Non è originale, perché già in molti hanno ri-

---

[43] Alan Cromer: *L'Eresia della Scienza*, Cap. 2, pag. 52. CDE, Milano, 1999.

levato incongruenze e palesi assurdità nei testi biblici[44]. Non è esauriente ed esaustiva, in quanto è il frutto di un esame a volo di uccello sul contenuto del Nuovo Testamento, del quale intende porre in evidenza gli aspetti che il buon senso - prima di tutto – e l'indisponibilità ad accettare verità precostituite rendono obiettivamente difficili da accettare. Nello stesso tempo, questo libro intende porre in evidenza alcune palesi contraddizioni fra il dettato evangelico e la realtà – etica, teorica e morale – del Cristianesimo in generale e della Chiesa cattolica in particolare.

Infine, e di conseguenza, il libro non è una trattazione dotta, perché non vuole e soprattutto perché non ha bisogno di esserlo: un argomentare semplice e piano, e magari anche divertente, è il modo migliore per farsi capire, quando si vuole esser capiti[45].

Mi si potrebbe contestare di aver esaminato una traduzione, e non gli originali dei testi in discussione, ma sarebbe un guardare alla forma e non alla sostanza, a maggior ragione in quanto mi sono servito della loro versione ufficiale in italiano curata dalla CEI. L'argomento del mio lavoro non è un'esegesi del testo, ma il raffronto dei contenuti. Questi sono i testi che la Chiesa utilizza e diffonde per dimostrare le sue verità? è allora logico che siano *questi* i testi che utilizza chi quelle verità vuole discutere. La traduzione che ho utilizzato mi assolve *a priori* da qualsiasi accusa di malizia.

Nell'affrontare questo impegno non volevo, non potevo e *non dovevo* concedermi alcun timore reverenziale. Mi sono accostato ai vangeli con lo stesso distacco che riserverei all'esame di un qualsiasi altro testo che abbia pretese di veridicità storica, prescindendo dalla loro asserita sacralità e senza nulla concedere al mio stesso desiderio di trascendenza. Di sicuro, per questo, qualcuno mi accuserà di blasfemia ed empietà; e magari quel

---

[44] Dall'epoca della prima stesura di questa mia fatica ne sono state pubblicate delle altre fra le quali, oltre a quelle menzionate in altre note, mi piace citare *The God delusion*, di Richard Dawkins (Random House, Londra, 2006) e *Dio non è grande* di Christopher Hitchens (Einaudi, Torino, 2007).

[45] Dei *paroloni*, che eventualmente mi vedrò costretto ad utilizzare, continuerò a fornire la "traduzione" nelle note a piè di pagina.

qualcuno, alla luce della *christliche Weltanschauung,* lo farà *a prescindere*, applicando alle mie osservazioni il sistema caro a Messori e ai tribunali ecclesiastici: *premesso che io ho ragione, e che tu hai torto, adesso possiamo anche discutere*[46]. Spero tuttavia che l'eventuale lettore cattolico di questo libro lo prenda per ciò che vuol essere: un modesto tentativo di esame critico di testi che – secondo me a torto – ancora si continua a ritenere intoccabili serbatoi di verità inoppugnabili. Ma ancor più spero che, magari, quello stesso lettore queste verità cominci ad esaminarle di persona, accedendo ad una lettura *diretta e personale* dei testi biblici che (come e più che la lettura in generale) sembra interessare un numero decisamente sparuto di credenti in particolare, e di persone in generale.

La Chiesa ha perso il potere temporale, che ha detenuto fino a pochi decenni or sono. Al riguardo è diffusa, e la condivido, l'opinione che, se tornasse a goderne, forte della messoriana *christliche Weltanschauung,* essa tornerebbe anche ad imporre ai suoi sudditi[47] un credo e una morale che dovrebbero invece essere frutto esclusivo di una scelta individuale[48].

---

[46] Anche in questo i tribunali staliniani non hanno fatto che imitare, nel metodo, nello zelo e nelle motivazioni, gli inquisitori cristiani. Qualche volta, magari, perfino in buona fede. La stessa buona fede del devoto e ascetico Carlo Borromeo che, convinto di agire per il meglio, ha consegnato diecine di *streghe* al Braccio Secolare, piamente sicuro che dovessero bruciare sul rogo.

[47] Sudditi, non cittadini. La sua pretesa di agire su mandato ed in rappresentanza di una divinità, fa sì la gerarchia ecclesiastica assuma un atteggiamento paternalistico nei confronti dei soggetti che amministra, ai quali non viene lasciato spazio di libertà: le disposizioni scendono dall'alto e non c'è margine di discussione democratica. Lo dimostrano le pesanti pressioni della CEI sui parlamentari cattolici italiani in materia di aborto, fecondazione assistita, famiglia, omosessualità.

[48] La parola *eresia* viene dal greco *àiresis*, che vuol dire proprio *scelta:* la Chiesa negava (e ancora oggi nega) ai credenti il diritto di decidere autonomamente il modo di vivere il cristianesimo – e quindi di interpretare le Scritture - imponendo loro con le buone, e quando può con le cattive, di prendere per buono solo il suo. Fu così che anche il termine che riassumeva l'idea di libertà di scelta – eresia, appunto - assunse una valenza negativa. È illuminante, al riguardo, la lettura di *Eretici Dimenticati dal medioevo alla modernità*, di AA.VV, a cura di Corrado Tornese e Gustavo Buratti, DeriveApprodi, Roma, 2004.

Anche nel caso in cui alla Chiesa fosse nuovamente riconosciuto il diritto di inculcare il suo credo, ad esempio mediante una più incisiva presenza nelle scuole, la ricerca autonoma di una via alla conoscenza, che è diritto inalienabile di ogni individuo, sarebbe soffocata nel nome della *Verità rivelata*, uccidendo nuovamente la curiosità intellettuale e riportando indietro l'orologio della storia: religioni come il Cristianesimo, l'Islam e l'Ebraismo tendono infatti, per loro natura, ad invadere il campo della cultura, del sociale e della vita civile. Chi si scandalizza di ciò che accade nei Paesi - o ad opera di fanatici - di più stretta osservanza islamica, dovrebbe riguardare alla storia d'Europa e scoprirebbe che da noi, fino praticamente a ieri, la situazione non era molto diversa.

Una cosa è certa: io, come ogni laico, non condannerò mai al rogo, né indicherò come esempio di abominio chi, in qualunque campo, ha idee diverse dalle mie. Sarei felice, anzi, di affrontare in un dibattito, anche pubblico, un contraddittore che ribattendo punto per punto, *con un metodo rigorosamente scientifico*, alle mie argomentazioni, potesse dimostrarmi che ho torto marcio.

Inevitabile un interrogativo: chissà se *loro* farebbero altrettanto?

SINTESI DELLA VITA DI GESÙ SECONDO
LA NARRAZIONE EVANGELICA

Nell'anno in cui l'Imperatore Augusto ordinò un censimento u-
niversale, mentre in Israele regnava Erode il Grande, Gesù – vero Dio e vero Uomo – si è incarnato nel *seno* di una Vergine, di
nome Maria.

Conformemente alle profezie, Gesù discende dalla stirpe di Davide, l'antico Re. Lo dimostra la genealogia di Giuseppe, lo sposo di Maria, anche se Giuseppe, in effetti, non è il vero padre di
Gesù, che è stato concepito per opera dello Spirito Santo. Il miracoloso concepimento, annunciato dall'Angelo Gabriele, ha
avuto luogo a Nazareth (circa 140 chilometri a nord di Gerusalemme), dove risiedono Giuseppe e Maria. Il parto ha però luogo a Betlemme, che si trova a circa 150 chilometri di distanza da
Nazareth, dieci a sud di Gerusalemme. Lo spostamento a Betlemme è dovuto al fatto che il Re Davide, dal quale Giuseppe
discende, proveniva da lì, e lì Giuseppe si è dovuto recare a causa del censimento ordinato da Augusto.

Poco dopo la nascita del bambino, un angelo appare in sogno a
Giuseppe e lo avverte di allontanarsi da Betlemme per salvare il
piccolo da un'orrenda strage, ordinata da Erode fra tutti i bambini, d'età fino a due anni, nati a Betlemme: avendo appreso da
alcuni Magi, venuti apposta dall'oriente per adorarlo, che un altro Re d'Israele è nato in quel villaggio, Erode vuole essere ben
certo di sbarazzarsi del concorrente.

Giuseppe fugge in Egitto con la sua famiglia e vi rimane fino a
quando, morto Erode e cessato il pericolo, torna (o decide di recarsi) a Nazareth.

Nella versione di Luca non c'è la fuga in Egitto, ma si verifica
l'episodio della presentazione di Gesù al Tempio, durante la

quale un vecchio profeta ed una profetessa riconoscono nel bambino il Messia.

Con l'esclusione di un episodio narrato dal solo Luca, durante il quale da fanciullo, a Gerusalemme, egli dimostra di possedere già un vivo ingegno e una profonda cultura biblica, Gesù vive un'anonima vita di paese fino all'età di trent'anni.

Il primo segno del suo potere divino si manifesta durante un matrimonio, nella località di Cana, quando, finito il vino, su sollecitazione della madre Gesù toglie d'imbarazzo i padroni di casa e trasforma, appunto, in ottimo vino l'acqua contenuta in alcune giare.

Poi, dopo aver passato quaranta giorni nel deserto e aver superato una tentazione demoniaca, comincia a vagare per la Palestina, predicando il suo messaggio e circondandosi di discepoli, dodici dei quali sono i suoi *apostoli*, i prescelti a lui più vicini.

Gesù insegna che in lui le Scritture si sono compiute: in altri termini, che egli stesso è il Messia di cui parlano le profezie, colui che deve portare Israele alla potenza, guidandolo come re e condottiero.

Questo dicono le Scritture, ma Gesù del suo ruolo ha una visione diversa. Egli è, sì, il Messia, ma il suo regno non è di questo mondo. Egli non è un rappresentante del Dio degli Eserciti caro alla tradizione Israelitica: infatti, spiega, è venuto anche per modificare la legge. Non più *occhio per occhio*: Gesù insegna, viceversa, che bisogna amare il proprio nemico. Non ha senso, inoltre, cercare il potere, la ricchezza e altre consimili, menzognere ed effimere cose di questa terra. Bisogna, al contrario, aspirare all'altro Regno, alla vita eterna.

Queste cose hanno poco riscontro nella Torah, che non parla affatto di una vita eterna con premi e punizioni dopo quella terrena. Secondo Gesù i prescelti non sono i ricchi e i potenti ma i poveri, gli sciancati, gli ignoranti, i rassegnati, i miserabili, gli emarginati, perfino i minorati mentali. Lo dice chiaro e tondo quando elenca le caratteristiche dei prescelti, nel discorso delle nove beatitudini.

E non sono neanche quelli che si battono il petto nel Tempio, come i Farisei. I Farisei sono formalisti: ritengono di obbedire alla legge di Mosè rispettandone la forma, con uno scrupolo perfino ossessivo, ma trovando mille scappatoie per eluderne la sostanza. Gesù insegna che il peggio aspetta proprio loro, gli ipocriti. Quanto ai ricchi, hanno speranze di poco superiori: la loro probabilità di entrare nel Regno è la stessa che ha un cammello di passare attraverso la cruna di un ago.

Un cugino di Gesù, Giovanni il Battista[1], gli sta preparando da tempo la strada, in vista dell'inizio della sua predicazione. Giovanni veste di pelli di capra, si nutre di locuste e predice le peggiori sventure per chi non si pente. È particolarmente duro nei confronti del nuovo re d'Israele, il Tetrarca Erode Antipa, il quale vive *more uxorio*, e quindi in peccato, con la cognata, madre della bellissima Salomè, sulla quale, pure, il re ha messo gli occhi. I seguaci di Giovanni ricevono, mediante immersione nel Giordano, una forma simbolica di assoluzione dai peccati che si chiama *battesimo*. Gesù decide di ricevere anche lui il battesimo di Giovanni. In quel momento il cielo si apre ed una voce dice: "Questo è il mio figlio prediletto, nel quale mi sono compiaciuto"[2].

Durante la fase pubblica della sua esistenza, durata fra uno e tre anni, Gesù compie miracoli stupefacenti: trasforma dell'acqua in un vino eccellente, nutre migliaia di persone con pochi pani e pochi pesci, guarisce ciechi, lebbrosi, sciancati e riporta in vita diversi defunti. Ma gli Ebrei, gente di dura cervice, non se ne danno per inteso. Anzi, i Farisei lo accusano di empietà perché, in contrasto con la Torah, fa miracoli anche il sabato, nel giorno che la Legge consacra al riposo ed alla preghiera.

Lì per lì, comunque, sembra che a Gesù il popolo dia retta: all'approssimarsi della fine della sua missione egli si reca a Gerusalemme per celebrare la Pasqua, ed è accolto veramente co-

---

[1] Secondo il suo omonimo evangelista questo rapporto di parentela non esiste, dato che gli fa dire, dopo il battesimo, "Io non lo conoscevo".
[2] Mt 3, 16-17; Lc 3, 22; Mc 1,10-11.

me un Messia da una folla osannante, che agita rami di palma e stende i mantelli davanti a lui.

Visitando il Tempio, Gesù si scaglia violentemente contro i mercanti che vi si sono installati, scacciandoli e gridando che il Tempio è un luogo di preghiera, non un covo di ladri come loro. Il Sinedrio[3] lo ritiene un blasfemo ed un sovvertitore delle sacre leggi mosaiche, oltre che dell'ordine pubblico.

Con l'aiuto di Giuda, l'apostolo traditore, che viene remunerato con trenta denari per il suo collaborazionismo, gli sgherri del Sinedrio individuano Gesù e lo arrestano poco dopo che, insieme ai dodici, aveva consumato la Cena pasquale, aveva istituito l'Eucaristia ed aveva preconizzato la propria fine, il tradimento di Giuda e la scarsa lealtà di Pietro, il Primo fra gli Apostoli.

Dopo la cena, prima dell'arresto, cedendo per un momento alla proprio natura umana, Gesù aveva pregato Dio (il Padre) di allontanare la prova cui era destinato, poi si era rassegnato: "non la mia, ma la Tua volontà"[4].

Appurato che Gesù è veramente blasfemo dato che, interrogato, conferma di ritenersi il Messia, il Sinedrio, guidato dai perfidi Anna e Caifa, lo spedisce da Pilato, il Procuratore inviato da Roma, che viene pregato di condannarlo a morte. Dato che Gesù è un Giudeo, Pilato lo manda a sua volta da Erode Antipa il quale, sfogato verbalmente il proprio livore (Gesù si era proclamato Re dei Giudei, quindi suo concorrente), lo rimanda da Pilato. Erode, poco tempo prima, aveva fatto decapitare il Battista per un capriccio della nipote Salomè, a sua volta imbeccata dalla madre; ma non ritiene di poter fare la stessa cosa con Gesù.

---

[3] Il Sinedrio era al contempo un organismo religioso e politico, del quale facevano parte esponenti della classe sacerdotale e civile; questi ultimi, *gli anziani*, appartenevano generalmente all'aristocrazia gerosolimitana o erano scribi, noti interpreti della Torah. A quest'ultimo gruppo dovevano appartenere i Farisei presenti nel consesso. Il sommo sacerdote, oltre ad avere le prerogative previste dalla legge in materia liturgica, svolgeva anche, all'epoca, funzioni di governatore della Giudea (la Galilea, invece, era governata da Erode Antipa).

[4] Mt 26,39; Mc 14,36; Lc 22,42

Sotto il balcone di Pilato, nel frattempo, si è radunata una gran folla decisa ad ottenere la crocifissione per il bestemmiatore ieri osannato. Pilato fa di tutto per salvar la vita a Gesù e giunge a proporre di liberarlo, in ossequio alla tradizione che vuole, appunto, la concessione della grazia a un condannato in occasione della Pasqua, ma la folla gli grida di liberare piuttosto il ladrone Barabba. Pilato fa notare che Gesù gli sembra un uomo giusto e lo fa perfino frustare, sperando che la fustigazione soddisfi quegli scalmanati.

Subito dopo, infatti, lo presenta alla folla, per giunta coronato di spine: *Ecce homo!*[5], dice. Ma la folla lo vuole proprio morto. Pilato, alla fine, deve cedere, nonostante la pena e la simpatia che prova per quel *povero Cristo*[6] (ovviamente, lui non lo qualifica con questa espressione, che nasce solo in seguito). Gli mette vicino altri due condannati, due volgari ladroni, e lo manda al supplizio, quello che i Romani destinano agli schiavi ribelli: la croce. Ma per sottolineare il proprio dissenso, si lava pubblicamente le mani del sangue di quell'uomo giusto. Gli Ebrei lo rassicurano, accettando che quel sangue ricada su di loro e sui loro discendenti.

Gesù viene caricato della croce che, così sanguinante e stremato, deve trascinare fino al luogo del supplizio; a un certo punto, però, visto che proprio non può farcela, i soldati Romani prendono un tale Simone di Cirene, che si trovava là per caso, e lo costringono a portare lui la sua croce. Giunti sul Golgota, i tre vengono crocifissi; a titolo di spiegazione del supplizio, sulla croce di Gesù viene affisso un cartello recante in tre lingue la scritta "Gesù Nazareno, re dei Giudei". Prima di morire, Gesù promette il paradiso ad uno dei due ladroni, che si pente in extremis dei suoi peccati, e raccomanda alla madre di adottare al proprio posto il più amato dei suoi discepoli, affidando poi lei a lui. Infine, grida la propria disperazione (citando le Scritture),

---

[5] Gv 19,5.
[6] la parola *Cristo* è l'equivalente greco di *Messia* e vuol dire *Unto*. Unto con l'olio che consacrava i Re. Da qui anche *Crisma* e *Cresima*.

invoca il perdono per coloro che lo hanno condannato e crocifisso, affida al Padre il suo spirito e muore.

Al momento del trapasso il cielo si oscura, la terra trema, il velo nel *Sancta Sanctorum* del Tempio si squarcia, defunti risorgono dalle loro tombe.

Giuseppe di Arimatea, un ricco seguace di Gesù, ottiene da Pilato di poter seppellire nella propria tomba il corpo del Maestro. Là, assistito da Nicodemo, come lui membro del Sinedrio, lo depone dopo averlo cosparso di aloe e mirra.

Lungi dal rilevare i segni del cielo, il Sinedrio chiede ed ottiene da Pilato che davanti alla tomba vengano poste delle guardie: Gesù, argomentano, aveva detto che sarebbe risorto; i suoi seguaci potrebbero trafugarne il corpo, e poi andare in giro dicendo che è risorto davvero. Malgrado questa precauzione, all'alba di domenica (il terzo giorno: Gesù era morto di venerdì pomeriggio, appena prima dell'inizio del sabato ebraico) le pie donne che vanno al sepolcro trovano le guardie tramortite e spaventate, la pietra che chiudeva la cripta spostata e il sepolcro vuoto; un giovane spiega loro che non devono cercare fra i morti colui che è vivo; poi Gesù stesso appare loro.

Gli apostoli, riuniti (o meglio, nascosti) da qualche parte, quando lo vengono a sapere non riescono a crederci. Addirittura, Tommaso non crede nemmeno ai propri occhi, quando Gesù appare personalmente davanti a loro, e vuole toccare con mano le sue ferite. Gesù, dopo la resurrezione, rimane con loro quaranta giorni, poi ascende al cielo.

LA NATIVITÀ E L'INFANZIA DI GESÙ DI NAZARETH

1. Antenati e consanguinei

L'evangelista Luca, unico fra i quattro, riferisce che al tempo di Erode, re di Giudea[1], l'angelo Gabriele, nel giro di sei mesi, compie due annunciazioni: la prima a Zaccaria, anziano sacerdote del tempio, per informarlo che sarà padre di Giovanni Battista; la seconda a Maria, futura madre di Gesù. Entrambi si mostrano perplessi: Zaccaria perché lui e sua moglie sono vecchiotti; Maria perché *non conosce uomo*. Questa tendenza a non dar retta agli angeli annunciatori di gravidanze doveva essere ereditaria: A Sarai era addirittura, scappato da ridere sentendosi dire da Dio che alla bella età di novant'anni avrebbe dato un figlio al marito Abramo, che di anni ne aveva novantanove. Eppure solo il povero Zaccaria viene punito per la sua incredulità, e reso muto; e tale resta fino a che non conferma (per iscritto) il nome del figlio neonato. Quando si dice i raccomandati!

Matteo inizia il suo vangelo con la genealogia di Gesù. La genealogia inizia da Abramo, passa per Davide e si conclude, testualmente, con:

> Eliud generò Eleazar, Eleazar generò Giacobbe, Giacobbe generò Giuseppe, lo sposo di Maria, dalla quale è nato Gesù chiamato Cristo.[2]

Anche Luca traccia una genealogia, ma in senso inverso: partendo cioè da Giuseppe, del quale dice che *si credeva* che Gesù fosse figlio[3], e risalendo all'indietro addirittura fino ad Adamo. In Luca scopriamo però che il padre di Giuseppe non era un

---

[1] Non mi addentro, in questa sede, in analisi sulle datazioni. Si veda al riguardo, in appendice, Cronologia della vita di Gesù.
[2] Mt, 1,15-16
[3] Lc 3,23.

Giacobbe, ma un tale Eli; e suo nonno non si chiamava Eleazar ma Mattat. Il bisnonno, secondo Luca, si chiamava Levi e non Eliud. Siccome i vangeli sono parola di Dio, i miracoli sono cominciati dunque già da molto prima che Gesù nascesse, visto che il suo non-padre era contemporaneamente figlio e nipote di padri e nonni diversi.

Più seriamente: in conclusione, sotto questo profilo Matteo e Luca vanno d'accordo su un solo punto: Gesù, per quanto riguarda il lato cromosomico, non è della stirpe di Davide dato che, come entrambi confermano, Maria non è incinta di Giuseppe, che – lui sì – discende dal grande re. Nessuno dei due parla di una discendenza davidica di Maria[4]. Secondo la CEI[5] ciò che conta è che Giuseppe fosse il padre *legale* di Gesù perché è in quanto tale che gli ha trasmesso la discendenza davidica, necessaria per poter compiere quella profezia, in base alla quale era appunto dalla stirpe di Davide che doveva nascere il Messia. Va detto che, all'epoca, la discendenza legale era effettivamente importante; solo che lo era nel mondo Romano, non nel mondo ebraico. Se si guarda ai primi anni dell'Impero, si vede ad esempio che Augusto adottò Tiberio, col quale non aveva legami di sangue, e che egli stesso era figlio adottivo di Cesare: nel diritto e nella mentalità Romani, un'adozione era sufficiente a trasformare un perfetto estraneo in un figlio a pieno titolo.

Se si guarda all'Antico Testamento si nota quanto, invece, sia importante per gli Ebrei la discendenza di sangue, da ambo i lati: il figlio di Abramo *deve* essere *suo e di sua moglie, o non sarà vera discendenza*. Se lo stesso criterio utilizzato dalla CEI per il rapporto fra Giuseppe e Gesù applicasse per Abramo, questi

---

[4] Ciò che invece fa il protovangelo di Giacomo, l'apocrifo che fa nascere Maria da Gioacchino ed Anna. A Gioacchino attribuisce l'ascendenza davidica e una posizione di prestigio nella società Israelita. Naturalmente anche la nascita di Maria è annunciata da angeli; la bambina, secondo questo fantasioso testo, viene presa in consegna dal Sinedrio già a tre anni di età e si vota da subito alla verginità (cosa assurda, in una società nella quale la maternità era considerata un segno della benedizione divina). Per giunta, il pranzo le viene servito ogni giorno da un angelo.
[5] Nota n. 16 a pagina 972 dell'edizione citata.

avrebbe potuto tranquillamente adottare un bambino o tenersi Ismaele. Ma siccome Ismaele, pur se figlio di Abramo, è nato dalla schiava Agar, alla nascita di Isacco viene allontanato: detta brutalmente, è solo un bastardo; e, come dicevamo, pur di assicurare ad Abramo una discendenza *diretta e pienamente legittima*, Dio gli fa miracolosamente ingravidare la moglie novantenne. Quindi, se Gesù è il messia, perché la profezia si realizzi una semplice discendenza legale non è sufficiente. Egli *deve* discendere dalla stirpe di Davide; e per discendere da Davide *deve necessariamente* essere figlio di Giuseppe. Purtroppo, però, in questo caso non starebbe in piedi la gravidanza miracolosa di Maria, e Gesù non sarebbe figlio di Dio. In conclusione, il Messia non può essere figlio di Dio. Almeno, stando alle profezie.

Come vedremo meglio in seguito, il vangelo di Matteo di profezie ne cita parecchie, a proposito e a sproposito. Per quanto riguarda il nome di Gesù – o Yehoshua, o Giosuè – di Nazarethh, salta all'occhio in alcuni versetti del primo capitolo[6] che i profeti non erano d'accordo circa il nome da dare al nascituro Messia: prima Gesù; poi Emanuele, poi di nuovo Gesù[7]. A meno che anche allora usasse il secondo nome, e che quindi Gesù si chiamasse *Gesù Emanuele*, Isaia ha toppato[8].

2. *Giuseppe castissimo sposo e Maria sempre vergine.*

Il castissimo Giuseppe scopre che Maria è incinta, ma non di lui che ancora non le si è accostato. Tuttavia, obbedendo al messaggero celeste, non la *rimanda* (cioè non ripudia, pur se in una forma che eviti lo scandalo) e se la tiene.

---

[6] Mt 1,21-23

[7] Questo insistere sulle profezie mette in evidenza che gli estensori dei vangeli, in particolare Matteo, avevano in mente lettori che sapevano di cosa essi stessero parlando. A un Romano di queste profezie, di cui non sapeva nulla, sarebbe interessato ben poco: lui aveva le sue, di profezie, come i Libri Sibillini. Quindi, Matteo non pensava certo ad un Salvatore dell'Umanità, quando scriveva il suo vangelo: pensava che Gesù fosse stato il Messia di Israele.

[8] È infatti Isaia (7,14) che avrebbe voluto che il bambino si chiamasse Emanuele.

La tradizione, mutuata dai vangeli apocrifi, fa di Giuseppe un vegliardo, così da rendere plausibile questo matrimonio asessuato. Addirittura, secondo l'apocrifo detto *Protovangelo di Giacomo*, Giuseppe è vedovo e padre di diversi figli già adulti, quando Maria gli viene affidata, nientemeno che dal Sinedrio: in questo modo si salvano la capra del matrimonio non consumato e i cavoli dei *fratelli* di Gesù citati dai vangeli canonici. Luca fa infatti intuire che Gesù non era figlio unico già quando dice:

> Ora, mentre si trovavano in quel luogo, si compirono per lei i giorni del parto. Diede alla luce il suo figlio *primogenito*, lo avvolse in fasce e lo depose in una mangiatoia, perché non c'era posto per loro nell'albergo.[9]

Luca parla di figlio *primogenito*. Primogenito, non *unigenito*. Puntualmente, la solita nota della CEI si affretta a precisare:

> Primogenito non vuol dire che Maria abbia avuto altri figli, ma sottolinea la dignità e gli obblighi legali del primo nato, indipendentemente dagli altri che potevano venire.

Mi sembra una lettura piuttosto arbitraria del testo: secondo la Chiesa, la letteralità della lettura del Vangelo riguarda solo i passi che dice lei. In Giovanni, nella stessa edizione, leggiamo infatti che Gesù dice di sé stesso:

> Dio infatti ha tanto amato il mondo da dare il suo Figlio *unigenito*, perché chiunque crede in lui non muoia, ma abbia la vita eterna.[10]

Se usa *unigenito* Giovanni, lo poteva usare benissimo anche Luca. Non sarà che Luca intendeva dire proprio *primogenito*?
Anche l'antico Testamento fa una bella distinzione, fra i due termini: pensiamo a Giacobbe ed Esaù, quest'ultimo primogenito *de facto*, l'altro che, con un trucchetto, lo diventa *de iure*. Nessuno si sogna di definire Esaù *unigenito*, visto che ha un fratello. Oppure pensiamo ad Abramo, al quale Dio dice di prendere suo figlio, *il tuo unico figlio che ami*[11] (Ismaele non contava, era un figlio di serie B), e di sacrificarglielo. Nel gioco di azioni

---

[9] Lc 2,6-7. Il corsivo è mio.
[10] Gv 3,16. Il corsivo è mio.
[11] Gn 22,2.

e reazioni, poi, fra i *cattivi* e il Dio di Israele, i primogeniti giocano un ruolo capitale: il faraone fa uccidere i figli maschi degli
israeliti e, più in là, la decima piaga dell'Egitto colpisce i *primogeniti* (di tutti, dal faraone alla mucca) delle case il cui archi-
trave non è segnato con il sangue dell'agnello. Quindi, a mio
modesto avviso, *primogenito*, nella Bibbia e nei vangeli, vuol
dire proprio *primogenito*.

Anche nel vangelo di Matteo ci sono espliciti riferimenti al fatto
che Gesù non era figlio unico. Uno dei più famosi è quello in cui
la madre e *i suoi fratelli* vorrebbero parlargli; avvisato da qualcuno, lui – seccato, si direbbe, da questa intromissione – risponde:

> «Chi è mia madre e chi sono i miei fratelli?» Poi, stendendo la mano ver-
> so i suoi discepoli disse: «Ecco mia madre ed ecco i miei fratelli; perché
> chiunque fa la volontà del Padre mio, questi è per me mio fratello, sorella
> e madre». [12]

Perdoniamo a Gesù l'evidente mancanza di riguardo verso i suoi
familiari, in particolare verso la madre - della quale si potrebbe
intendere che *non fa* la volontà del padre suo - ed attribuiamo
questo sgarbo alla foga del discorso.

Per quanto un po' sgarbato, lui, comunque, non contesta che
quelli siano i suoi fratelli; dice che, da un punto di vista morale e
spirituale, considera più fratelli gli altri, quelli appunto che (diversamente da loro, che lo scocciano mentre prèdica?) fanno la
volontà del padre suo. Povero Giuseppe! Speriamo, per lui, che
fosse già morto, se no sai che imbarazzo.

Poco più avanti, Matteo racconta dello stupore degli abitanti di
Nazareth che sentono questo figlio di carpentiere parlare nella
sinagoga con tanta sapienza e lo vedono fare miracoli (*nemo
propheta in patria,* lo dice Gesù stesso): evidentemente non erano al corrente dell'episodio dei dottori nel tempio, del quale parleremo più avanti, e nemmeno degli eventi di Betlemme. Il loro
stupore, quindi, è comprensibile. Sarebbe come se oggi un ope-

---

[12] Mt 12, 48-50

raio di falegnameria, sia detto senza offesa, si mettesse di punto in bianco ad insegnare fisica nucleare alla Normale di Pisa:

> Non è egli forse il figlio del carpentiere? Sua madre non si chiama Maria *e i suoi fratelli Giacomo, Giuseppe, Simone e Giuda? E le sue sorelle non sono tutte fra noi?* [13]

Merita di essere riportata la nota di commento della CEI su questo particolare versetto:

> [...] Per la scarsità di termini ebraici indicanti i vari gradi di parentela 'fratello' e 'sorella' potevano indicare anche parenti in secondo grado. Giacomo e Giuseppe sono figli di una Maria (27, 57; Mc 15,40) che è forse la sorella della madre di Gesù di Gv 19,25. È inverosimile che due sorelle abbiano lo stesso nome, quindi questa Maria era forse cugina della Vergine. Il N.T. parla di 'fratelli' di Gesù, ma mai di altri figli della Vergine, al di fuori di Cristo. Le 'sorelle' di Gesù sono ricordate soltanto qui e in Mc 6,3[...] [14]

Il gioco dei rimandi è piuttosto contorto: nella nota, la CEI lancia un'ipotesi (due dei quattro sono figli di una sorella omonima di Maria) che subito dopo rettifica (questa Maria non è sorella, ma cugina della Maria madre di Gesù). È anche singolare il fatto che, a riprova dell'asserita unicità di Gesù come figlio di Maria, si dica che i vangeli parlano, sì, di fratelli di Gesù, ma mai di altri figli di Maria. Vorrei far notare alla CEI che questo è del tutto normale, dato che il personaggio centrale e termine di riferimento dei vangeli è proprio Gesù, e non Maria. Inoltre ci sono un mare di altre cose delle quali i vangeli non parlano, ma che sono tuttavia articoli di fede della Chiesa cattolica: il Purgatorio, l'assunzione di Maria, la consustanzialità di Padre, Figlio e Spirito Santo, la transustanziazione, ecc.

Torniamo al punto. Se le parole *fratelli* e *sorelle* significano in realtà *cugini* e *cugine* prima, quando le usano gli altri, non si vede perché debbano significare invece proprio *fratelli* e *sorelle* dopo, quando ad usarle è Gesù. Si deve dunque ritenere che, secondo la CEI, i presunti fratelli di Gesù sono, come dicevamo

---

[13] Mt 13, 55-56. Il corsivo è mio.
[14] Nota a pag. 986.

prima, piuttosto suoi cugini; più probabilmente, anzi, procugini, essendo figli di una cugina di Maria. Aggiorniamo dunque, maliziosamente, i versetti di Matteo già riferito sopra:

> «Chi è mia madre e chi sono i miei procugini?» Poi, stendendo la mano verso i suoi discepoli disse: «Ecco mia madre ed ecco i miei procugini; perché chiunque fa la volontà del Padre mio, questi è per me mio procugino, procugina e madre».

Ancora: delle sorelle di Gesù non mette conto parlare, sembra dire la CEI, visto che *sono ricordate solo qui e in Mc 6,3*[15]. Come dire: solo due riferimenti? Allora non esistono. Dimenticando però che l'Annunciazione è ricordata *solo* nel vangelo di Luca e la strage degli innocenti, come vedremo fra poco, *solo* in quello di Matteo; per non dire che *solo* Luca, nell'Ultima Cena, fa dire a Gesù la fatidica frase *Fate questo in memoria di me*, nell'istituire l'Eucaristia. Se due evangelisti non bastano, che dire allora di uno solo?

Chissà, ancora, qual era il grado di parentela fra Gesù e i fratelli citati negli Atti degli Apostoli, subito dopo l'Ascensione. Gli apostoli tornano a casa a Gerusalemme, dove abitano:

> C'erano Pietro e Giovanni, Giacomo e Andrea, Filippo e Tommaso, Bartolomeo e Matteo, Giacomo di Alfeo e Simone lo Zelota e Giuda di Giacomo. Tutti quanti erano assidui e concordi nella preghiera, insieme con alcune donne e con Maria, la madre di Gesù e con i fratelli di lui.[16]

I fratelli di Gesù sono citati *in tutti* i passi del Nuovo Testamento in cui appare Maria, escluse la parte iniziale (in cui non potevano essercene, se là Gesù è definito primogenito) e la scena della crocifissione. Evidentemente Maria amava circondarsi di pronipoti. C'è da chiedersi, ancora, come mai i procugini e le procugine di Gesù se ne andassero in giro con Maria, loro zia – anzi, prozia – invece di starsene con "l'altra Maria", la madre.

Il fatto è che la Chiesa, nel suo furore antifemminista, ha preso a calci il buon senso, la natura e la logica, inventandosi spiegazioni cervellotiche, e tutt'altro che plausibili, pur di congelare la

---

[15] Il versetto di Marco fa riferimento allo stesso episodio.
[16] At 1,13.

povera Maria (la madre di Gesù *e dei suoi fratelli*) in quel ruolo
di utero in affitto che – sia detto per inciso – condanna tanto, invece, se il padre è diverso dallo Spirito Santo.

È una storia che ricorda la diatriba fra il sistema Tolemaico e il
sistema Copernicano: il primo, per poter stare in piedi, inventa
mille astruserie astronomiche; l'altro, chiaro, semplice e lineare,
mette tutti i pezzi al loro posto e completa il mosaico come si
deve. Ma la Chiesa ha i suoi postulati, e per giustificare parti
chiarissime del vangelo che con essi contrastano, si arrampica
sugli specchi con spiegazioni oggettivamente improbabili.

Il fatto è che la Chiesa nella donna vede, vedeva e sempre vedrà
la fonte primaria del peccato, perché identifica il peccato più a-
bominevole col piacere sessuale[17]. Da qui la pretesa che Maria
sia nata con una speciale dispensa dal Peccato Originale, abbia
concepito un figlio senza *conoscere* uomo, sia rimasta vergine
prima, durante (sic) e dopo il parto, e non abbia contaminato il
tempio, che lei stessa era, con una cosa bassa e volgare come il
fare l'amore con suo marito. Povera Maria (e povero anche Giuseppe)! Pur di trasformarla nella cosa frigida e asettica, nella negazione della vera femminilità e quindi anche della vera maternità che a lei piace tanto, la Chiesa smentisce la fonte stessa alla
quale afferma di fare riferimento per la propria predicazione![18] E
che dire di questa frenesia ginecologica per la verginità, che offende Maria e tutte le donne, confinandone purezza, rispettabili-
tà e dignità in un lembo di pelle nella vagina?[19]

---

[17] Lo stesso episodio del Peccato Originale cita fra l'altro, nella Genesi, la scoperta da
parte di Adamo, istigato da Eva, della propria sessualità.

[18] Tengo a rendere merito ad Uta Ranke Heinemann per la chiarezza e il coraggio con
i quali ha trattato, in *Così non sia* ed in *Eunuchi per il Regno dei Cieli* (RCS, 1993,
1989) questo – soprattutto - e tanti altri millenari tabù della Chiesa cattolica.

[19] Sull'effettivo significato ed utilità dell'imene, che secondo la Chiesa e suoi moralisti è una sorta di sigillo di garanzia della verginità, e quindi dell'onestà di una donna,
si veda Desmond Morris, *La scimmia nuda* (Bompiani, 1980): L'imene provoca dolore al momento del primo rapporto sessuale. Esso ha quindi la funzione di indurre la
donna ad essere selettiva nella scelta del proprio compagno, facendo sì che
l'accoppiamento e la conseguente procreazione abbiano luogo scegliendo con cura
quello giusto, il soggetto maschio che assicuri il perdurare della coppia e le cure parentali: per uno così si può superare la paura del dolore. Questo accorgimento evolu-

3. *Betlemme*

Matteo non spiega come mai Gesù sia nato a Betlemme. Stando a lui, si direbbe che, fino alla fuga in Egitto, Giuseppe e Maria avessero vissuto proprio là; *et pour cause*. Matteo stesso, infatti, precisa che, in quanto Messia, Gesù non poteva nascere altrove. Nel suo Vangelo lo fa dire a Erode dai dotti, i quali citano una profezia di Michea, in base alla quale da Betlemme sarebbe nato *il capo che pascerà il mio popolo, Israele*[20]; anche Giovanni, in altro contesto, lo fa dire a proposito di Gesù da alcuni increduli:

> Il Cristo viene forse dalla Galilea? Non dice forse la Scrittura che il Cristo verrà dalla stirpe di Davide e da Betlemme, il villaggio di Davide?[21]

Si percepisce, in questa domanda, anche un certo disprezzo verso i Galilei[22]. Il fatto è che Gesù, in base alle profezie, *doveva* nascere a Betlemme, e *non era pensabile* che nascesse in Galilea. Ecco cosa gli altri sinedriti, sarcastici, rispondono a Nicodemo, che cerca di difendere il Nazareno dal loro odio:

> Gli risposero: Sei forse anche tu della Galilea? Studia e vedrai che non sorge profeta dalla Galilea».[23]

Matteo lascia intendere, insomma, che Giuseppe e Maria fossero residenti stabili di Betlemme. Luca, che ne sposta il luogo di residenza a Nazareth, in Galilea, trova comunque il modo di far nascere Gesù a Betlemme ricorrendo al censimento decretato da Cesare Augusto e affermando che siccome ventotto (proprio ventotto) generazioni prima un suo antenato (il re Davide) era nato a Betlemme, in forza di questo censimento Giuseppe era tenuto ad andare a farsi registrare là partendo da Nazareth dove egli stesso, suo padre e diversi dei suoi bisnonni erano invece

---

zionistico, utile alla specie, è stato trasformato dall'egoismo e dall'orgoglio maschile in uno strumento di prevaricazione sulla donna, con l'avallo delle religioni.

[20] Mt 2,6

[21] Gv 7,42

[22] Nazaret si trova in Galilea; Betlemme, invece, in Giudea. Come vedremo, i Galilei erano piuttosto turbolenti, ed a loro si dovevano le rivolte che periodicamente insanguinavano la Palestina.

[23] Gv 7,52

presumibilmente nati. Di ventotto generazioni fra Davide e Giuseppe parla Matteo, subito dopo la genealogia[24] che, sempre secondo Matteo, parte da Abramo, nativo di Ur dei Caldei. A rigor di logica, allora, Giuseppe, e con lui tutto il popolo ebraico, risalendo al capostipite primo sarebbe dovuto andare a registrarsi a Ur dei Caldei. Non si vede in base a quale principio Giuseppe dovesse far riferimento a un particolare suo progenitore, per quanto illustre, piuttosto che ad un altro, per decidere quale fosse la propria città. Così si legge in Luca a questo proposito:

> Andavano tutti a farsi registrare, ciascuno nella sua città. Anche Giuseppe, che era della casa e della famiglia di Davide, dalla città di Nazareth e dalla Galilea salì in Giudea alla città di Davide, chiamata Betlemme, per farsi registrare insieme a Maria sua sposa, che era incinta.[25]

Giuseppe, ci dice Luca, è dunque di Nazareth, come Maria, e non di Betlemme, in barba a Matteo. Ma siccome è di ascendenza davidica, e quindi la sua città è Betlemme, è là che deve andare a farsi registrare: *per un censimento voluto dai Romani.*
Chissà in quale registro anagrafico, a Betlemme, si teneva un computo così accurato delle discendenze. Ventotto generazioni non sono uno scherzo: calcolando una durata media di venticinque anni l'una[26], fanno settecento anni. In più, durante quelle ventotto generazioni c'erano state la cattività babilonese, la distruzione del Tempio di Gerusalemme e, sicuramente, una bella devastazione di tutto il regno, come usa in ogni guerra che si ri-

---

[24] La CEI, in una nota, precisa che l'evangelista "schematizza la genealogia omettendo alcuni anelli per ridurla a gruppi di quattordici generazioni, in rappresentanza dei tre grandi periodi della storia biblica". Con buona pace della veridicità storica della narrazione, e a rendere ancora meno probabile la necessità che Giuseppe si sottoponesse a quel po' po' di viaggio. Le generazioni, secondo Luca, sono una quarantina. Per non infierire troppo, ne ho scelto il minor numero proposto da Matteo.
[25] Lc 2,3-5.
[26] E mi tengo basso, perché calcolo un tempo medio di *procreazione*, il tempo cioè che intercorre fra la nascita di un individuo e la nascita del suo primo figlio. Secondo la CEI e la stessa Bibbia, una generazione dura invece quarant'anni, ossia il tempo medio di *sostituzione* (per quell'epoca), da parte di una generazione, di quella precedente; per cui fra Giuseppe e Davide ci sarebbero ben mille e centoventi anni. Gli studi attuali lo collocano nel X secolo p.E.V.

spetti. Saranno andati distrutti anche i registri anagrafici, ammesso che esistessero.

Per inciso, noto che Gesù stesso non sembra particolarmente interessato a questa regale ascendenza, così cara ai suoi evangelisti, e lascia intendere che non si cura più di tanto di soddisfare quella profezia, e quindi neanche di essere nativo di Betlemme:

> Egli poi disse loro [ai sadducei]: "Come mai dicono che il Cristo è figlio di Davide, se Davide stesso nel libro dei Salmi dice:
> *Ha detto il Signore al mio Signore: Siedi alla mia destra,*
> *finché io ponga i tuoi nemici come sgabello ai tuoi piedi?*
> Davide dunque lo chiama Signore; perciò come può essere suo figlio?[27]

Ma torniamo al censimento. Viene da chiedersi che cosa gli importasse, ai Romani, che un qualunque artigiano ebreo andasse a registrarsi da una parte anziché da un'altra della Palestina. Lo spirito pratico dei Romani è proverbiale. A loro, evidentemente, interessava solo sapere quanta gente abitava in quella minuscola, periferica e secondaria provincia ai confini sud orientali dell'impero, per decidere quanto raccogliere di tasse.

Ma ammettiamo che fosse proprio così: i Romani, attenti analisti degli alberi genealogici dei falegnami palestinesi, erano inflessibili: Giuseppe discendeva dal re Davide, e perciò doveva andare a Betlemme a registrarsi, e portarsi dietro la moglie, gravidanza a termine o no.

Oppure, era Giuseppe che non voleva saperne di separarsi da quella moglie che non poteva toccare e che era lì lì per partorire. Mah. Va bene che il figlio non era suo; ma dico, un po' di umanità!

Maria aveva certamente dei parenti, a Nazareth. A parte la sorella, quasi sicuramente c'era la madre, dato che a quei tempi le donne si sposavano giovanissime. Lei poteva avere quattordici o quindici anni, la madre una trentina: figurarsi se non se la riprendeva in casa durante l'assenza del genero!

C'era di sicuro, a casa, qualcuno che si sarebbe occupato di lei e l'avrebbe aiutata e assistita al momento del parto. A Betlemme,

---

[27] Lc 20,41-44. L'unico commento della CEI è "Citazione del Sal 109,1".

invece, niente. Anche ammesso che Giuseppe avesse laggiù qualche parente, dovevano essere parenti talmente alla lontana (dopo ventotto generazioni!) da essere meno che estranei.
E così, Maria ha dovuto partorire in una stalla, da sola.
O Giuseppe covava una forma molto sottile di sadismo, o era semplicemente incosciente. Che bisogno aveva di tirarsela dietro? Chi se ne sarebbe accorto, se non l'avesse fatto? O, ancora, se agli addetti al censimento avesse precisato: "Sono sposato ma mia moglie l'ho lasciata a casa, perché sta per partorire", non credo che l'avrebbero arrestato. Al massimo, gli avrebbero detto "auguri e figli maschi" e lui avrebbe risposto "lo so".
Invece, Maria si fa i suoi centocinquanta chilometri di viaggio, a dorso d'asinello, e il figlio le nasce nella stalla.
Là, fra pastori e Magi d'oriente, riceve parecchie visite.
Matteo non dice quanti fossero i Magi, né come si chiamassero[28]. Certo che se erano saggi[29], sorprende che si siano comportati con diplomazia, tatto e intelligenza degni d'un elefante in una cristalleria, visto che sono andati da Erode, *re di Israele*, a chiedergli dove era nato *il re di Israele*! E non si capisce perché l'angelo li avverta in sogno di non passare da Erode solo *dopo* che erano stati da Gesù, e non anche prima. L'intera storia zoppica vistosamente. Se avevano seguìto una stella che indicava loro la strada – e che poi si ferma proprio sopra la casa della Natività - che bisogno c'era che andassero a chiedere informazioni? E per quale motivo dovevano andare ad adorare *un re* dei giudei? E che senso ha che si limitino a questo atto di sottomissione per poi sparire? Se lo ritengono solo un re, così come lo definiscono in Matteo, non hanno motivo di spostarsi: non risulta che ogni volta che nasceva un re ci fossero comitive di magi che si mettevano in viaggio per andare a prostrarsi e fare doni. Se in-

---

[28] Parla dei Magi nel secondo capitolo, ai versetti da 1 a 12. Il numero di tre, probabilmente, è stato dedotto dai tre doni, oro, incenso e mirra, che secondo l'evangelista essi offrirono al bambino.

[29] *Magi* sta per *maghi* (ed è quindi errato il ricorrente singolare *re magio*); nelle intenzioni dell'evangelista erano astrologi e studiosi. Il termine, in inglese, è tradotto con *Wise Men*, uomini saggi

vece lo ritenevano un dio, sarebbe stato sensato che l'avessero seguito, aiutato e soprattutto adorato anche in seguito. L'intero episodio sembra costruito apposta per far realizzare la solita profezia[30] che, al solito, deve confermare la messianicità di Gesù.

Chi ci ha rimesso, in tutta questa storia, è Erode che – per carità – era tutt'altro che uno stinco di santo, ma era comunque colto, di formazione ellenistica, filo-romano (non a caso è passato alla Storia come *Il Grande*), e probabilmente, anche perché era Idumeo e non Ebreo, credeva alle profezie ed alle Scritture quanto Augusto credeva agli aruspici: meno di niente[31]. Quindi è certo che non si sia mai sognato di sterminare bambini[32], anche perché, con lo stesso grado di certezza, di Magi d'oriente, in quella circostanza, non ne vennero proprio[33].

Ammettiamo comunque, per amore di discussione, che invece i Magi siano veramente venuti e mettiamoci, per un momento, nei panni di quel cattivone di Erode e della gente di Betlemme, tenendo a mente che *la città* di Betlemme non era più di un grumo di casupole a una diecina di chilometri da Gerusalemme.

---

[30] Geremia, 31,15, preconizza di Rachele (simbolizzante appunto Betlemme, secondo Matteo) che *piange i suoi figli e non vuole essere consolata, perché non sono più*. Matteo non rileva che, nei due versetti successivi, Geremia è molto più rassicurante: i figli di Rachele non sono morti. "Dice il Signore: «Trattieni la voce del pianto, i tuoi occhi dal versare lacrime, perché c'è un compenso per le tue pene; essi torneranno dal paese nemico. C'è una speranza per la tua discendenza: *i tuoi figli ritorneranno entro i loro confini*»" (il corsivo è mio). In conclusione, non si devono biasimare poi troppo gli Ebrei che rifiutarono di convertirsi: di Bibbia, loro, erano esperti, e una profezia così mal realizzata non li avrebbe mai convinti. Fosse stata la sola…

[31] È illuminante, a questo proposito, la lettura di *Erode il Grande* di Gerhard Prause, Rusconi, 1981.

[32] Fece uccidere alcuni dei suoi figli, per motivi dinastici e paranoia, tanto che Augusto ironizzò su di lui dicendo "preferirei essere un maiale, piuttosto che un figlio di Erode", giocando sulla somiglianza, in greco, delle parole figlio e maiale. Ma questo non sorprende più di tanto: Simili eventi erano ricorrenti, fra i regnanti. Che si dovrebbe dire, allora, della strage degli Albigesi, contro i quali la Chiesa organizzò una vera e propria crociata? Nel dubbio furono uccisi tutti gli abitanti di certi villaggi, eretici e non, senza discriminare fra donne, vecchi, uomini e bambini: "Dio saprà distinguere i suoi dagli altri", si dissero i pii massacratori.

[33] Di tutt'altro avviso, naturalmente, è la Chiesa. Si veda, a questo proposito, il *Catechismo della Chiesa Cattolica*, Libreria Editrice Vaticana, seconda edizione 1999, pag. 157, al capitolo "I misteri dell'infanzia di Gesù".

Erode, dice Matteo, s'infuriò ed ordinò la strage perché i Magi non tornarono a dirgli dov'era esattamente quel bambino, che quindi non fu in grado d'individuare ed eliminare a colpo sicuro. E perché non ha mandato qualcuno a vedere?

Non credo che Betlemme fosse visitata ogni giorno da comitive di Magi che andavano qua e là adorando neonati. Se erano davvero così importanti, e venivano da tanto lontano, i Magi sicuramente avevano un sèguito. Cammelli, servi, magari anche un harem: una vera carovana. Tutta 'sta gente, in quel paesino, si ferma davanti ad una casa; i Magi scendono dai rispettivi cammelli, entrano, si prostrano, donano oro, incenso e mirra; poi tornano fuori, risalgono sui cammelli e se ne vanno. Figurarsi la curiosità e la meraviglia dei residenti. Per non dire della stella:

> Ed ecco la stella, che avevano visto nel suo sorgere, li precedeva, *finché giunse e si fermò sopra il luogo dove si trovava il bambino*[34]

I Magi,

> Entrati nella casa, videro il bambino con Maria sua madre e, prostratisi, lo adorarono[35].

Chissà che fine aveva fatto Giuseppe? Forse era andato a fare la spesa. Comunque, niente asinelli, niente buoi, niente zampogne. In ogni caso non càpita mica tutti i giorni, che una stella si fermi proprio sopra una stalla (chiedo scusa per l'involontario gioco di parole) o una casa. La CEI informa, al riguardo, che

> La stella è da intendere come un fenomeno astronomico nell'atmosfera terrestre[36]

Questa nota deve essere certamente il frutto di approfonditi e laboriosi studi, in virtù dei quali viene definita una nuova categoria di eventi naturali: i *fenomeni astronomico-atmosferici*. Noi comuni mortali siamo abituati a pensare che i fenomeni astronomici si verificano a partire da qualche milione di chilometri di

---

[34] Mt 2,9. Il corsivo è mio, a conferma delle perplessità circa il bisogno di chiedere informazioni. Matteo, lo noto *en passant*, non parla affatto di mangiatoie e stalle: parla di *casa*.
[35] Mt 2,11
[36] Nota a pag. 972.

distanza dall'atmosfera. Ma, forse, la CEI intende riferirsi a un asteroide, o ad una meteora, che sono precipitati nell'atmosfera. Il corpo celeste cui essa pensava, allora, doveva avere il paracadute e i retrorazzi, per impiegare tutto quel tempo a scendere. Anche perché, visto che doveva fermarsi sulla casa della Natività, se fosse sceso alla velocità d'impatto tipica dei meteoriti, un bel cratere e *bum*: addio presepe. A meno che in Palestina, in quella circostanza, secondo la CEI non si sia verificata un'aurora boreale itinerante. Le aurore boreali di solito si verificano a latitudini un pochino più settentrionali (e non hanno forma di freccia), ma tant'è: se lo dice la CEI. E poi, con tutti i miracoli che si verificarono in quei giorni, uno più uno meno... Strano, però, che nessuno, a parte Matteo, ne abbia parlato.

Stella o *fenomeno astronomico nell'atmosfera*, in un certo senso quella è stata la prima insegna al neon della storia: visibilità e notorietà del posto erano quindi assicurate. E poi c'era stato anche tutto quel movimento di pastori.

Ma dico, non ci ha fatto caso nessuno? Con tutta quella pubblicità, avrebbero dovuto arrivare anche i venditori di noccioline, palloncini e *instant-books*. Dei pastori ne parla Luca che sui Magi, invece, non spende una parola. D'altra parte, Matteo non dice niente dei pastori, e così fanno pari e patta. Ma se diamo a Luca il credito che merita (è anche lui ispirato da Dio), con i pastori c'è stato un gran dispendio di effetti speciali, roba che al confronto la stella è uno scherzo da cinema muto:

> Un angelo del Signore si presentò davanti a loro e la gloria del Signore li avvolse di luce [...] E subito apparve con l'angelo una moltitudine dell'esercito celeste che lodava Dio e diceva: «Gloria a Dio nell'alto dei cieli, e pace in terra agli uomini che egli ama».[37]

Poiché entrambi hanno ragione, Dio, stando a Luca, manda gli angeli dai pastori ad annunciare la lieta novella per poi, stando a

---

[37] Lc 2,9-14. Va notato che Dio continua a fare parzialità. A me avevano sempre insegnato che il coro degli angeli cantava *Uomini di buona volontà*: era bello, perché la promessa di pace riguardava tutti, purché si avesse buona volontà. Ma al solito, almeno secondo questa edizione della Bibbia, Dio ama chi vuole lui, a prescindere dalla buona volontà. Basti pensare a Davide...

Matteo, lasciar massacrare i figli di quegli stessi pastori al posto del bambino che li aveva invitati ad adorare: i pastori che stavano dietro alle greggi, intorno a Betlemme, non potevano avere la famiglia che nello stesso villaggio. Alla faccia della buona novella! questo è un Dio che ha ben poco del dio paterno e amorevole che segnerebbe la differenza fra il Vecchio e il Nuovo Testamento.

Dunque i pastori, ricevuta la notizia, educatamente aspettano che gli angeli si allontanino per tornare in cielo[38], poi vanno a Betlemme a vedere il bambino.

> E dopo averlo visto riferirono ciò che del bambino era stato detto loro. Tutti quelli che udirono, si stupirono delle cose che i pastori dicevano[39].

La notizia, insomma, era tutt'altro che segreta: mancava solo che il *Jerusalem Post* gli dedicasse una foto in prima pagina. Se non l'ha fatto è solo perché ancora non era stato inventato.

In conclusione: per carogna che fosse, era logico che Erode mandasse i suoi sgherri a Betlemme, a due passi dalla sua capitale, a fare quel macello? Non bastava che mandasse a chiedere: "Scusate, avete mica visto dove si sono fermati quegli arabi un po' tocchi che cercavano qua il re d'Israele?".

E le stesse famiglie dei bambini, ma non avrebbero detto: "No, scusate: quello che cercate, il re, se l'è svignata all'inglese; era lì, c'era una stella parcheggiata sopra, tutto un gran via vai di Magi e pastori, ma adesso è sulla via per l'Egitto, così si compie un'altra profezia[40]. Se vi sbrigate, li raggiungete senz'altro. Diteglene quattro: così imparano a sparire così, senza neanche avvisarci che volevate massacrarci i bambini. Ma per piacere, lasciate in pace i nostri, che sono figli di pecorai".

E ancora: di questa strage, come mai ne parla solo Matteo? Non va dimenticato quanto fosse (ed è tuttora) importante, per gli Ebrei, avere dei figli: la procreazione era ritenuta una benedi-

---

[38] Lc 2,15. Viene da chiedersi se andassero a piedi.
[39] Lc 2,17-18.
[40] Mt 2,15; la citazione è da Osia 11,1.

zione di Dio, e la donna sterile era considerata maledetta[41]. Un'azione del genere, già bestiale in sé, avrebbe anche offeso uno dei sentimenti più forti del popolo ebraico e avrebbe avuto una vasta eco. E invece niente: questa è una delle tante notizie evangeliche che non trovano riscontro in nessun'altra fonte: proprio come la stella pilota[42].

Ammettiamo comunque, sempre per amor di discussione, che le cose siano andate davvero come dice l'evangelista.

Un angelo, in sogno, avverte Giuseppe di portar via il bambino e lui, come ho già accennato, prende la famiglia e zitto zitto, tanto dei figli degli altri non gli importa niente, se la porta in Egitto, dove tutti e tre rimangono fino a che non muore Erode. Erode che – non dimentichiamolo – se fosse vera la datazione corrente in realtà era già morto da un pezzo.

Qualche tempo dopo, avvertito dal solito angelo, Giuseppe ritorna in Israele. Ma dato che, comunque, sul trono c'è Archelao, figlio di Erode, prudentemente

> Si ritirò nelle regioni della Galilea e, appena giunto, andò ad abitare in una città chiamata Nazaret, perché si adempisse ciò che era stato detto dai profeti: «sarà chiamato Nazareno»[43].

Quindi, secondo Matteo, la scelta di Nazareth, al ritorno dall'Egitto, sembra dettata dall'opportunità di stare alla larga: Nazareth, infatti, dista centoquaranta chilometri da Gerusalemme, mentre Betlemme solo una diecina.

---

[41] Ragion per cui Sarai aveva offerto ad Abramo di giacere con Agar, la sua schiava, e Rebecca aveva fatto avere alcuni figli a Giacobbe per il tramite di altre sue schiave prima di riuscire a generare direttamente Giuseppe e Beniamino. Un'interpretazione elastica del concetto di maternità consentiva infatti alla padrona di considerare suoi i figli che il marito generava dalle sue schiave. In questo modo evitava di essere maledetta; ma i figli nati così erano un po' meno figli di quelli *veri*: vedi il solito episodio di Isacco e Ismaele.

[42] Anche ammesso che, come risulterebbe da certi calcoli, in quegli anni sia apparsa la Cometa di Halley, un suo legame con la narrazione di Matteo (soprassedendo sulla sua funzione di guida) sarebbe astrologico e negromantico più che teologico. Tant'è vero che la CEI preferisce parlare di *fenomeno astronomico nell'atmosfera.*

[43] Mt 2,23. Uta Ranke Heinemann fa notare che la profezia "sarà chiamato Nazareno" è fasulla: non è scritta da nessuna parte, nel Vecchio Testamento.

Matteo, l'abbiamo visto, sorvola con disinvoltura sul fatto che Nazareth era, in realtà, l'originale luogo di residenza di Giuseppe e Maria ed era quindi la cosa più normale del mondo che dopo quel po' po' di avventura i due se ne tornassero a casa. Infatti, come già abbiamo visto, è questo che narra Luca.
Torniamo dunque indietro e cediamo la parola a Luca, il quale, a proposito dell'Annunciazione, ci dice che

> L'angelo Gabriele fu mandato da Dio *in una città della Galilea, chiamata Nazareth,* a una vergine promessa sposa di un uomo della casa di Davide, chiamato Giuseppe[44]

Luca dice, dunque, che Gabriele (non ancora promosso arcangelo) va proprio a Nazareth, per annunciare a Maria la sua prodigiosa gravidanza. Quindi è da lì che i due sono partiti per Betlemme, e lì sono tornati: non ci sono andati solo dopo il ritorno dall'Egitto. Egitto dove anzi, a sentire Luca, non sono mai andati. Matteo, probabilmente, sapeva che sui Galilei circolavano notizie ben poco esaltanti. Era quindi necessario, a suo modo di vedere, che Nazareth e la Galilea risultassero luoghi di residenza scelti *dopo* la nascita di Gesù; solo che ha dimenticato di mettersi d'accordo con Luca. Il che è giustificabile, visto che probabilmente i due (chiunque essi fossero) non solo non si sono mai conosciuti, ma neanche erano contemporanei.

4. *La presentazione al Tempio.*

C'è un altro problema cronologico che sfugge al senso comune ed alla logica, e rende i due vangeli incompatibili fra di loro (meno male che sono *sinottici*!). Luca, dicevamo, parla dei pastori, ma non dei Magi; Matteo fa il contrario e parla soltanto dei Magi; Matteo, ancora, è l'unico che parli della strage degli innocenti e della fuga in Egitto. Ma soprattutto, come accennavo prima, stando a Luca la fuga in Egitto non c'è proprio stata. Egli

---

[44] Lc1,26-27. Il corsivo è mio.

narra infatti che, conformemente alla Legge, *quaranta giorni dopo il parto* Maria si recò al Tempio, a Gerusalemme, per la purificazione e – essendo Gesù figlio primogenito – per la consacrazione a Dio del bambino. Dopo di che

> Quando ebbero tutto compiuto secondo la legge del Signore, fecero ritorno in Galilea, alla loro città di Nazareth. Il bambino cresceva e si fortificava, pieno di sapienza, e la grazia di Dio era sopra di lui.[45]

Finisce la cerimonia, dunque, e tutti tornano a casa. Secondo Luca niente Magi, niente Egitto, niente strage degli Innocenti.
Per di più salta all'occhio che, se pure ci fossero andati, i Magi erano stati piuttosto tirchi. Giuseppe e Maria, se avessero ricevuto i doni principeschi di cui parla Matteo, avrebbero offerto al tempio ben più della coppia di tortore, il tipico omaggio dei poveri, di cui ci dà conto Luca. Altro che oro, incenso e mirra.
Soffermiamoci, ora, sulla presentazione al Tempio.
L'arrivo dei tre provoca una certa sensazione: il vecchio Simeone riconosce nel bambino il Messia e gli dedica un breve cantico pieno di riferimenti biblici; ed anche la Profetessa Anna vede compiersi le Scritture. Di Simeone Luca dice cose abbastanza notevoli, ma è su Anna che si sofferma di più.
Il primo, apprendiamo, non può morire se prima non vede il Messia e questa, è evidente, è una notizia suggestiva e di un certo peso, sul piano esoterico. L'altra, ci dice sempre Luca, era figlia di Fanuele, della tribù di Aser; era rimasta vedova dopo sette anni di matrimonio e aveva ora ottantaquattro anni. Un vero e proprio certificato di stato civile, insomma; in merito al quale però, non vorrei sembrare irriverente, mi viene da dire: *e chi se ne frega?*
Farà magari parte dello stile narrativo del tempo, il profondersi in dettagli privi di significato (oltre che di ogni possibilità di riscontro), ma da un testo dettato da Dio mi aspetterei una maggiore chiarezza quando parla di fratelli e cugini, e una maggiore

---

[45] Lc 2, 39-40

stringatezza a proposito di personaggi di rilevanza marginale, come questa Anna.

Ad ogni modo, con una tempestività dovuta certamente a divino impulso, Anna, è lì; e giunto il suo turno, non appena Simeone ha finito il suo cantico, a sua volta si profonde in lodi a Dio e parla del bambino a quanti aspettavano la redenzione di Gerusalemme. C'è in Luca, a questo proposito, un'affermazione sorprendente circa il clamore che si fa intorno al bambino e la reazione che questo clamore provoca in Giuseppe e Maria:

> Il padre e la madre di Gesù si stupivano delle cose che si dicevano di lui.[46]

Alla luce di quanto lo stesso Luca dice in precedenza, la cosa stupefacente è il loro stupore. Questi due genitori hanno infatti ricevuto per mesi chiare indicazioni sulla natura divina del bambino: il suo concepimento è stato annunciato personalmente dall'angelo Gabriele; Giuseppe ha saputo da un altro angelo come doveva chiamarlo; Maria, durante la gravidanza, è andata dalla cugina Elisabetta, ne è stata salutata con queste letterali parole:

> A che debbo che la madre del mio Signore venga a me?[47]

ed ha sciolto il suo *Magnificat* (peraltro bellissimo, da un punto di vista poetico), una vera antologia di citazioni bibliche[48], dimostrandosi intelligente, colta, teologicamente profonda e ben conscia del significato della sua imminente maternità. Non basta: poco più di un mese prima, a Betlemme, Maria ha ricevuto la visita dei pastori, che dicevano a tutti di esser stati avvisati della nascita del Messia da uno stuolo di angeli osannanti.

Stando a Matteo, poi, s'erano scomodati anche dei Magi dell'oriente che, prostratisi, avevano adorato il bambino, e si erano ve-

---

[46] Lc 2,33. Lapsus calami o lapsus freudiano? Luca non dice "Giuseppe e la madre", ma "il padre e la madre". Ecco che la paternità di Giuseppe, uscita dalla porta dell'annunciazione, rientra dalla finestra della dedicazione.
[47] Lc 1,43
[48] Sul Magnificat ritorneremo nel prossimo capitolo, quando parleremo dei rapporti fra Maria e Gesù.

rificati dei *fenomeni astronomici nell'atmosfera terrestre*. Dunque che motivo avevano il padre e la madre, di stupirsi?

La presenza e le parole di quei due *profeti*, ad ogni modo, si possono spiegare abbastanza facilmente con due diverse e ovviamente maliziose motivazioni. La prima è che si trattasse di un paio di vecchietti un po' suonati che si abbandonavano a manifestazioni del genere ogni volta che un bambino veniva circonciso e presentato al tempio. La seconda è che non fossero suonati, ma – un po' come i venditori di oroscopi e predizioni dei nostri giorni – offrissero ai piccoli questi fausti vaticini sperando in un compenso da parte dei genitori. Si spiega così che il loro strepito non desti reazione alcuna - di fastidio o interesse - nei sacerdoti del tempio: quegli stessi sacerdoti che una trentacinquina d'anni dopo, a spese di quello stesso bambino ormai diventato uomo, si dimostreranno molto intolleranti verso chi si proclama o è proclamato messia.

Maria e Giuseppe *si stupivano* sentendo le parole del vecchio Simeone e della profetessa Anna. Erano provinciali, gente semplice e ingenua che veniva da un povero villaggio in Galilea, l'area più depressa di Israele. Possiamo escludere che, stupiti com'erano, abbiano creduto davvero alle parole di quei due e le abbiano ripetute orgogliosi al figlio, che così è cresciuto sentendosi dire continuamente quelle parole, fino a convincersi d'essere davvero quello che dicevano?

5. *I dottori del Tempio*

La famigliola, alla fine, torna a Nazareth. Nessuno degli evangelisti narra alcunché della vita di Gesù negli anni dell'infanzia e dell'adolescenza salvo Luca, che riporta il famoso episodio dei dottori del Tempio[49].

---

[49] Di notizie sulla sua infanzia sono invece prodighi gli apocrifi, che gli attribuiscono prodigi di tutti i tipi fin dai primi giorni dopo la nascita (particolarmente efficace è l'acqua del bagnetto, che cura ogni tipo di malattia) e, successivamente, anche nella vita a Nazareth, dove gli fanno provocare morti e resurrezioni di bambini e maestri,

Confesso che prima di scrivere questo libro non mi ero soffer-
mato su questo particolare episodio che, come la maggior parte
delle persone educate in ambienti cristiani, conoscevo solo per
sommi capi. Non mi ero reso conto, in particolare, della distanza
fra Nazareth e Gerusalemme e del fatto che Maria e Giuseppe si
accorgono della scomparsa di Gesù, al ritorno, *soltanto dopo un
giorno di viaggio*. Genitori abbastanza distratti, bisogna dire.

Al catechismo mi hanno spiegato che le donne, al Tempio, erano
separate dagli uomini. Vero. Ma la separazione riguardava la
preghiera nel Tempio. Dopo? Maria e Giuseppe non possono essere rimasti separati per un intero giorno di viaggio. Strano
comportamento, per due genitori che hanno in custodia il Messia
in erba, quello di dirsi che forse era con gli altri parenti, come
spiega Luca. Quando finalmente si accorgono di aver perso il
figlio per strada, i due tornano indietro:

> Dopo tre giorni lo trovarono nel Tempio, seduto in mezzo ai dottori, men-
> tre li ascoltava e li interrogava. E tutti quelli che l'udivano erano pieni di
> stupore per la sua intelligenza e le sue risposte.[50]

Non è chiaro se il *dopo tre giorni* si riferisca all'inizio del viaggio di ritorno o – come sembra più probabile - al momento in
cui sono tornati indietro, nel qual caso l'assenza di Gesù si sarebbe prolungata per ben quattro giorni.

Tre o quattro giorni durante i quali Gesù, dodicenne, ha ininter-
rottamente parlato con i dottori del tempio, mostrando grandis-
sima intelligenza e cultura biblica. In una società teocentrica
come quella ebraica, faceva di sicuro notizia. Non credo, quindi,
che, durante quei tre o quattro giorni, alla fine delle discussioni i
dottori lo mettessero alla porta dicendogli "torna domani, che
continuiamo a interrogarci": l'avranno ospitato e nutrito.

---

animazione di animali d'argilla e guarigioni varie. La sua miracolosa assistenza aiuta
fra l'altro l'impacciato Giuseppe a rimediare alla propria incompetenza professionale:
Gesù allunga una tavola di legno che il padre putativo aveva tagliato male, permetten-
dogli di completare in tempo un lavoro commissionatogli.
[50] Lc 2,46-47

Possibile che gli stessi dottori del Tempio, appurato che veniva da una famiglia di poveracci, non abbiano proposto ai suoi genitori di ospitarlo in forma permanente, facendo anche di lui un dottore del Tempio? Un talento del genere non si spreca! Invece niente. Si ripete, nei dottori del Tempio di Luca, l'incongruenza che abbiamo già visto nei Magi di Matteo.

Già in questa occasione, bisogna dirlo, Gesù si dimostra sgarbato verso i suoi. Ad una madre che lo cerca disperata da tre o quattro giorni dà una risposta che, fossi stato io il padre, messia o non messia un bel ceffone non glielo levava nessuno:

> Perché mi cercavate? Non sapevate che io devo occuparmi delle cose del Padre mio? Ma essi non compresero le sue parole.[51]

Vengono in mente quei ragazzini prodigio, saputelli e con la puzza sotto il naso, che guardano la gente dall'alto in basso e si permettono di rispondere male anche a dei genitori amorosi e teneri, sia pure – come abbiamo visto – un tantino distratti.

Anche in questo caso, come all'epoca della Presentazione, i suoi genitori *non comprendono*, evidentemente dimentichi degli eventi prodigiosi di una dozzina di anni prima. Beh, questo giustifica in parte la loro distrazione: per loro è un figlio normale. Ma se è un figlio normale, allora non c'è bisogno che la madre resti vergine; e forse, allora, è veramente figlio di Giuseppe (e si merita due volte il ceffone). Tant'è che Maria gli ha detto, ritrovandolo fra i dottori del Tempio:

> Figlio, perché ci hai fatto così? Ecco, tuo padre ed io, angosciati, ti cercavamo[52].

Tuo padre ed io. Non, ad esempio, *Giuseppe ed io*. Una frase così, detta fra l'angoscia e il sollievo, suona molto sincera. Ci pensa però Gesù, senza tanti complimenti, a ricordar loro chi è

---

[51] Lc 2,49-50

[52] Lc 2,48. Torno a rilevare (vedi nota n. 47) che Luca usa, per Giuseppe e Maria, la definizione *il padre e la madre* anche al momento della presentazione al Tempio, nel già citato versetto 1,43: "Il padre e la madre di Gesù si stupivano delle cose che si dicevano di lui": Giuseppe, anche in quella circostanza, è senza equivoci *il padre* di Gesù. Un caso può essere un lapsus; due cominciano ad essere un indizio.

lui, e chi è suo padre: "Non sapevate che io devo occuparmi delle cose del Padre mio?" Quindi, imbarazzo e doppia incavolatura per Giuseppe, che davanti a tutti si sente dire, da quello che è ufficialmente suo figlio, di farsi gli affari suoi e che lui non è il padre. Se ero io, secondo ceffone.

Gesù si rifà nei versetti successivi, che chiudono il discorso sulla sua infanzia:

> Partì dunque con loro e tornò a Nazareth e stava loro sottomesso. Sua madre serbava tutte queste cose nel suo cuore. E Gesù cresceva in sapienza, età e grazia davanti a Dio e agli uomini.[53]

Meno male. Va tuttavia notato che, se pure Gesù cresceva in grazia davanti a Dio, non si può dire la stessa cosa per quanto riguarda gli uomini. Tanto è vero, come vedremo meglio più in là, che quando si prova a predicare a Nazareth provoca la reazione di cui abbiamo già parlato sopra; e lui, offeso, non fa miracoli in quella patria ingrata.

---

[53] Lc 2, 51-52.

MARIA E GESÙ

1. *Maria nei vangeli*

Tradizione vuole che l'evangelista Giovanni altri non sia che l'omonimo apostolo: *il discepolo che egli* [Gesù] *amava*, quello che durante l'ultima cena gli pone il capo sul petto e che Gesù, dalla croce, affida a Maria dicendole: "Donna, ecco tuo figlio".

Questa tradizione, però, è smentita proprio dal vangelo in questione, nel quale non c'è alcun cenno né agli eventi che vanno dall'Annunciazione al ritorno a Nazareth, né ad altri episodi che l'evangelista, se s'identificasse con l'apostolo, avrebbe logicamente appreso vivendo con Maria. Come avrebbe potuto, in tal caso, non far tesoro del patrimonio di ricordi della madre del suo messia, in specie quelli legati all'annunciazione, che solo lei poteva conoscere e sono così rilevanti, per un vangelo che esordisce parlando del Verbo che si fa uomo?

L'Annunciazione, invece che in Giovanni, è descritta nel vangelo di Luca, e in nessuno degli altri tre. Se all'episodio applicassimo i criteri seguiti dalla CEI a proposito della probabilità che esistano delle sorelle di Gesù (alla cui esistenza, come abbiamo già visto, essa rileva che fanno riferimento *solo* due evangelisti), potremmo dire che quest'Annunciazione è un fatto secondario, o che addirittura non c'è mai stata. Sarebbe un peccato, perché sparirebbe la prima parte dell'*Ave Maria*, e addio rosari; quindi come non detto: l'Annunciazione c'è stata.

All'inizio, prima che nasca Gesù, tutto va bene: grandi complimenti da parte di Gabriele, Giuseppe non la ripudia, poi Elisabetta la saluta completando la prima parte dell'*Ave Maria*; e Maria, tutta contenta, declama il suo *Magnificat*.

A proposito del *Magnificat*, mi sia concessa una digressione. Il testo è infarcito di citazioni dall'Antico Testamento, non meno di dieci: il che fa pensare che Maria godesse di una profonda cultura biblica. Purtroppo però, stando nientemeno che a Vittorio Messori, una fonte certamente autorevole, questo risulta improbabile. Dice infatti Messori:

> Tra le altre prescrizioni che rendevano dura la condizione femminile tra gli ebrei (*che non conoscevano nemmeno la forma femminile per "pio", "giusto", "santo"*), Jeremias ricorda le sentenze di Rabbi Eliezer, «l'energico rappresentante dell'antica Tradizione», il quale prescriveva: *«Chi insegna la Torah a sua figlia, le insegna il libertinaggio»* (nel senso, chiarisce il biblista tedesco, che *«essa farà di certo cattivo uso di quanto ha imparato»*). Maestro Eliezer, comunque, sintetizza la ginofobia ebraica in quell'altra sentenza ancora più nota e che così, drasticamente, suona: *«Meglio bruciare tutta la Scrittura piuttosto che darla in mano alle donne»*. Le quali, come si sa, anche in campo religioso (come praticamente in tutto il resto), in Israele erano chiamate soltanto ad ascoltare, celandosi in un luogo invisibile della sinagoga durante il servizio liturgico, *senza neppure la possibilità non si dice di essere chiamate a leggere la Torah, ma neppure di toccarla, perché l'avrebbero resa "impura"*.[1]

Riassumendo – non lo dico io, lo dice Messori – Maria, essendo donna, non aveva potuto studiare la Torah; e non poteva nemmeno esistere la profetessa Anna, della quale, come abbiamo visto nel capitolo precedente, parla Luca nell'episodio della presentazione di Gesù al Tempio. Ne consegue che, per prodigiosa che fosse la sua memoria, è altamente improbabile, per non dire impossibile, che intorno ai quattordici anni di età, o giù di lì, Maria potesse aver imparato a memoria tanta di quella Bibbia da poter citare, a proposito e tutti d'un fiato, quattro Salmi ed i profeti Isaia e Samuele[2], al momento in cui proferì il *Magnificat*, creando una composizione di alto significato teologico, morale e poetico. La furia antifemminista di Messori, indirizzata contro Uta Ranke Heinemann (in sostanza, dice, avevano ragione gli antichi Ebrei a non mettere la Bibbia in mano alle donne), gli rimbalza sui denti: se lui ha ragione, non Maria ma l'evangelista

---

[1] *Dicono che è risorto*, pag. 272. I perfidi corsivi sono miei.
[2] Sono (Cfr. nota CEI a Lc 1,46, pag. 1026): Sal 110,9; 102,17; 88,11;106,9; Is 41,8-9 e *Cantico di Anna*, Sam 2,1-10.

ha inventato il *Magnificat*, dimostrandosi migliore autore di centoni che storico[3].

Torniamo a Maria. Tutto bene, dicevamo, durante la gravidanza. I guai cominciano dopo, e proprio nei suoi rapporti col figlio. Abbiamo già visto, esaminando l'episodio dei dottori del Tempio, che Gesù – stando sempre a Luca – si mostra piuttosto sgarbato, verso la madre, già da quando ha appena dodici anni. Col tempo non è che le cose vadano meglio. È ancora Luca a raccontarci quest'altro episodio, che si verifica invece quando Gesù ha già iniziato la sua predicazione:

> Un giorno andarono a trovarlo la madre e i fratelli, ma non potevano avvicinarlo a causa della folla. Gli fu annunziato: «Tua madre e i tuoi fratelli sono qui fuori e desiderano vederti». Ma egli rispose: «Mia madre e i miei fratelli sono coloro che ascoltano la parola di Dio e la mettono in pratica».[4]

L'episodio è probabilmente lo stesso narrato da Marco e Matteo. Per quanto riguarda il comportamento di Gesù, oltre che verso i suoi fratelli (o cugini, o procugini che fossero), anche verso Maria, valgono le stesse considerazioni già fatte a proposito del suo improbabile status di figlio unico, propugnato dalla Chiesa: e cioè che se amava la madre, Gesù lo dimostrava in un modo molto peculiare. Maria, poveretta, lo va a cercare e si sente rispondere che lui le preferisce coloro che ascoltano la parola di Dio e la mettono in pratica. Avrà pensato: *Ma che gli ho fatto?*

E non è, questo di Gesù, uno sfogo occasionale. Tempo dopo, in luogo imprecisato, egli aveva appena scacciato un demonio e stava rimbrottando quelli che insistevano a non credergli:

> Mentre diceva questo, una donna alzò la voce di mezzo alla folla e disse: «Beato il grembo che ti ha portato e il seno da cui hai preso il latte!» Ma

---

[3] Il centone è una composizione poetica costituita da versi già scritti da qualcun altro. La pratica di creare (si fa per dire) centoni era diffusa in Italia nel Quattrocento, quando molti ritenevano che dopo Petrarca non si potesse più scrivere poesie, e si limitavano, perciò, a rimescolare i suoi versi.

[4] Lc 8,19-21.

egli disse: «Beati piuttosto coloro che ascoltano la parola di Dio e la os-
servano!»[5]

E due. La risposta, in questo caso, è ancora più secca. Quel *piuttosto* pare quasi dire "Non diciamo sciocchezze: sono ben altri, i
beati". Nessuna tenerezza, nessuna riconoscenza verso Maria,
che per giunta, anche stavolta, potrebbe passare per una che non
ascolta e non osserva la parola di Dio.
C'è poi il famoso episodio delle nozze di Cana. Gesù, Maria e i
discepoli sono invitati al banchetto nuziale. Il vino finisce, con
grande imbarazzo dei padroni di casa; Maria lo dice al figlio:

> Nel frattempo, venuto a mancare il vino, la madre di Gesù gli disse: «Non
> hanno più vino». E Gesù rispose: «che ho da fare con te, o donna? Non è
> ancora giunta la mia ora». La madre dice ai servi: «Fate quello che vi di-
> rà».[6]

La nota della CEI relativa a questo episodio recita:

> Donna è appellativo solenne (cfr. 19,26). Le parole di Gesù, nella Bibbia
> (Cfr. 2 Sam 16,10; 19,23; 1 Re 17,18; Mt. 8,9), indicano che vorrebbe de-
> clinare l'invito sottinteso nell'intervento di Maria.[7]

Anche Pietro usa quell'appellativo quando rinnega Gesù per la
prima volta:

> Vedutolo seduto presso la fiamma, una serva fissandolo disse: «Anche
> questi era con lui». Ma egli negò dicendo: «Donna, non lo conosco!»[8]

Appellativo solenne? Direi piuttosto *appellativo scocciato*. Ma
facciamo finta di credere alla sua pretesa solennità: il fatto stesso che la CEI provi il bisogno di giustificarlo la dice lunga sul
suo vero significato. Comunque l'episodio ha, in sé, della tenerezza: quella di Maria verso gli ospiti in difficoltà, che la induce
a invitare il figlio a fare qualcosa. Certo non quella di lui che le
risponde *solennemente*, chiamandola *donna* anziché *mamma*, e
dicendole che non ha niente da spartire con lei: in sostanza, invi-

---

[5] Lc 11,27-28
[6] Gv 2,3-5.
[7] Nota a pag. 1060.
[8] Lc 24,56-57.

tandola a farsi gli affari suoi. Gesù reagisce, insomma, con parole ben lontane dall'affetto filiale ed accampando una scusa (*Non è ancora giunta la mia ora*) che non sta in piedi, visto che ha già dei discepoli. Maria, rivolgendosi ai servi, mette il figlio in condizione di non poter più far finta di niente e lo costringe a darsi da fare; sembra anzi, visto che non ribatte ma si gira dritta verso i servi, che sia pure un po' irritata dall'atteggiamento del figlio. Lui, comunque, non si muove spontaneamente: *vorrebbe declinare l'invito*.

Fra tutti i vangeli ci sono due soli episodi, quello dei dottori del Tempio, riferito da Luca, e questo delle nozze di Cana, in cui è riportato un dialogo fra Gesù e Maria. Entrambi gli episodi, a mio parere, sono tutt'altro che storici: il loro contenuto favolistico è evidente, e non hanno nessun significato nel contesto generale dei vangeli. Essi rivelano tuttavia l'atteggiamento di Gesù verso sua madre, che riflette quello generale degli uomini verso le donne in quel tempo e in quel luogo, confermato dalla citazione, che dobbiamo a Messori, di Rabbi Eliezer, «l'energico rappresentante dell'antica Tradizione», che abbiamo letto più su. Ben altra tenerezza Gesù mostra comunque per l'altra Maria, la sorella di Marta e di Lazzaro:

> Maria, dunque, quando giunse dov'era Gesù, vistolo si gettò ai suoi piedi dicendo: «Signore, se tu fossi stato qui, mio fratello non sarebbe morto!» Gesù allora quando la vide piangere e piangere anche i Giudei che erano venuti con lei, si commosse profondamente, si turbò e disse: «Dove l'avete posto?». Gli dissero: «Signore, vieni a vedere!». Gesù scoppiò in pianto. Dissero allora i Giudei: «Vedi come lo amava!»[9]

Il capitolo si apre con questa frase:

> Era allora malato un certo Lazzaro di Betania, il villaggio di Maria e di Marta sua sorella. Maria era quella che aveva cosparso di olio profumato il Signore e gli aveva asciugato i piedi con i suoi capelli; suo fratello Lazzaro era malato [...] Gesù voleva molto bene a Marta, a sua sorella e a Lazzaro.[10]

---

[9] Gv 11,32-36. Su questi versetti torneremo a riflettere nel capitolo dedicato ai miracoli e alle profezie.
[10] Gv 11,1-5

Non si può dunque dire che la freddezza di Gesù fosse dovuta al peso della missione che aveva sulle spalle o stesse nel suo carattere: *era proprio con lei*, con la madre, che tendeva ad essere sgarbato. Un'altra volta soltanto, appena prima di morire, Gesù si rivolge a Maria, che non risponde. È appunto l'episodio, che ho citato in apertura di questo capitolo, di cui alla nota della CEI riguardante la solennità dell'appellativo *donna*:

> Gesù allora, vedendo la madre e lì accanto a lei il discepolo che egli amava, disse alla madre: «Donna, ecco il tuo figlio!». Poi disse al discepolo: «Ecco la tua madre!». E da quel momento il discepolo la prese nella sua casa.[11]

Giocando a fare i cattivi si potrebbe rovesciare l'interpretazione ufficiale, e apparentemente più ovvia, di questo estremo incontro fra i due. Secondo una tale lettura Gesù si preoccupa di confortare e di sistemare la madre. Tuttavia, per quanto riguarda la sistemazione, non sembra che Maria avesse bisogno del suo aiuto. Secondo i sinottici da almeno un anno, e per Giovanni addirittura da tre, Gesù se ne andava su e giù per la Palestina predicando il suo messaggio. Non c'è un solo accenno, nei vangeli, ad una sua qualsiasi attività di supporto per Maria, che probabilmente se la cavava comunque lo stesso: anche concedendo che non avesse altri figli, a Nazareth aveva almeno una sorella, parecchi nipoti e una casa, foss'anche un tugurio. Le sue esigenze erano modestissime, quelle della vedova di un poveraccio. Ce la faceva benissimo da sola.

Perché, dunque, questo estremo messaggio alla madre e al discepolo? Conforto? Sarebbe più probabile. Ma la chiave di lettura è triplice tenuto conto, nell'ottica evangelica, che Giovanni era *il discepolo che egli amava*. Gesù voleva: 1) consolare Maria; 2) che si aiutassero a vicenda; 3) consolare Giovanni.

La terza ipotesi è la più malevola ma alla luce del trattamento tutt'altro che tenero ed affettuoso che, come s'è visto, Gesù ha riservato alla madre durante la sua vita, non è la meno probabile.

---

[11] Gv 19,26-27.

Giovanni, invece, è autorizzato a posargli teneramente il capo sul petto: una confidenza che parla di un affetto profondo e della probabilità altissima che Gesù sentisse prepotente il bisogno di consolare, in qualche modo, il suo discepolo prediletto, che a- mava come un figlio o un fratello minore. Ritengo che non sia un caso che, parlando loro dalla croce, Gesù si rivolge prima alla madre, *solennemente*, affidandole Giovanni; e solo dopo a Gio- vanni, dicendogli di andare con lei. Anche il fatto che neanche in punto di morte riesca a rivolgersi a Maria chiamandola *mam- ma*, o almeno *madre*, conferma che il patrimonio di tenerezza che nutre verso quella poveretta deve essere proprio scarso.

Negli Atti degli Apostoli il ruolo di Maria semplicemente non esiste. Vi figura appena di sfuggita, soltanto all'inizio; e stando al testo non risulta – nonostante l'iconografia corrente – che sia presente alla Pentecoste quando lo Spirito, sotto forma di fiam- mella, scende sugli apostoli. Su Mattia, l'ultimo arrivato[12], sì; ma su lei, niente. D'altra parte che bisogno ce n'era? Maria non svolge, successivamente, alcuna opera di apostolato. Semplice- mente, sparisce. Stando alla lettera del Nuovo Testamento, Ma- ria è insomma un personaggio tutt'altro che centrale, nella vi- cenda terrena di Gesù. Assume una certa rilevanza in Luca, con l'Annunciazione e la visita ad Elisabetta, ma anche in quel van- gelo sparisce abbastanza presto dalla ribalta della scena.

2. *Maria nell'iconografia*

L'immagine di Maria in piedi su una falce di luna, coronata di dodici stelle, è ripresa dall'Apocalisse di Giovanni:

> Poi apparve un gran segno nel cielo: una donna intorniata del sole, di sotto ai cui piedi era la luna, e sopra la cui testa era una corona di dodi- ci stelle[13]

---

[12] Mattia è l'apostolo che gli altri eleggono per riportare il proprio numero a dodici. È Pietro che fa presente la necessità di reintegrare il numero degli apostoli, dilungandosi fra l'altro in una trucida descrizione della fine di Giuda.
[13] Ap XII,1

Molto romantica e ricca di simbolismi, come immagine. Peccato che il seguito la sciupi un po':

> Ed essendo gravida, gridava, sentendo i dolori del parto, e travagliava da partorire[14]

Nelle chiese, ovviamente, la visione si ferma al primo versetto[15]: una donna urlante per il parto incipiente sarebbe poco edificante e un tantino imbarazzante, sulle pale d'altare. In realtà l'attribuzione a Maria di quest'immagine (che comunque parla di una donna, e non di una vergine) è arbitraria. Il seguito del capitolo parla di un figlio maschio che reggerà tutte le nazioni con verga di ferro (questo sarebbe Gesù?), di un drago con sette teste, della donna che si rifugia nel deserto e di una lotta fra gli angeli e il drago e via di seguito, di allucinazione – *pardon* – di visione in visione; tregende, comunque degne di Elia e degli altri profeti dell'Antico Testamento: narrazioni che col *messaggio della salvezza* non hanno niente da spartire, e solo forzatamente sono riconducibili a Gesù e Maria.

3. *Maria e la Chiesa*

Come abbiamo visto, il peso di Maria nella parte fondamentale della vita di Gesù, stando alla narrazione evangelica, non è decisamente tale da giustificare un culto che si è poi esteso al punto

---

[14] Ap XII,2

[15] Notevole che nessuno si chieda da dove questa immagine tragga origine. L'accettazione supina di una Vergine dalla veste bianca e il manto azzurro, le mani radianti luce, posata su una falce di luna e che schiaccia un serpente con un piede (poveri serpenti, condannati a diventare simbolo del male per antonomasia!) è accettata supinamente, almeno oggi, senza indagare sulla sottostante simbologia. Allo stesso modo, sono pochissimi quelli che si interrogano sull'origine e il significato della miriade di simboli e norme che la Chiesa ha trasformato in dogmi di fede. Qui, in realtà, sembra più probabile un riferimento alla Genesi che non a Maria madre di Gesù: è nella Genesi, infatti, subito prima della cacciata di Adamo ed Eva dal Giardino dell'Eden, che Dio parla di una lotta fra il serpente e una donna. Maria, con i serpenti, non risulta che abbia mai avuto niente da spartire.

da generare tutta una serie di dogmi, da quello dell'Immacolata Concezione a quello dell'Assunzione, trasformando Maria nella *Madre di Dio* e nella principale intermediaria fra lo stesso Dio e gli uomini.
Sulle ragioni che hanno indotto la Chiesa a trasformare questa dolce e tutto sommato sfortunata comprimaria in una protagonista assoluta della sua storia, si potrebbero scrivere enciclopedie. Quello che a me sembra del tutto evidente è che l'intero fenomeno poggia su basi fragilissime, per non dire inconsistenti.
Secondo la Dottrina cattolica,

> «Mentre la Chiesa ha già raggiunto nella beatissima Vergine la perfezione che la rende senza macchia e senza ruga, i fedeli si sforzano ancora di crescere nella santità debellando il peccato; e per questo innalzano gli occhi a Maria». In lei la Chiesa è già tutta santa.[16]

Ecco un bell'esempio di autocertificazione... e di modestia.
Soprassediamo sulla sintassi dell'enunciato, che certo non è di cristallina limpidezza, per notare, anche alla luce di quanto abbiamo potuto rilevare dalla lettura dei vangeli e degli Atti degli Apostoli, quanto sia arbitrario il nesso che la Chiesa stabilisce fra Maria e la sua pretesa perfezione assoluta. L'intero sillogismo è malamente zoppicante, a maggior ragione alla luce dei fatti storici che, da Costantino in poi, parlano di una Chiesa tutt'altro che priva di macchie e di rughe. E a parte questo, secondo quel famoso versetto del vangelo, di cui parleremo più in là, la Chiesa è stata fondata da Cristo su Pietro; che c'entra Maria? Dice ancora la Dottrina:

> Il ruolo di Maria verso la Chiesa è inseparabile dalla sua unione a Cristo e da essa direttamente deriva. «Questa unione della Madre col Figlio nell'opera della redenzione si manifesta dal momento della concezione verginale di Cristo fino alla morte di lui [...] Per la sua piena adesione al-

---

[16] *Catechismo della Chiesa cattolica* 829, pag. 249. A sua volta, la frase virgolettata è ripresa dagli atti del Concilio Vaticano II. Mi sia concesso di fare il Pierino. La Chiesa, salvo errore da parte mia, altro non è che *la comunità dei credenti*: essa è cioè costituita dall'insieme dei cristiani cattolici, i quali, secondo il Catechismo, non sono ancora perfetti nella santità. Mi chiedo, allora, come fa la Chiesa ad esserlo: non mi risulta che mettendo insieme degli eserciti di zoppi si ottenga un'armata di podisti.

la volontà del Padre, all'opera redentrice del suo Figlio, ad ogni mozione dello Spirito Santo, la Vergine Maria è il modello della fede e della carità per la Chiesa[17]

La chiave, dunque, starebbe nel fatto che: a) c'è stata la concezione verginale, e b) Maria ha accettato il suo ruolo.

Tanto per cambiare, tutto gira intorno alla solita verginità, l'onnipresente feticcio della Chiesa cattolica[18].

Il ruolo che la Chiesa le attribuisce sembra un onore e un onere piuttosto eccessivo per Maria, poverina, visto che tutto sommato non è stata che un'incubatrice[19]. Quanto alla piena adesione alla volontà del Padre, suppongo che il catechista si riferisca all'accettazione del ruolo di madre di Gesù, così come raccontata da Luca. Perché per il resto, come s'è visto, il ruolo di Maria nei vangeli è decisamente marginale.

Ma Maria poteva rifiutare? Ricostruiamo la scena: le si presenta in casa niente di meno che un angelo e non uno qualunque, ma Gabriele: un angelo terribile, nel Vecchio Testamento: un combattente spietato.

Quest'angelo, mutato il suo ruolo, le dice parole stupende ma anche categoriche: Maria apprende di aver trovato grazia presso l'Altissimo, e che concepirà un figlio. Non sembra che il messaggero divino le offra un qualsiasi margine di scelta. Tanto è vero che l'unica osservazione che Luca mette in bocca alla vergine non riguarda – che so – la richiesta di un po' di tempo per

---

[17] Ibid., 964, pag, 282, e 967, pag. 283.

[18] Secondo alcune fonti, la famosa profezia, secondo la quale *una vergine concepirà un figlio*, da cui discende tutta la foga verginistica della Chiesa, dice, nell'originale ebraico, *una giovane donna concepirà un figlio*. Ci sarebbe stato un errore di traduzione, da parte dei Settanta, che avrebbero reso in greco con *parthenos* (vergine), la parola ebraica *almah,* che, appunto, vuol dire *giovane donna*. La parola ebraica, per *vergine*, è *bethulah*. Quindi, tutto sarebbe dovuto a una sbadataggine di un traduttore.

[19] Uta Ranke Heinemann fa notare infatti che Maria, secondo la Chiesa, non ha *concepito*: ciò implicherebbe, in base alle attuali conoscenze della medicina, un suo coinvolgimento genetico nella nascita di Gesù, che invece, sempre secondo la Chiesa, è Dio al 100%. Gesù sarebbe un semidio, e non un dio, se parte del suo patrimonio genetico provenisse da Maria. Dunque, lo Spirito non l'ha fecondata, ma ha introdotto in lei un ovulo già fecondato. In sostanza, si tratterebbe del primo caso di fecondazione assistita ed eterologa di cui abbiamo notizia.

pensarci, o un *perché proprio io?* Maria, pratica e concreta, si limita a far notare che le sembra difficile poter concepire un figlio, visto, appunto, che è vergine: *Com'è possibile, se non conosco uomo?* Luca non descrive la fanciulla diafana, immersa in ambienti raffinati, ingenua e ignara di tutto fissata nella tradizione, soprattutto quella iconografica, dal Rinascimento in poi. L'evangelista ha in mente la tipica ragazza palestinese del tempo, che viveva fra agricoltori e pastori, pecore e capre, in una casa piccola, fumosa e oscura[20] e galline, galli e pulcini che le razzolavano intorno. Una ragazza che fin da bambina sapeva, avendolo visto, come si fa a far figliare il bestiame; lei stessa, forse, accompagnava le pecore di famiglia a pascolare; e la sua risposta all'angelo cancella ogni dubbio in proposito.

Quando Gabriele le dice di non preoccuparsi di questo, allora dice *sia*. Ma il suo non è un accettare il ruolo che le viene proposto: è un dire *va bene, ho capito*. La Chiesa dice che Maria accetta il ruolo di madre di Dio. E vorrei vedere! Come si fa a dire di no a un angelo? Il suo *sì*, anche nell'ottica di Luca, era dunque scontato, se non obbligato.

E non basta. Se, come insegna la dogmatica cattolica, Maria è stata concepita senza la macchia del peccato originale (qualunque cosa essa sia), evidentemente Dio, per così dire, l'ha fabbricata apposta per fargli da madre. Non poteva quindi esserci in lei più libero arbitrio di quanto un nido ne abbia di accogliere le uova dell'uccello che lo ha fabbricato.

Maria, per assurdo e blasfemo che possa sembrare, si trova in condizioni non dissimili da quelle di Giuda. I due sono collocati dal cristianesimo ai capi opposti di uno stesso filo, che li costringe ad operare nella direzione voluta da Dio. Gesù *deve* venire al mondo, il Verbo *deve* farsi uomo: occorre quindi una donna

---

[20] Oggi la definiremmo, eufemisticamente, *un monolocale senza servizi*. La cosiddetta *Santa Casa* di Loreto dà un'idea abbastanza chiara delle condizioni di vita che potevano esserci in un tugurio come quello, che anche se ha difficilmente volato da Nazareth a Loreto ed ancor meno probabilmente è la vera casa di Maria, comunque da là viene (fu smontata e trasportata per nave fino a Loreto, dove fu poi riassemblata), ed era abitata da gente della stessa condizione sociale.

che gli faccia da navetta in questo viaggio e per questo nasce
Maria. Gesù, poi, *deve* soffrire e morire, per riscattare i peccati
dell'umanità: occorre qualcuno che renda possibile tutto questo,
ed ecco il povero Giuda, usato[21] dalla Divina Provvidenza né
più né meno che Maria: due strumenti. Eppure, mentre Giuda è
condannato per l'eternità, Maria diventa quasi pari a Dio, se non
a lui superiore, almeno nella devozione popolare.

Il catechismo parla, ancora, di piena adesione di Maria *all'opera
redentrice del suo Figlio, ad ogni mozione dello Spirito Santo.*
L'esame dei testi evangelici non evidenzia simili atteggiamenti:
nell'unico caso in cui è in qualche modo coinvolta in attività
pubbliche di Gesù (escludendo quelli, negativi, in cui egli rifiuta
di incontrarla), Maria lo invita a fare qualcosa per gli sposi di
Cana; ma è oggettivamente difficile ricondurre quest'episodio
all'opera redentrice del figlio. Da cosa, la Chiesa, deduca che
ella vada oltre, non è dato di sapere. A meno che non si riferisca
ai vangeli apocrifi che, quelli sì, sono generosi di (improbabili)
particolari al riguardo[22]. I vangeli canonici, no.

4. *Il culto mariano*

Il culto della Madre di Gesù, soprattutto a causa della particolare
venerazione che per Maria coltivava il papa Giovanni Paolo II[23],

---

[21] Sono bellissime, a questo proposito, le parole che Tim Rice mette in bocca a Giuda
nell'opera rock *Jesus Christ Superstar*, musicata da Andrew Lloyd Webber: *My God,
my God, why have you chosen me?... I've been used all the time... you have murdered
me.* (Mio Dio, mio Dio, perché hai scelto me? Sono stato usato, per tutto il tempo...
Tu mi hai assassinato).

[22] Durante la fuga in Egitto, ad esempio, Maria aiuta un uomo, trasformato in mulo da
una stregoneria, a riprendere le proprie fattezze, provocando così le lodi a sé stessa e
al suo divin figliolo da parte delle sorelle e della madre dell'interessato. È singolare la
somiglianza tra questa favola e quella narrata da Apuleio nel suo *Asino d'oro*. Mirabolanti, inoltre, sono gli effetti dell'acqua del bagnetto, utilizzata per lo più per guarire lebbrosi.

[23] Il suo stemma episcopale (piuttosto brutto, ma questa è una valutazione del tutto
personale) era dominato da una "M" che sta per *Maria*, e il suo motto recitava *Totus
tuus*, "Tutto tuo". Una dichiarazione d'amore, più che una professione di venerazione.

ha conosciuto una particolare impennata nel corso degli ultimi anni del XX secolo. È un culto che ha di certo origini molto antiche: origini che, almeno per quanto riguarda in mondo del cristianesimo cattolico, si fanno risalire all'epoca delle crociate ed è dovuto forse all'influsso della teologia mussulmana: a Maria, per strano che possa sembrare, dedica infatti molta più attenzione e simpatia il Corano di quanto non facciano i vangeli[24].

Visto con gli occhi di un osservatore esterno, e nonostante i distinguo che la Chiesa cerca di fare tra *venerazione* e *adorazione*, questo culto assume, appunto, i contorni dell'adorazione di una dea; o meglio, di una molteplicità di dee, a causa della miriade di *madonne* che, materializzate in un quadro o in una statua, sono oggetto di pellegrinaggi un po' in tutta Europa.

Papa Wojtyla amava inginocchiarsi davanti a queste madonne, da quella nera di Czestochowa a quella candida di Fatima. A quest'ultima, o meglio, a questa statua, ha donato la pallottola che quasi lo uccideva, quando Ali Agca gli ha sparato, ed al suo intervento ha attribuito lo sbaglio di mira del suo attentatore[25].

Questa stessa statua, in occasione del Giubileo del 2000, è stata trasportata a Roma e portata in processione in Piazza san Pietro. Le immagini che ho visto, in televisione, mi hanno procurato un forte disagio, anche perché i commentatori parlavano della *Madonna di Fatima portata a Roma*. Sembrerà banale, ma tutto questo sa molto di idolatria.

Il culto mariano, di gran lunga più diffuso che non – ad esempio – la venerazione verso Pietro, capo degli apostoli e primo papa, ha generato una gran messe di opere teologiche e agiografiche, canti e poesie, orazioni e litanie[26].

---

[24] A Gesù Maometto riconosce il rango di profeta. Di Maria, con evidenti (per chi non è musulmano) richiami ai vangeli apocrifi, parlano diverse sure. La sua nascita e l'affidamento al Tempio sono narrate nella Sura III, il concepimento e la nascita di Gesù nella Sura XIX, che non fa alcun cenno al matrimonio con Giuseppe. Di Maria si parla anche nelle Sure XXI e LXVI.

[25] Inevitabile chiedersi perché, allora, ha fatto le cose a metà: già che c'era, non poteva fargli sbagliare la mira del tutto?

[26] A proposito di litanie, mi sono sempre chiesto perché Maria venga definita *Turris Eburnea*, cioè "Torre d'Avorio": forse perché è remota e irraggiungibile? Quanto ai

La motivazione di tutto questo sta nel potere che Maria, assunta in cielo dopo la morte anche con il corpo, avrebbe di mediare presso il Cristo e di intercedere, al fine di meglio disporlo nei confronti di noi miseri peccatori. Inoltre, visto che Dio l'ha scelta fra tutte le donne (se non addirittura creata apposta) per portare in grembo suo figlio, evidentemente è una donna speciale. Il suo status di Madre di Dio, secondo la Chiesa, le ha anche conferito, dicevamo, l'onore, condiviso col suo divin figliolo, di ascendere al cielo, dopo la morte, anche con il corpo oltre che con lo spirito[27]. Come già ho accennato, poi, Maria è concepita senza la macchia del peccato originale, in considerazione della gravidanza decisamente atipica cui è destinata: in lei deve farsi uomo il Verbo, il Figlio di Dio.

Maria, in conclusione, non è una donna come le altre. In reatà, stando all'immagine che di lei ha costruito la Chiesa, Maria non è davvero una donna: non sa cosa significhi desiderare e abbracciare un uomo, la sua maternità è asettica, il suo parto ininfluente su di lei. Solo a prezzo di un simile straniamento la Chiesa, che delle donne vere ha orrore, ha potuto farne la madre di Dio. Ma di questo abbiamo già parlato. Quello che è sicuro è che l'intero castello del culto mariano - se si guarda ai vangeli, agli Atti degli apostoli e all'intero Nuovo Testamento - nelle Scritture trova poco o punto fondamento.

---

canti, a lato di opere musicali di altissimo valore artistico dovute al genio di autori della levatura, ad esempio, di Mozart e Vivaldi, la devozione popolare ha prodotto testi che, anch'essi, fanno pensare, più che alla venerazione religiosa, alla passione amorosa, fino a rasentare il grottesco. Cito a memoria: "Dell'aurora tu sorgi più bella / coi tuoi raggi a far lieta la terra [...] Bella tu sei qual sole / bianca più della luna / e le stelle più belle / non son belle al par di te"; e ancora: "Ti salutiamo Vergine, / colomba tutta pura / nessuna creatura / è bella come te".

[27] Evento, si rammenti, che non è affatto descritto nel Nuovo Testamento.

L'IMMAGINE DI GESÙ DI NAZARET

1. *Identikit*

Il ritratto di Gesù fissato nell'immaginario collettivo è quello di un bell'uomo dai tratti scandinavi: lunghi capelli biondi, baffi e barba pure biondi, la barba non troppo lunga, naso diritto, bocca dalle labbra delicate, incarnato roseo tendente al pallido, limpidi occhi azzurri che dal santino guardano l'osservatore con una sorta di pacata e ieratica serenità, venata appena appena di malinconia[1]. Sull'altezza non ci sono indicazioni, ma lo si vede, generalmente, sul metro e settanta – settantacinque.

Fin qui l'immagine iconografica; ma è forse il caso di esaminare meglio questo ritratto.

Cominciamo dall'altezza. È improbabile che Gesù fosse alto più di un metro e sessanta – uno e sessantacinque. A parte certi estremi dovuti a caratteri genetici (ad un estremo, verso il basso, ci sono i pigmei, all'altro i watussi) l'altezza di un individuo è direttamente correlata, oltre che allo stato di salute, all'alimentazione che riceve, e il figlio di un carpentiere palestinese non poteva certo mangiare vitello o manzo due volte al giorno come i fortunati figli della nostra opulenta società. Basta andare a guardare un qualsiasi museo che esponga corazze, come quello dell'*Hotel des Invalides* di Parigi: si scoprirà che perfino i nobili, ancora nel Cinquecento, erano piuttosto tarchiati. Fra i ceti meno abbienti, poi, lo spettacolo doveva essere deprimente: malnutrizione e stenti, oltre ad impedire una crescita rigogliosa dell'organismo, ne provocavano spesso anche defor-

---

[1] Neanche a farlo apposta, perfino sulla copertina di un testo altrimenti rigoroso e scientifico, come il *Gesù, la verità storica* di E.P. Sanders (Mondadori, Milano, 1995), l'immagine (ripresa da un'opera di Antonello da Messina) corrisponde esattamente a quella che ho qui descritto, con l'unica eccezione degli occhi scuri.

mazioni e malformazioni. E quanto più indietro si va nel tempo, tanto peggio vanno le cose.

Veniamo ora alla fisionomia. Da chi avrà preso Gesù? Stando alla lettera dei vangeli, da Giuseppe no, visto che non è lui il padre. Neanche da Maria, dato che lei, l'abbiamo visto, lo ha solo ospitato nel suo *seno* (*utero* suona male), e quindi non gli ha dato nulla, quanto a contributo genetico. È pur vero che anche Maria (sempre stando all'iconografia tradizionale) ha una carnagione candidissima e i capelli, se non biondi, più spesso castani che neri; quanto agli occhi, anche lei li ha frequentemente chiari, ed il suo nasino è delicato, su una bocca piccola e tumida, il tutto incorniciato da un visino di un ovale perfetto. Davvero una bella europea, sia detto senza secondi fini: una svizzera piovuta in mezzo ai beduini.

Logica vuole, invece, che entrambi somigliassero appunto ai beduini di ceppo semitico che ancora oggi si aggirano lungo la fascia settentrionale della costa africana: bassi, capelli crespi, pelle olivastra, naso pronunciato, forti sopracciglia, zigomi marcati, occhi scurissimi, neri e crespi i capelli e – lui – la barba[2].

Anche perché Gesù è in mezzo a quei beduini, e per loro, che predicava. Perciò, anche ammettendo una sua nascita miracolosa, doveva per forza essere come loro, *uno di loro*, per esserne accolto ed accettato. A maggior ragione in quanto quei beduini erano Ebrei, membri cioè di un popolo geloso, tutto chiuso in sé stesso e sospettoso degli stranieri. Già Gesù diceva cose per loro rivoluzionarie, se non blasfeme; figurarsi se fosse stato pure biondo, chiaro di carnagione, alto, e con gli occhi azzurri. Come minimo l'avrebbero preso per una spia dei Romani.

---

[2] Avevo già scritto questo capitolo quando su tutti i giornali è rimbalzata la notizia di uno studio, condotto in Gran Bretagna su un teschio di Palestinese risalente al I secolo, avente proprio lo scopo di ricostruire il volto di un Ebreo del tempo di Gesù. Neanche a farlo apposta, la fisionomia che emerge da quello studio corrisponde, alla lettera, alla descrizione che ne dò in queste pagine. Forse il vecchio metodo induttivo non è poi tanto antiscientifico. Io ad una conclusione così ovvia c'ero arrivato senza bisogno di studi, analisi e ricostruzioni al computer. Basta un po' di senso comune…

Ma un Gesù dai tratti semitici ha un difetto: fa a pugni col senso estetico degli europei e dei loro successori nel dominio culturale (e non solo) del mondo, gli statunitensi. Il figlio di Dio non poteva essere scuro di carnagione, né avere i capelli ricci o il naso camuso. Ma scherziamo? Che figura ci avrebbe fatto, sui santini e sugli altari? E come pensare, poi, che una donna scura di pelle come lui, e con un naso simile al suo, potesse essere eletta *Madre di Dio*?

Nero, o scuro, nell'immaginario collettivo significa *brutto* e *cattivo*; e, perché no, *stupido*. I *selvaggi* sono tutti neri, nella letteratura da due soldi[3]; schiavismo e razzismo hanno sempre basato su questi presupposti la loro stessa ragion d'essere[4].

L'immagine di Gesù si è venuta formando, a partire dal Medio Evo, modellandosi sul punto di vista dei detentori del potere, che in Europa erano Tedeschi. A loro, men che meno, poteva star bene un figlio di Dio dai tratti nordafricani: nel loro inconscio c'erano Wotan, Odino, Brunilde e consimili personaggi mitici da saga dei Nibelunghi: dèi biondi, alti, dagli occhi cerulei. Comandavano loro, Gesù somigliò a loro. Ciò risolveva anche un altro aspetto antipatico della questione: permetteva di dimenticare che *Gesù era Ebreo*. Già allora, sull'onda di un antisemitismo becero e ottuso, generato proprio dal cristianesimo, gli Ebrei erano ritenuti i cattivi per definizione: assassini, accumulatori di ricchezze avidi e meschini, brutti, untuosi, mangiatori di bambini, obliqui, scuri di pelle e di anima. Che c'entrava, Gesù,

---

[3] E non solo in quella: in *Cinque settimane in pallone*, Jules Verne descrive la soddisfazione con la quale i protagonisti, assistendo a una battaglia fra due tribù africane, abbattono a fucilate un guerriero che, ucciso un nemico, gli ha strappato un braccio e lo divora sul posto. L'idea che i *selvaggi* fossero poco più che animali ha dominato la cultura europea fino, praticamente, alla metà del XX secolo. E sta tornando a dominare, riferita magari non più ai *selvaggi*, ma agli arabi, ai pakistani, agli immigranti in generale.

[4] Ben lo sanno i pubblicitari, i cui bambini sono regolarmente bianchi, biondi, bellissimi e *tanto buoni*. Gli esempi più eclatanti di questo uso del razzismo neanche tanto inconscio, in Italia, sono gli spot della Bauli (industria dolciaria), diffusi soprattutto nel periodo natalizio e pasquale, e quelli della Ferrero, in cui improbabili bambini italiani hanno capelli rossi e lentiggini e dicono *wow!* come piccoli consumatori statunitensi. Senza dimenticare il pulcino Calimero, che non è nero: è *solo* sporco.

con quella gente, che per giunta – così insegnano i vangeli - lo aveva voluto morto? No, no: Gesù era biondo, dal viso dolce e dagli occhi azzurri, e alzava la morbida mano ferita in un gesto benedicente. E poi, insomma, discendeva o no da un re[5]?

2. Povero Cristo?

Gesù, nell'immaginario collettivo, cammina scalzo ed indossa una tunica bianca, forse un po' sbrindellata in fondo. Egli, infatti, è povero. O almeno, così ce lo tramanda la tradizione; d'altra parte è lui stesso a dire che il suo regno è per i poveri disgraziati: gli altri, i ricchi, nel Regno non avranno nulla: hanno già avuto. Ecco perché lo si vuole nato in quella stalla, riscaldato dal bue e dall'asinello[6], e il suo avvento è annunciato prima di tutto ai pastori. Anche il racconto di Luca, l'abbiamo visto, conferma che le origini di Gesù sono umili: i genitori, quaranta giorni dopo la sua nascita, offrono al tempio solo due tortore, l'offerta dei poveri. È sul dopo che ho qualche dubbio.
Che Gesù abbia camminato scalzo lo escludo categoricamente: ai suoi discepoli, quando li manda in missione, dice di scuotere dai calzari la polvere delle città che li accoglieranno male. Se i

---

[5] La baronessa di Lagomorto: «Dio non può permettere che la figlia di una raccoglitrice di ulive diventi marchesa di Roccaverdina. *Pares cum paribus*, ha detto il Signore». La replica di don Silvio: «Siamo tutti uguali davanti a lui!». La baronessa: «Oh, no, no! […] Perché dunque Gesù Cristo ha voluto nascere da una madre di stirpe reale? San Giuseppe, falegname, fu padre putativo soltanto». (Luigi Capuana, *Il Marchese di Roccaverdina*, cap. III). Argutamente, Capuana mette in bocca alla baronessa un marchiano errore, facendole attribuire a Maria, e non a Giuseppe, l'ascendenza davidica. Capuana descrive comunque la tipica mentalità della classe nobiliare, che si appropriò della figura del Cristo adattandola alla propria ottica ed alla propria morale. Non si dimentichi che la nobiltà siciliana, quella cui Capuana fa riferimento, era di origine normanna.
[6] Il bue e l'asinello sono un'altra invenzione degli apocrifi entrata poi nella tradizione. Né Matteo né Luca (gli evangelisti che raccontano la Natività) dicono alcunché a proposito della presenza di questi due animali nel ruolo di caloriferi al momento della natività.

calzari li hanno i discepoli, non vedo perché il Maestro debba andare scalzo. Il pauperismo esasperato dei predicatori medievali, cui si deve quest'immagine, ha decisamente esagerato.

Anche la tunica è di certo tutt'altro che sbrindellata, se Giovanni racconta che i soldati che lo crocifiggono se la giocano ai dadi, per non strapparla, dopo che si sono divisi le altre sue vesti:

> I soldati poi, quando ebbero crocifisso Gesù, presero le sue vesti e ne fecero quattro parti, una per ciascun soldato, e la tunica. Ora quella tunica era senza cucitura, tessuta tutta d'un pezzo da cima a fondo. Perciò dissero tra loro: Non stracciamola, ma tiriamo a sorte a chi tocca. Così si adempiva la Scrittura:
> *Si son divise le mie vesti e sulla mia tunica han gettato la sorte*[7]

Ne conviene anche la CEI:

> Quel tipo di tunica era un capo assai pregiato.[8]

È vero che Giovanni e gli altri devono fare in modo che si realizzi l'ennesima profezia, ma il vestito è fatto davvero bene: è una tunica tutta d'un pezzo, senza cuciture, e sarebbe un peccato strapparla. Per non dire delle altre vesti: stando alla lettera del testo evangelico, si direbbe che Gesù avesse addosso un vero guardaroba, se quel che indossava se lo sono potuto dividere in quattro. Deve aver avuto in dono tutta quella roba dalle donne che lo finanziano, che di certo non fanno mancare nulla né a lui né ai suoi discepoli. Mi viene il sospetto che anche le *moltiplicazioni* di pani e pesci non siano, in realtà, che grossi acquisti fatti con le cospicue risorse finanziarie messe a disposizione da quelle donne, una delle quali è moglie di un importante personaggio della corte di Erode. E non dimentichiamo che Gesù, se si esclude il digiuno di quaranta giorni nel deserto, non fa certo come il Battista: ama andare a pranzi e cene, gli piace essere coccolato e riverito:

> «È venuto Giovanni, che non mangia e non beve, e hanno detto: ha un demonio. È venuto il figlio dell'uomo, che mangia e beve, e dicono: ecco

---

[7] Gv 19,23-24; la profezia è una citazione da Sal. 21,19.
[8] Commento a Gv 19,24.

un mangione e un beone, amico dei pubblicani e dei peccatori. Ma alla sapienza è stata resa giustizia dalle sue opere»[9]

Anche l'episodio di Betania, in cui una donna gli versa sul capo (o sui piedi: gli evangelisti, su questo punto, sono discordi) dell'unguento profumato, destando l'indignazione e il mormorio dei discepoli (secondo Giovanni del solo Giuda), che avrebbero preferito vendere l'unguento per aiutare i poveri, è esplicativo:

> Ma Gesù, accortosene, disse loro: «Perché infastidite questa donna? Essa ha compiuto un'azione buona verso di me. I poveri infatti li avete sempre con voi, me, invece, non sempre mi avete. Versando questo olio sul mio corpo, lo ha fatto in vista della mia sepoltura».[10]

Una simile spiegazione è ben poco in linea con altri suoi insegnamenti: quelli relativi all'umiltà e al farsi ultimi, a maggior ragione in quanto lui stesso invita, parlando dei Farisei, a diffidare di chi predica bene e razzola male. Ma non biasimiamolo: inutile piangere sull'unguento versato. Inoltre, certi gesti meritano di essere compiuti, quando nascono dall'amore: quella donna compie un gesto d'amore che non ha prezzo. Gesù, d'altra parte, non è nuovo a simili manifestazioni di affetto e devozione da parte delle donne, gesti che dimostra di gradire moltissimo. In un'altra occasione è di nuovo a tavola, ospite stavolta di un Fariseo:

> Ed ecco una donna, una peccatrice di quella città, saputo che si trovava nella casa del fariseo, venne con un vasetto di olio profumato; e stando dietro, presso i suoi piedi, piangendo cominciò a bagnarli di lacrime, poi li asciugava con i suoi capelli, li baciava e li cospargeva di olio profumato[11]

Anche in questo caso il gesto della *peccatrice* è toccante, e non si può non vederne la poesia.
Una delle poche scenette simpatiche dei vangeli è quella di Maria (la sorella di Marta) che si siede ai piedi di Gesù per ascoltar-

---

[9] Mt 11, 18-19
[10] Mt 26, 10-12
[11] Lc 7, 37-38

lo, mentre la sorella sfaccenda in giro per casa e borbotta, perché lei non le dà una mano:

> «Signore, non ti curi che mia sorella mi ha lasciata sola a servire? Dille dunque che mi aiuti». Ma Gesù le rispose: «Marta, Marta, tu ti preoccupi e ti agiti per molte cose, ma una sola è la cosa di cui c'è bisogno. Maria si è scelta la parte migliore, che non le sarà tolta».[12]

La risposta, pur se un tantino didascalica, dà l'impressione di esser stata data con un sorriso e una carezza. E spero proprio che così sia stato. Questo è un Gesù rilassato, tranquillo, domestico. Magari si sarà fatto una risata alla risposta di Marta, che i vangeli non riportano, ma che – lo scommetto - ci sarà stata senz'altro: «Maestro, pure a me piacerebbe fare come Maria. Ma che mangiamo, se ce ne stiamo tutti lì a sentire te?».

3. *Cappella Sistina o Woodstock?*

La figura del Cristo, da qualche decennio a questa parte, è proposta dalla Chiesa secondo un'immagine che sembra una via di mezzo tra un figlio dei fiori e un cantante folk-rock, con una spruzzata di *new age* e tanta, tanta, tanta bontà, ma non è sempre stato così: basta guardare il *Giudizio Universale* di Michelangelo nella Cappella Sistina, in Vaticano, per rendersene conto. In altri tempi, soprattutto nel Medio Evo, Gesù era visto come un giudice terribile che sarebbe venuto, di lì a poco, a separare gli agnelli dai capretti: metafora per dire che i giusti sarebbero stati accolti nel Regno, mentre gli altri sarebbero precipitati nella Geenna[13], *dove è pianto e stridor di denti.*
A ben guardare, l'immagine del giudice inflessibile risponde meglio, nell'insieme, a quella che Gesù dà di sé stesso nei vangeli. A parte l'episodio di Marta e Maria, ha qualche momento

---

[12] Lc 10,40-42
[13] La Geenna era una discarica non lontano da Gerusalemme, il cui sito era stato sede del culto di Moloch e pertanto era considerato un luogo maledetto, ove fra l'altro venivano gettati i cadaveri dei condannati a morte, per poi bruciarli insieme al resto delle immondizie. Gesù ne fa simbolo dell'inferno.

di tenerezza con i bambini, ma anche questi momenti li utilizza per motivi educativi:

> «In verità vi dico: se non vi convertirete e non diventerete come i bambini, non entrerete nel regno dei cieli. Perciò chiunque diventerà piccolo come questo bambino, sarà il più grande nel regno dei cieli» [14]

Gesù è sempre ispirato, quasi sempre didascalico, spesso minaccioso, raramente tenero: abbiamo già visto, ad esempio, come è freddo e sgarbato con la madre. Per quanto riguarda il suo insegnamento, se in certi casi è splendidamente innovativo, in altri è il tipico Giudeo, rispettoso della Legge mosaica che non vuole affatto distruggere:

> Non pensate che io sia venuto ad abolire la Legge o i Profeti: non son venuto per abolire, ma per dare compimento. In verità vi dico: finché non siano passati il cielo e la terra, non passerà dalla legge neppure un iota o un segno, senza che tutto sia compiuto. Chi dunque trasgredirà uno solo di questi precetti, *anche minimi*, e insegnerà agli uomini a fare altrettanto, sarà considerato minimo nel regno dei cieli. Chi invece li osserverà e li insegnerà agli uomini, sarà considerato grande nel regno dei cieli. Perché io vi dico: se la vostra giustizia non supererà quella degli scribi e dei farisei, non entrerete nel regno dei cieli. [15]

Gesù ce l'ha con Scribi e Farisei che a suo avviso si contentano della forma; lui – giustamente - esige il rispetto dello spirito, più che della lettera, della Legge; anche se qui sembra pensare il contrario. Ad ogni modo, è figlio del suo mondo e del suo tempo: anche lui, come i suoi correligionari, ha della vita una visione opprimente e condizionata da un dio occhiuto, asfissiante e presente in ogni momento della giornata:

> Due passeri non si vendono forse per un soldo? Eppure neanche uno di essi cadrà a terra senza che il Padre vostro lo voglia [16]

Per altri versi, però, abbiamo visto che, quando ne ha voglia, Gesù tratta la Legge un po' come uno straccio, in specie contravvenendo alle norme sul riposo sabbatico.

---

[14] Mt 18,3-4
[15] Mt 5,17-20. Il corsivo è mio.
[16] Mt 10,34

In linea di principio afferma che la sostanza vale più della forma, anche se in altre occasioni dice l'esatto contrario: *Chi dunque trasgredirà uno solo di questi precetti, anche minimi, e insegnerà agli uomini a fare altrettanto, sarà considerato minimo nel regno dei cieli.* Salvo errore da parte mia, questo precetto non figura nel Catechismo della Chiesa cattolica, e nessuno dei grandi pensatori ecclesiastici si è mai preoccupato, da Paolo di Tarso in poi, di far circoncidere i bambini o proibire il consumo di crostacei e di carne di maiale, o di animali la cui unghia non sia fessa. Si saranno distratti?

4. *I pastori sono buoni?*

Un altro stereotipo legato all'immagine del Cristo è quello del buon pastore, simbolo di bontà e amore verso le sue pecorelle. È un'immagine, questa, tipica di un popolo per il quale la pastorizia rappresentava la forma principale di sostentamento fin dai tempi remoti del nomadismo: questo era lo stile di vita attribuito ai patriarchi più antichi; anche Davide, prima di diventare re, era stato pastore. La storia di Caino e Abele non fa che trasporre sul piano mitologico la lotta fra i pastori (autori del testo e quindi buoni, miti, amici di Dio) e gli agricoltori (al contrario malvagi, violenti, empi): gli Ebrei, pastori, odiavano – cordialmente ricambiati – gli Egizi, agricoltori. Gli agricoltori sottraggono pascolo alle greggi, le greggi rovinano i campi degli agricoltori: l'attrito è inevitabile.
Si può tuttavia discutere sulla pretesa mitezza dei pastori, che nelle Scritture viene contrapposta alla – pretesa anche questa – aggressività degli agricoltori.

Il contadino non ha competenza in fatto di macellazione né di tecniche dell'uccisione di animali giovani e agili che cercano di frustrare le sue brutte intenzioni. I cacciatori primitivi, pur essendo senza dubbio ottimi macellai, probabilmente quanto a tecniche di uccisione non erano più abili di loro; si preoccupavano non tanto del metodo preciso con cui infliggere il colpo mortale quanto di scovare e mettere con le spalle al muro le loro prede. Invece per il pastore scegliere la vittima e ucciderla è cosa di ordinaria amministrazione. Nei confronti di pecore e capre egli deve essere privo di sensibilità e considerarle nient'altro che cibo a quattro zampe: latte e latticini, compresi burro, caglio, siero, yogurt, bevande fermentate e formaggio, ma soprattutto carne e magari sangue. [...] Infliggere un solo colpo mortale, rapido e netto, era per il pastore una tecnica essenziale [...] così come la necessità di castrare gran parte dei maschi del gregge, di assistere le pecore partorienti [...] Fu dunque questo compito di assistenza del bestiame, insieme con la pratica della macellazione, a rendere i popoli dediti alla pastorizia tanto esperti e freddi nell'affrontare in battaglia gli agricoltori sedentari delle terre civilizzate.[17]

E infatti, le invasioni barbariche che portarono alla fine dell'Impero Romano vanno ascritte a popoli di pastori nomadi, a loro volta scacciati dai territori di origine da altri popoli nomadi. Gli agricoltori sono per definizione stanziali. Difendono il loro territorio, non hanno bisogno di cercare continuamente pascoli freschi sui quali spostare le greggi e le mandrie. Esaurita la spinta espansionistica, perfino l'impero Romano, come già quello Cinese, finì col diventare sedentario e creare barriere difensive, il *Limes* a est e il Vallo di Adriano in Gran Bretagna, per proteggere dai nomadi i propri confini. Oggi le cose non stanno più in quel modo[18]. Ma per lungo tempo, fin dall'origine delle civiltà umane, i contadini hanno costruito le città, e intorno alle città le mura, proprio per difendersi dai pastori. E cosa sono le tribù d'Israele quando entrano nella Terra promessa? Bande di pastori nomadi che aggrediscono popolazioni urbanizzate, più civili di loro, e le sterminano. Dunque, volendo proporre un'immagine amorosa e mite di Gesù, sarebbe stato il caso di insistere di più sulla metafora della vite e dei tralci e di abbandonare quella del buon pastore, valida forse

[17] John Keegan: *La grande storia della guerra dalla preistoria ai giorni nostri* – Mondadori, Oscar Storia, 1994, pagg. 164-165.
[18] O quasi. Ogni generalizzazione è ingiusta e va evitata. Tuttavia, le cronache evidenziano ancora oggi che la psicologia di molti pastori è caratterizzata dall'indifferenza verso la sofferenza altrui, come dimostra la barbara capacità degli spietati autori di sequestri di persona, in Sardegna e nella mia Calabria, di mutilare e uccidere gli ostaggi: essi, senza eccezione, appartengono alle fasce culturalmente più arretrate ed economicamente disagiate degli addetti alla pastorizia di quelle regioni.

per un nostalgico dell'Arcadia ma non di certo per chi esamina la storia con occhio attento alla realtà delle cose.

Ma Gesù è poi davvero mite? i sinottici gli fanno dire:

> Chi non è con me è contro di me, e chi non raccoglie con me disperde.[19]

Per non parlare di come tratta i Farisei:

> Razza di vipere, come potete dire cose buone, voi che siete cattivi?[20]

E Marco rincara la dose, facendo attribuire da Gesù ai soli Scribi e Farisei un'invettiva di Isaia che in realtà riguardava l'intera nazione:

> Bene ha profetato Isaia di voi, ipocriti, come sta scritto: *Questo popolo mi onora con le labbra, ma il suo cuore è lontano da me. Invano mi rendono culto, insegnando dottrine che sono precetti di uomini.*[21]

Anche Luca non scherza, e nella stessa circostanza fa inveire il Maestro, oltre che contro i Farisei, anche contro i Dottori della Legge. Un fior di invettiva che Gesù, per giunta, scatena mentre è a casa di un Fariseo che lo ha invitato a pranzo:

> Egli entrò e si mise a tavola. Il fariseo si meravigliò che non avesse fatto le abluzioni prima del pranzo. Allora il Signore gli disse: «Voi farisei purificate l'esterno della coppa e del piatto, ma il vostro interno è pieno di rapina e di iniquità».[22]

Non mi sembra carino da parte di Gesù, ospite, coprire di insulti il padrone di casa in quel modo. Il fariseo sarà magari stato indelicato, ma in fondo gli chiedeva solo di rispettare una tradizione consolidata e sacrosanta, quella di lavarsi le mani prima di mettersi a tavola. Tradizione a parte, era anche una questione d'igiene e buona educazione. E non finisce qui. Proseguendo nella sua filippica, Gesù dice infatti al suo ospite:

> «Ma guai a voi, farisei, che pagate la decima della menta, della ruta e di ogni erbaggio, e poi trasgredite la giustizia e l'amore di Dio.[…] Guai a voi, Farisei, che avete cari i primi posti nelle sinagoghe e i saluti sulle

---

[19] Mt 12,30. Anche Marco e Luca ripetono lo stesso concetto.
[20] Mt 12,34
[21] Mc 7,6-7
[22] Lc 11,37-39

piazze. Guai a voi perché siete come quei sepolcri che non si vedono e la gente vi passa sopra senza saperlo». Uno dei dottori della legge intervenne: «Maestro, dicendo questo, offendi anche noi». Egli rispose: «Guai anche a voi, dottori della legge, che caricate gli uomini di pesi insopportabili, e quei pesi voi non li toccate nemmeno con un dito! Guai a voi, che costruite i sepolcri dei profeti, e i vostri padri li hanno uccisi».[23]

E conclude informando il fariseo che dei peccati degli antenati sarà chiesto conto alla sua generazione. A questo riguardo, entreremo meglio nei dettagli nel capitolo *La predicazione un po' meno positiva*.

5. *Gesù allo specchio*.

Uno degli aspetti più contraddittori dei vangeli riguarda proprio l'idea che Gesù aveva di sé stesso. Fermo restando che era certamente convinto di essere il Messia, non è affatto certo che si ritenesse anche una divinità.
L'Antico Testamento non conforta in nulla l'ipotesi che il Messia dovesse avere caratteristiche divine. Il fatto stesso che lo si volesse discendente di Davide per linea paterna esclude questa ipotesi. Come abbiamo visto, per risolvere questa incongruenza Matteo e Luca hanno inventato, in Giuseppe, la figura del padre putativo: con questo artificio, Gesù può discendere giuridicamente da Davide e, geneticamente, di Dio.
Ma lui, Gesù, cosa pensava? Nei vangeli parla poco e in maniera contraddittoria della propria presunta divinità. Più di una volta lo troviamo in preghiera: dopo il battesimo, ad esempio, e nel Getsemani. Il fatto che pregasse sembrerebbe escludere l'ipotesi che si ritenesse una divinità: sarebbe bizzarro, in un contesto monoteistico, che chi si ritiene Dio pregasse sé stesso. A parte quel suo definirsi *figlio dell'uomo*, almeno all'inizio si ritiene solo un profeta, e per giunta incompreso:

---

[23] Lc 11, 42-44.

Ma Gesù disse loro: «Un profeta non è disprezzato se non nella sua patria e in casa sua». E non fece molti miracoli a causa della loro incredulità.[24]

C'è un altro momento in cui Gesù esclude recisamente l'ipotesi che in lui vi sia una natura divina:

Un notabile lo interrogò: «Maestro buono, che devo fare per ottenere la vita eterna?». Gesù gli rispose: «Perché mi dici buono? Nessuno è buono se non uno solo, Dio».[25]

Un richiamo severo e deciso che sembra tagliare la testa al toro.

In un altro episodio, ancora, Gesù sembra confermare di non ritenersi pari a Dio: parlando di sé e del Padre, afferma che il Padre è più grande del figlio; e più volte dichiara di essere stato *inviato* dal Padre. Altrove, tuttavia, afferma che lui e il Padre sono una cosa sola. Un bel guazzabuglio, non c'è che dire.

In due occasioni, addirittura - la prima parlando con i soliti Farisei, la seconda durante l'ultima Cena - Gesù parla di sé usando la stessa formula con la quale Dio si era presentato a Mosè dal roveto ardente: *Io Sono*. Una formula che indica l'assolutezza di Dio rispetto al tempo: l'indicativo presente vuole significare l'indipendenza da passato, presente e futuro, perché tutto, in Dio, è contemporaneo. I Farisei, sentendolo parlare in quel modo, naturalmente s'infuriano e vorrebbero ucciderlo.

Con i discepoli il contesto è diverso:

Colui che mangia il pane con me, ha levato contro di me il suo calcagno. Ve lo dico fin d'ora, prima che accada, perché, quando sarà avvenuto, crediate che *Io Sono*.[26]

È l'ultima cena e, come vedremo, Gesù è in uno stato di profonda agitazione spirituale: non è chiaro se stia enunciando degli in-

---

[24] Mt 13, 57-58.
[25] Lc 18,18-19
[26] Gv 13,18-19. È comunque strana questa necessità che Gesù sentirebbe di fornire una prova della propria divinità proprio in quella circostanza; a maggior ragione se si pensa alla quantità di miracoli che infarciscono la narrazione dello stesso Giovanni. Malignamente, si potrebbe parlare di prova prefabbricata. Vedi più avanti, a questo proposito, nel capitolo "La passione – dalla Cena al Getsemani", le osservazioni sul rapporto fra Gesù e Giuda.

segnamenti o stia in realtà parlando per convincere sé stesso di ciò che dice, in vista di quel che lo aspetta.

È comunque evidente che, come al solito, la Chiesa ha ripreso dai testi evangelici, anche a questo proposito, solo ciò che conferma le sue tesi, ignorando completamente tutto il resto.

La mia impressione è che Gesù esordisca ritenendosi semplicemente (si fa per dire) messia e profeta, come egli stesso afferma a Nazaret davanti all'incredulità dei suoi concittadini[27]. Poi, con l'aumentare del suo séguito, si lascia prendere la mano (e la mente) e, in perfetta buona fede, comincia a credere di essere più di quel che immaginava all'inizio. Elabora un'immagine di sé via via più alta, che però lo induce ad elaborare, anche, un'idea catartica della propria ragion d'essere: l'idea che lui, figlio di Dio, deve immolarsi per stabilire una nuova alleanza. Quest'idea, lo si evince soprattutto dalla lettura del vangelo di Giovanni, si impadronisce di lui ma lascia sempre un barlume di spazio al dubbio, fino a quell'umanissimo *Mio Dio, mio Dio, perché mi hai abbandonato?* Nel quale non sento il grido di un dio, ma il pianto disperato di un uomo sopraffatto dall'atrocità della pena cui ha voluto sottoporsi; un uomo che all'ultimo minuto cede all'angoscia e, forse, al dubbio di aver sbagliato tutto.

---

[27] Tim Rice, in *Jesus Christ Superstar*, rende molto bene quest'idea quando fa dire a Giuda, all'inizio dell'opera: «I remember when this whole thing began: no talk of God, then we called you a man» (*Mi ricordo quando tutto questo è cominciato: niente chiacchiere di divinità, allora ti ritenevamo un uomo*).

UN DESERTO, UN DIAVOLO E TANTI ANGELI

1. *La prima tentazione di Cristo*[1]

Prima di cominciare la sua predicazione, Gesù subisce una specie d'esame di maturità che così viene raccontato da Matteo:

> Allora Gesù fu condotto dallo Spirito nel deserto per essere tentato dal diavolo. E dopo aver digiunato quaranta giorni e quaranta notti, ebbe fame. Il tentatore allora gli si accostò e gli disse: «Se sei il figlio di Dio, di' che questi sassi diventino pane». Ma egli rispose: «Sta scritto: *Non di solo pane vive l'uomo, ma di ogni parola che esce dalla bocca di Dio*».
> Allora il diavolo lo condusse con sé nella città santa, lo depose sul pinnacolo del tempio e disse: «Se sei Figlio di Dio, gettati giù, poiché sta scritto: *Ai suoi angeli darà ordini a tuo riguardo, ed essi ti sorreggeranno con le loro mani, perché non abbia a urtare contro un sasso il tuo piede*». Gesù gli rispose: «Sta scritto anche: *Non tentare il Signore Dio tuo*».
> Di nuovo il diavolo lo condusse con sé sopra un monte altissimo e gli mostrò tutti i regni del mondo con la loro gloria e gli disse: «Tutte queste cose io ti darò, se, prostrandoti, mi adorerai». Ma Gesù gli rispose: «Vattene, Satana! Sta scritto: *Adora il Signore Dio tuo e a lui solo rendi culto*». Allora il diavolo lo lasciò ed ecco angeli gli si accostarono e lo servivano.[2]

Ho riportato l'intero episodio perché lo trovo molto istruttivo e divertente. Divertente, beninteso, se lo si legge con spirito laico. È evidente che non sbaglio parlando di *esame di maturità*: Gesù

---

[1] Questo titolo è volutamente tendenzioso. In un film che non ho avuto la possibilità di vedere, in quanto l'integralismo dei cattolici più oltranzisti ne provocò il ritiro quasi immediato dalle sale, Martin Scorsese ipotizzò che Gesù avesse avuto, sulla croce, il sogno di una vita vissuta con Maria Maddalena. Il film s'intitolàva *L'ultima tentazione di Cristo*.
[2] Mt 4,1-11

fu condotto nel deserto *per essere tentato dal diavolo*[3]. Viene da chiedersi che senso abbia questo esame. Supponiamo, per assurdo, che il maturando non lo superasse: cosa sarebbe successo? L'uomo Gesù sarebbe andato dietro a Satana, mentre il Dio Gesù sarebbe tornato in cielo? Poco probabile. Gesù non aveva motivo di subire questa tentazione, per la semplice ragione che è assurdo immaginare che non la superasse.

Ma tant'è. Andiamo avanti: *E dopo aver digiunato quaranta giorni e quaranta notti, ebbe fame.* E vorrei vedere! L'entusiasmo ha chiaramente preso la mano all'evangelista, che ha forzato un tantino la durata del digiuno. Se fosse davvero andata così, avrebbe dovuto scrivere: *E dopo aver digiunato quaranta giorni e quaranta notti, era morto stecchito.* E il vangelo si sarebbe fermato lì. Certamente Gesù nel deserto ci sarà andato, come c'era andato Giovanni Battista e come era uso per tutti i profeti ebraici. E non solo per loro: era pratica ricorrente, ad esempio, per alcuni indiani del nord America, quella di digiunare a lungo per entrare in contatto col Grande Spirito:

> La visione era il momento supremo nella vita spirituale di un Lakota, l'attimo nel quale Terra e Cielo, corpo e spirito, sogno e veglia si congiungevano nella rivelazione unica e privata del mistero. Un ragazzo non raggiungeva la propria visione come si compera un libro, o come si va ad ascoltare una predica. Era un processo faticoso, fisicamente durissimo. [...] La visione sarebbe arrivata soltanto dopo grandi sofferenze fisiche, dopo giorni e giorni di digiuno e di silenzio, quando il corpo avesse raggiunto e oltrepassato il confine della resistenza e della coscienza[4].

---

[3] Ci sono state polemiche a proposito di quella parte del *Padre nostro* che recita "e non c'indurre in tentazione, ma liberaci dal male". Si diceva che non può essere Dio a indurre gli uomini in tentazione, e che quindi l'implorazione andava modificata in "non lasciare che il maligno c'induca in tentazione", o qualcosa del genere; e in effetti, il Vaticano ha deciso, alla fine del 2018, di modificare il testo. In considerazione di queste parole del vangelo, tuttavia, risulta che sia proprio Dio a volere che Gesù sia tentato dal diavolo, e quindi sia proprio lui a indurlo in tentazione, cioè a metterlo nella condizione di essere tentato. Per quanto riguarda gli esseri umani normali, se la vita terrena è un lungo esame di maturità, la cosa appare logica: il diavolo agisce su mandato del Presidente della Commissione, che dunque *ci induce in tentazione*.

[4] Vittorio Zucconi: *Gli spiriti non dimenticano – Il mistero di Cavallo Pazzo e la tragedia dei Sioux.* Mondadori, Oscar Storia, 1998, pagg. 104-105

Niente di nuovo sotto il sole: da sempre un digiuno prolungato, accompagnato magari da mancanza di sonno, provoca allucinazioni. Solo che quando le hanno profeti, santi e fachiri, queste allucinazioni cambiano status e diventano *visioni*[5].

2. *Giovanni Battista*

Il deserto, come è ovvio, lasciava un segno abbastanza pesante sull'umore dei suoi ascetici frequentatori. La maggior parte dei profeti aveva un pessimo carattere e il Battista, che nell'ottica del nuovo testamento è appunto un profeta, non ne ha uno migliore. Comprensibile: quando uno si veste di pelli di cammello, vive nel deserto e si nutre di locuste, non ha dei gran motivi per sprizzare buon umore. Giovanni è in netta contraddizione con il dettato di Gesù, bellissimo, che dice: *Ama il prossimo tuo come te stesso*[6].

Giovanni, infatti, non dà affatto l'impressione di amare sé stesso o chicchessia. È sempre incavolato nero ed ha una visione decisamente cupa del mondo, del rapporto di Dio col mondo e del rapporto degli uomini con Dio. Ecco come, secondo Luca, accoglie quelli che vanno da lui a farsi battezzare:

> «Razza di vipere, chi vi ha insegnato a sfuggire all'ira imminente? Fate dunque opere degne della conversione e non cominciate a dire in voi stessi: Abbiamo Abramo per padre! Perché io vi dico che Dio può far nascere figli ad Abramo anche da queste pietre. Anzi, la scure è già posta alla radice degli alberi; ogni albero che non porta buon frutto, sarà tagliato e buttato nel fuoco»[7]

---

[5] E diventano *tentazioni* se accompagnate da un normalissimo stimolo di fame, o sete, o da un'innocente, fisiologica erezione: gli esempi di *penitenza* che i santi si infliggevano per *scacciare la tentazione* sono numerosissimi. San Francesco, colto da una *diabolica* voglia di fare l'amore, si rotolò nudo nella neve.

[6] Mc 12, 31. Un bel comandamento, pur se con le riserve – emblematica, a questo proposito, è proprio la psicologia di un personaggio come Giovanni - di cui parleremo nel capitolo *La predicazione positiva*.

[7] Lc 3,7-9

Eccolo, il fuoco, che comparirà ben presto anche nella predicazione di Gesù: il primo a prometterlo, e a trattare l'uditorio a suon di *razza di vipere,* è il Battista anche se, a onor del vero, bisogna dire che Giovanni, almeno secondo Luca, precede Gesù anche nell'invitare a dividere con gli altri ciò che si ha e ad essere onesti.

Secondo alcuni studiosi, ed anche alla luce di quanto emerge dalle *Antichità Giudaiche* di Flavio Giuseppe, prima di mettersi in proprio Gesù fu un seguace di Giovanni. Il fatto che si sia fatto battezzare da lui, come raccontano i vangeli, rafforza questa ipotesi. E, forse, il preteso rapporto di parentela fra i due serve all'evangelista per prevenire un'obiezione circa la dubbia originalità della predicazione di Gesù rispetto a quella del Battista che così, da eremita e profeta autonomo, può essere fatto passare per il battistrada di quello che in realtà era solo un suo sia pur brillante discepolo. Giovanni l'Evangelista, smentendo il rapporto di parentela e in contraddizione con Luca, cerca di ovviare al problema facendo dire di Gesù al Battista, subito dopo il battesimo, *Io non lo conoscevo*[8].

Il Battista, comunque, è l'antesignano della religiosità medievale, della negazione di sé stessi in nome di un amore verso Dio – un Dio giudice, non un Dio padre - che impedisce ogni altra forma d'amore; è Giovanni a proporre l'idea del peccato come ossessione e della penitenza come unica forma di redenzione. Il suo stato psicologico, se posso azzardare un'interpretazione, manifesta turbe profonde. Lo stesso battesimo sottintende, con la necessità di mondarsi, di lavare via i peccati, un disagio interiore, un *sentirsi sporco,* che certamente Freud avrebbe attribuito ad un senso di colpa risalente all'età infantile[9].

---

[8] Cfr. il prossimo capitolo, a pagina 113.

[9] Probabilmente si dirà che non ho alcun titolo per avventurarmi in simili analisi, pur se qualcosa di Freud ho letto. È però documentato che questo tipo di nevrosi, in forma più o meno maniacale, esiste. È proprio su esso che si basa, ad esempio, la pubblicità dei detersivi, che insiste sul *bianco*, sul *bianco più bianco* e via sbiancando, per indurre i destinatari del messaggio (in questo caso le donne) a illudersi che il loro disagio

Giovanni propugna quel tipo di moralità che sindaca l'altrui vita privata e giudica il prossimo in base non a quel che fa di bene o di male nei confronti del prossimo, ma al numero di rapporti sessuali che consuma e con chi.

Come profeta, bisogna dirlo, non vale molto: la necessità di pentirsi è dovuta, a suo dire, all'imminenza della fine del mondo; ma la fine del mondo, se è arrivata, ha riguardato lui soltanto, provocata da quel suo vizio di ficcare il naso nel letto degli altri. È, questo, un vizio tipico di certi moralisti; ma il cupo Battista esagera, inveendo contro il tetrarca Erode Antipa e il suo matrimonio con Erodiade, che denuncia come incestuoso e peccaminoso.

Gli evangelisti attribuiscono l'esecuzione capitale del Battista alla malvagità ed immoralità di Erode. Ma è, questa, una versione partigiana che non tiene conto dell'esasperazione che Giovanni doveva aver indotto nel re né del fatto che, in base al diritto del tempo, Giovanni era oggettivamente reo di lesa maestà. Infine, è ben più probabile che la vera ragione dell'esecuzione capitale comminatagli sia la sua natura di potenziale fonte di disordini sociali: la stessa che ha portato alla crocifissione di Gesù.

3. *Gesù e il Maligno*

Torniamo da Gesù che dopo quaranta giorni di digiuno, secondo il racconto di Matteo, riceve la visita del diavolo.

Subito, fra i due comincia una tenzone a suon di citazioni bibliche. Al solito, Matteo strizza l'occhio ai suoi connazionali: del resto del mondo gli interessa poco e quindi non ci pensa nemmeno, che un Greco, un Italico o un Gallo possano leggere il suo testo e chiedersi: *Sta scritto? E dove?* L'altrettanto favolistico Luca riporta praticamente parola per parola quasi tutta la serie di tentazioni, abbreviando però le citazioni bibliche, mentre Marco, narrato il battesimo di Gesù, liquida l'episodio in poche righe:

---

interiore, il bisogno di pulire sé stessi, possa essere soddisfatto proiettandolo sulle lenzuola e utilizzando a tal fine questo o quel prodotto.

> Subito dopo lo Spirito lo sospinse nel deserto e vi rimase quaranta giorni,
> tentato da satana; stava con le fiere e gli angeli lo servivano.[10]

Niente digiuno, dunque. Marco è meno favolistico e più credibile, a parte gli angeli in mansioni di colf e le fantomatiche *fiere* con le quali Gesù passava il suo tempo. Giovanni, ancora più sobrio, su deserto, diavolo e tentazioni non spende una parola.

La lettura corretta è semplicemente che Gesù trascorse un periodo di solitudine, di scuola di autodisciplina; quindi digiunò, anche: non in quella maniera totale e autodistruttiva che dice Matteo, ma abbastanza da avere le traveggole. Magari credette davvero di conversare col diavolo, che lo tentava, ma la *tentazione* non era altro che la voglia di piantarla lì, andare a vedere un po' di gente e mangiare qualcosa di decente.

Ma concediamo a Matteo e Luca il credito che loro compete in quanto autori ispirati, ed ammettiamo che le cose siano andate davvero come loro dicono.

Dunque, Gesù viene tentato dal diavolo. Un povero diavolo, bisogna dire. Conosce le scritture a pappagallo ma ha un quoziente intellettivo decisamente modesto: non sa fare di meglio, secondo Matteo e Luca, che proporre a Gesù di trasformare i sassi in pane o di buttarsi giù dal pinnacolo del Tempio o, addirittura, di adorare lui in cambio dei regni del mondo. Ma sono proposte da farsi al figlio di Dio? Viene da pensare, leggendo queste cose, che Satana considerasse la tentazione come una stupida formalità da sbrigare senza troppa convinzione, tanto sapeva già come andava a finire. Se fosse stato più perspicace, o meno svogliato, invece di farlo solo alla fine del ritiro avrebbe tentato Gesù anche all'inizio, quando era ancora in forze, con tentazioni di altro genere e più sollazzevoli, del tipo di quelle suggerite da Venere a Paride sul monte Ida. Ma al Maligno neanche gli passa per la testa, di fare all'esaminando qualche proposta del genere[11].

---

[10] Mc 1, 12-13

[11] Gli evangelisti hanno immaginato che il Diavolo tentasse Gesù con il tipo di tentazioni *per loro* più allettanti. In fin dei conti essi erano Ebrei, e il Messia cui erano abituati a pensare era un condottiero, un conquistatore di popoli. Per cui, era ovvio che il

Azzardiamo invece una lettura psicologica dell'episodio, e la cosa assume una veste diversa.

Il diavolo – e il discorso vale per tutti - non è altro che la manifestazione di una personalità combattuta fra ciò che vorrebbe, e ciò che invece ritiene di dover fare.

Gesù è certamente convinto di essere il Messia, e di sicuro ha una fame da lupo; e così, «Io sono io», dice a sé stesso, «e se solo lo volessi potrei fare quello che voglio; ma non posso, devo andare avanti così». È, in fondo, lo stesso processo che si verifica durante la preghiera nel Getsemani.

Basta guardare un bambino affamato ma ben educato che si trovi davanti a un bel barattolo di *Nutella* che la madre gli ha detto di non toccare: lo si vedrà tentennare, combattuto fra la voglia di gustare la cioccolata (*tentazione*: tanto non se ne accorge nessuno) e il senso del dovere (*sta scritto*: fa' il bravo bambino e aspetta l'ora della merenda). Quel bambino sarà orgoglioso, poi, di dire alla mamma: «Il diavoletto voleva farmi rubare la cioccolata, ma io sono stato bravo ed ho aspettato».

---

diavolo lo tentasse offrendogli quello che a un conquistatore di popoli poteva logicamente interessare di più: il potere. Come dicono a Napoli, "comandare è meglio che fare l'amore" (usando, per *fare l'amore*, un'espressione più colorita, che qui non ho ritenuto opportuno riportare).

I MIRACOLI E LE PROFEZIE

1. *Fenomenologia del miracolo*

Leggo sul Devoto - Oli, il dizionario della lingua italiana, che il miracolo è un

> Fatto che si ritiene dovuto a un intervento soprannaturale, in quanto supera i limiti delle normali prevedibilità dell'accadere o va oltre le possibilità dell'azione umana.

Da questa limpida definizione si deduce che l'attribuzione ad un evento di caratteristiche miracolose dipende in definitiva dalla possibilità o dalla capacità dell'osservatore di attribuire o meno all'evento stesso un'origine e una causa naturali.

È un po' quello che succedeva con il terremoto, il fulmine, gli astri: all'inizio tutto era soprannaturale e una divinità presiedeva ad ogni fenomeno; poi, mano a mano che si progrediva nella conoscenza, il fenomeno veniva inquadrato in un contesto razionalmente comprensibile; e gli dèi restavano disoccupati.

Non pretendo di saperne più degli estensori del Devoto – Oli, ma penso che alle motivazioni da loro riferite vada aggiunta una ulteriore eventualità: quella che l'osservatore possa in realtà *desiderare* che un evento abbia origini miracolose. C'è sempre, infatti, qualcuno che, a dispetto di ogni evidenza, ha bisogno di insistere nel dire che no, che quel certo fatto è un miracolo, e che la spiegazione razionale è blasfema, o empia, e *di questo passo dove andremo a finire*. Tipico esempio di un simile approccio è la *sacra* Sindone, che molti desiderano a tal punto considerare autentica, da rifiutare, sulla sua origine, ogni spiegazione diversa da quella miracolosa[1].

Il miracolo è citato da molti difensori delle fedi – tra i quali, come vedremo, Vittorio Messori – a sostegno delle proprie asser-

---

[1] Vedi, a questo proposito, quanto riferisco più avanti nel capitolo dedicato alla Risurrezione.

zioni e della verità delle proprie tesi. Ma checché ne pensi lo
stesso Messori, esso non è appannaggio esclusivo del cristianesimo: non c'è religione che non racconti di eventi miracolosi dovuti ai propri profeti, ai propri santi, al proprio dio od ai propri
dèi, o, ancora, a rappresentanti in terra della propria divinità:

> Parimenti, fatto il calcolo dei giorni trascorsi [dopo la battaglia di Farsa-
> lo], risultava che ad Elide, nel tempio di Minerva, la statua della Vittoria,
> collocata proprio di fronte alla dea e rivolta verso di essa, si era voltata
> verso l'entrata del tempio proprio nel giorno in cui Cesare aveva combat-
> tuto con esito felice. Quello stesso giorno ad Antiochia in Siria si udirono
> per due volte così alte grida di soldati e squilli di trombe che i cittadini
> accorsero in armi sulle mura. La stessa cosa accadde anche a Tolemaide.
> A Pergamo nel santuario segreto del tempio, che i Greci chiamano adyta,
> dove possono accedere solo i sacerdoti, risuonarono i timpani. E così a
> Tralle nel tempio della Vittoria, dove avevano consacrato una statua a Ce-
> sare, si mostrava una palma che era spuntata in quei giorni dal pavimento
> tra le connessure delle pietre.[2]

A parte Cesare, succede coi miracoli quello che accade anche
con le rispettive scritture: hanno tutti ragione, la loro è la sola religione giusta, e le loro scritture e i loro miracoli lo dimostrano.
Maometto aveva dialoghi quotidiani con l'angelo Gabriele, i san-
toni indiani fanno meraviglie anche oggi, numerosissimi sono i
miracolati di san Francesco, di sant'Antonio e delle molteplici
madonne sparse per i santuari di mezza Europa; i re di Francia,
titolari di una speciale delega divina, guarivano gli scrofolosi[3].

---

[2] C.Giulio Cesare: *La guerra civile*, Libro III, CV. Rizzoli, 1989, trad. di Massimo
Bruno. Ogni tempo ha i suoi miracoli. Quello della palma e della statua di Giulio Cesare mi ricorda un ippocastano, già ritenuto secco, davanti al quale è situata una statua
di Padre Pio, all'ingresso dell'ospedale civile di Macerata: l'albero ha prodotto le sue
brave foglie, e le pie vecchiette hanno subito gridato al miracolo. Ad ulteriore delusione dei cattolici, i quali tendono a ritenere che i miracoli siano una prerogativa del
loro àmbito religioso, per quanto riguarda i miracoli nel mondo antico si potrebbe citare anche Ovidio, che nelle sue *Metamorfosi* parla di ex-voto appesi ai rami di alberi
miracolosi.
[3] Perché guarissero proprio quella malattia, non è dato di sapere. O forse sì: il tocco del
re, magari non subito, ma produceva in effetti il risultato atteso: la scrofolosi è infatti
una malattia a decorso benigno; ma questo, all'epoca, non si sapeva.

Tutto questo, come fa notare Alan Cromer[4], trae origine dal bisogno, innato nell'uomo, di ritenere che sia possibile agire sulla natura mediante il pensiero, o la parola, o entrambi[5]. Si tratta di *antropocentrismo*: dell'approccio alla conoscenza, cioè, di chi crede che tutto esista in funzione dell'Uomo: l'approccio dal quale nascono le religioni, le superstizioni[6], la fede negli UFO, la pranoterapia, la parapsicologia, l'astrologia, e tutte le pseudo-scienze che alimentano l'illusione dell'umanità di essere destinata a *magnifiche sorti, e progressive*.

Esiste, tuttavia, un limite ai poteri dei taumaturghi. Nessuno, infatti, che sia affetto da malattie genetiche come la talassemia o la sclerosi multipla; nessuna vittima di demenza congenita, o di tetraplegia dovuta a lesioni irreversibili della colonna vertebrale, è mai guarito, in modo documentato e documentabile, in circostanze miracolose. Nessun arto amputato è mai ricresciuto a chicchessia[7]. Nessun focomelico ha visto completarsi i suoi abbozzi di arti, nessuna deformazione come la gobba è stata mai raddrizzata. Le guarigioni miracolose riguardano malattie che – per quanto grave ne sia lo stadio d'avanzamento – hanno comunque una pur labile e remota possibilità di guarigione spontanea.

Allargando l'indagine oltre i limiti dell'aspetto sanitario, una ulteriore casistica di eventi miracolosi riguarda la sopravvivenza a cataclismi ed incidenti. Molte fra le persone che, appunto, so-

---

[4] Cfr. *L'eresia della scienza*, CDE, Milano, 1999.
[5] E, infatti, secondo la Genesi la Creazione ha luogo mediante la parola: "E Dio *disse*: sia fatto…" è la formula che consente alla luce, alla terra, all'acqua eccetera di materializzarsi. E Giovanni inizia il suo vangelo con la famosa affermazione: "In principio era il Verbo" (*Il Verbo,* in greco, è *Logos*, cioè la Parola)
[6] A mio modesto avviso la differenza fra una religione e una superstizione sta solo nel numero dei rispettivi seguaci. Non, certamente, nella credibilità delle tesi dell'una o dell'altra.
[7] Il solito Messori, in verità, ha dedicato un intero libro ad un tale al quale in Spagna, secoli fa, sarebbe miracolosamente ricresciuto un piede. Ma, al solito, le sue argomentazioni sono lacunose sul piano storico e grottesche su quello logico, con riferimenti numerologici e magici che permettono di considerare quel libro non più credibile delle profezie di Malachia sui papi.

pravvivono a simili eventi, tendono ad attribuire ad un benigno intervento soprannaturale il fatto che a loro è andata bene mentre qualcun altro, che magari si trovava a pochi passi di distanza, ha subìto tutt'altra sorte.

Come sempre accade in questi casi, sopravvivono e soccombono persone di ogni categoria sociale e orientamento religioso, inclusi i più fervidi credenti. Un terremoto ha provocato ad Assisi il crollo di una volta, nella basilica di S. Francesco, ed ha ucciso, tra gli altri, un frate ed un converso che hanno avuto la sventura di trovarsi al posto giusto nel momento sbagliato. Il fatto è diventato famoso perché per avventura è stato ripreso da un'emittente televisiva. Ai due religiosi, purtroppo, è andata male anche se quasi certamente, negli interminabili secondi che sono trascorsi prima che il crollo li seppellisse, hanno invocato il loro patrono. Immancabilmente, tuttavia, si trova qualcuno che in circostanze del genere afferma di essersi raccomandato a questo o quel santo e perciò, *grazie a Dio*, si è salvato.

L'arido approccio razionale induce ad obiettare che si salvano anche molti che non si sono affatto raccomandati; e probabilmente, come dicevamo, anche fra le vittime vi sono rappresentanti di entrambi i gruppi; e che sembra più plausibile una spiegazione del fatto meno mistica ma più razionale: quelli che si sono salvati – magari per un pelo – *non potevano non salvarsi*, che si raccomandassero o meno, in quanto si trovavano in un punto meno colpito, o più protetto, di altri[8].

Un'altra constatazione abbastanza evidente è che la frequenza e l'imponenza dei miracoli, a qualunque casistica essi appartengano, sono direttamente proporzionali alla loro distanza temporale dall'osservatore. Il miracolo più imponente in assoluto, ovviamente, è la creazione del mondo da parte di Dio[9]. Successiva-

---

[8] In circostanze del genere i credenti illesi ringraziano Dio. Logica vuole che le vittime, allora: i mutilati ed i feriti, ed i parenti dei morti, dovrebbero prendersela con Dio per *non* essere rimaste illese o per *non* aver egli salvato il loro caro.
[9] Secondo i calcoli del vescovo anglicano James Ussher (1581-1656) basati sulle cronologie bibliche, la creazione risale alla notte prima del 23 ottobre del 4004 p.E.v. Non sorprende che le gerarchie delle varie Chiese cristiane abbiano fatto di tutto per

mente, Sarai ed Abramo hanno avuto un figlio in tardissima età, Mosè ha potuto scatenare le piaghe d'Egitto e far aprire il Mar Rosso, Giosuè fermare il sole in cielo, Giona sopravvivere per tre giorni nel ventre di un pesce, Gesù guarire malati di ogni genere, resuscitare morti e sfamare migliaia di persone con appena pochi pesci e qualche forma di pane. All'estremo opposto, oggi dobbiamo accontentarci di don Bosco che moltiplica le scarse noci da distribuire ai suoi collegiali o di qualche statuetta della Madonna che piange lacrime di sangue, magari con DNA maschile e un tasso di colesterolo piuttosto alto. Nel mezzo troviamo apparizioni di madonne e santi, occasionali concessioni di stimmate, qualche esempio di ubiquità e, soprattutto, guarigioni di malati. Ma mentre ai malati che incontravano Gesù bastava sfiorargli la veste per essere guariti, oggi pochissimi, tra gli innumerevoli frequentatori di Lourdes, Assisi, Loreto, Fatima, Santiago de Compostela, San Giovanni Rotondo, eccetera, si alzano di colpo dalle loro barelle gridando al miracolo.

Cosa che però, in effetti, ogni tanto succede.

Gli eventi che sono definiti come miracolosi si verificano infatti, oggi, soprattutto durante visite a luoghi a ciò deputati[10]; più raramente, per effetto del potere di un taumaturgo vivente.

Ma sono davvero miracoli, questi? Rispondono essi, cioè, alla definizione del nostro dizionario? Apparentemente sì.

La stessa Chiesa è d'altra parte estremamente cauta, nel riconoscere ad un evento del genere la definizione di miracolo: lo fa solo dopo attenti ed accurati controlli, e fior di commissioni medi-

---

contrastare i progressi di tutte le scienze – dall'archeologia alla biologia all'astronomia - che portavano sempre più indietro nel tempo *la data* di inizio del tempo, smentendo in modo sempre più netto il racconto biblico.

[10] Stranamente, fra questi luoghi non sono annoverati quelli reputati santi per definizione, come il Santo Sepolcro o la Grotta della Natività. E pensare che per il possesso di questi luoghi (sulla cui autenticità, peraltro, nutrire dubbi è a dir poco legittimo), da secoli si massacrano mussulmani e cristiani, per non dire delle lotte fra le varie confessioni cristiane. Trovo utile segnalare che, secondo Vittorio Messori, questa rissosità è non solo comprensibile ma santa e doverosa: insomma è legittimo bastonarsi, anche fra cristiani, per il possesso di tali siti. Simili affermazioni mi fanno dire, parafrasando Bertrand Russell, *ecco (fra l'altro) perché non sono cristiano.*

che sono chiamate ad esprimersi al riguardo. Le commissioni, nei casi conclamati, confermano che la guarigione non è spiegabile scientificamente. Ma sono commissioni *mediche*. Che io sappia, nessun esperto di scienze *statistiche* è stato mai chiamato ad esprimere il suo parere, cosa che sarebbe invece il caso di fare. Legge statistica vuole infatti che, ogni tanto, si verifichi la guarigione spontanea di una malattia incurabile. Le infelici vittime di simili malattie, che si recano ogni anno nei luoghi che ho citato, da un punto di vista statistico e probabilistico costituiscono una popolazione particolare. All'interno di questa popolazione, infatti, non c'è una concentrazione più o meno alta di malati, come in un normale campione di popolazione umana: vi sono *solo* dei malati; è quindi più elevata la probabilità che proprio all'interno di un simile campione si verifichi una di quelle rare guarigioni spontanee ed inspiegabili che dicevamo. È inevitabile, dato il contesto e considerata la mentalità degli interessati, che l'evento sia ritenuto miracoloso; ma, in base alle leggi della matematica, sarebbe in realtà miracoloso (nel senso di improbabile) che di simili guarigioni *non* ne avvenissero: non è dunque affatto strano che questi *miracoli* accadano.

Quanto ai taumaturghi, è doveroso precisare che non tutti si richiamano a una religione. Cartomanti, maghi, astrologi e guaritori, di tutte le specie e per ogni tipo di malanno, si sprecano: basta scorrere le colonne della piccola pubblicità di un giornale, o seguire la programmazione di qualche piccola emittente televisiva, e fra supermercati, mobilifici, creme di bellezza e telefoni erotici si vedrà occhieggiare l'offerta di felicità, la proposta di rivelazione del futuro o l'invito ad acquistare filtri d'amore o guarigione, avanzati da un mago, spesso titolare di un improbabile nome esotico[11]. Vale, anche per i taumaturghi, la stessa regola statistica che ho enunciato qui sopra: fra i tanti, illusi o disperati, che si rivolgono a questi ciarlatani, qualcuno guarisce da solo ma

---

[11] Fra i più esilaranti ricordo il *Mago di Santokam* (sic), attivo in Abruzzo, che probabilmente – ortografia a parte – intendeva alludere a qualche reminiscenza salgariana. Forse pretendeva di discendere dalle Tigri della Malesia.

attribuisce al *mago* il merito dell'evento[12]. Gli insuccessi non li ricorda nessuno perché in ogni caso il taumaturgo non garantisce niente, come niente garantiscono i gestori dei luoghi ritenuti santi: mille ostacoli possono frapporsi tra l'intercessore e la soddisfazione del postulante, primo fra tutti l'insufficiente fede di quest'ultimo, che infatti tende di solito ad attribuire a sé stesso la responsabilità della mancata guarigione.

È il successo a fare notizia. Accade anche con i pretesi veggenti ai quali, quando non sanno più dove sbattere la testa, si rivolgono a volte perfino gli organi di polizia per ritrovare persone scomparse o per ricostruire le circostanze di eventi che non hanno avuto testimoni. A volte (è sempre una legge probabilistica) costoro ci azzeccano; e su questo costruiscono la propria fortuna[13].

Sia sui luoghi dei pellegrinaggi che presso i taumaturghi, ha poi grande importanza l'autosuggestione. Spesso anche coloro che non guariscono si sentono comunque gratificati ed attribuiscono la ritrovata serenità al merito del mago, del santo vivente o del *genius loci*, anziché a se stessi.

L'interazione fra psiche e corpo è complessa: l'una e l'altro si condizionano a vicenda, tanto che un malanno può essere superato in modo più o meno brillante a seconda dello stato d'animo del paziente[14]. A volte, come nel caso degli ipocondriaci, il malessere lamentato è semplicemente frutto di autosuggestione; in altri casi, tutt'altro che infrequenti, si tratta di forme inconsce di

---

[12] Le mie osservazioni a proposito della psicologia di coloro che credono nel paranormale e del calcolo probabilistico sono in parte dedotte da *Indagine sul mondo del Paranormale*, di Piero Angela, che ho già citato in precedenza.

[13] In questi casi si attribuiscono gli insuccessi a difficoltà di ordine diverso, come la presenza di *forze negative* che impediscono al medium di percepire *i segnali* che gli permetterebbero di risolvere il problema. I veggenti di questo tipo godono dell'incredibile disponibilità dei loro clienti a concerder loro una silenziosa comprensione per gli insuccessi e un clamoroso plauso per i casi risolti.

[14] Grazie anche al lavoro di medici come Patch Adams, il dottore clown, se n'è accorta anche la medicina ufficiale che ora, diversamente che in passato, presta molta attenzione al benessere anche psicologico dei degenti negli ospedali.

autopunizione o di condizionamenti culturali[15]: è significativo
che la Palestina dei tempi evangelici fosse affollata di indemoniati mentre nessuna notizia di simili possessioni si ha da luoghi,
anche limitrofi, presso i quali non si coltivava il mito di Belzebù.

2. I miracoli di Gesù

Veniamo, dunque, ai miracoli di Gesù cominciando dai più sor-
prendenti di tutti, le risurrezioni. È necessaria un'osservazione
preliminare, connessa col fascino che sugli esseri umani in generale, e quelli di quell'epoca in particolare, esercitavano eventi
così meravigliosi. Come già abbiamo fatto, e dovremo fare ancora, dobbiamo notare che a dispetto dell'incredibile risonanza che
simili fatti dovrebbero avere, nessuna fonte diversa dai vangeli
dice una sola parola al riguardo.
Non dobbiamo mai dimenticare che i vangeli, oltre ad essere stati
scritti diversi anni dopo la morte di Gesù – e difficilmente da testimoni oculari dei fatti – sono il prodotto di persone motivate da
una fede spesso travalicante nel fanatismo, che desideravano fortemente convincere gli increduli a unirsi a loro. Può darsi che
mentissero in buona fede, perfino a sé stesse, ma è molto probabile che, spinte dallo zelo, abbiano esagerato dimensioni, numero
e natura dei miracoli di Gesù[16]. Un osservatore imparziale non
può che dubitare delle resurrezioni miracolose operate da Gesù,
compresa la più miracolosa di tutte, la risurrezione di un Lazzaro
già in decomposizione, tre giorni dopo la sua morte.

---

[15] Mi sia concessa, a questo proposito, una nota di colore: Martin Lutero attribuiva al
demonio la sua stipsi, ed alla propria forza morale e fede attribuiva, *nel momento del
bisogno*, il successo degli sforzi che operava per vincere siffatte battaglie.
[16] Cose del genere continuano a succedere, come dice la storia di missionari che, per
impressionare i nativi africani che desideravano fortemente convertire, facevano "bol-
lire" istantaneamente l'acqua versando destramente un po' di citrato di sodio nel bicchiere, sorprendendo così gli ingenui osservatori e convincendoli che avevano poteri
superiori.

Era davvero morto, Lazzaro (e le altre persone di cui si attribuisce a Gesù la risurrezione)? O non sarà che, magari, era solo molto ammalato, e puzzava per via della malattia, al punto di indurre i visitatori a borbottare "Puzza come un cadavere"? E se la sua guarigione fosse coincisa con – e perfino stimolata da – una visita del suo amatissimo amico Gesù? Non è plausibile che un fatto così normale sia stato ingigantito nel tempo dagli ammiratori del Maestro, e dopo essere passato di bocca in bocca sia diventato l'esempio paradigmatico di un miracolo? Niente, come vedremo, è più facile del verificarsi di un simile processo.

Un'altra e più profonda riflessione, legata alla natura stessa della predicazione cristologica, si rende necessaria. Gesù annuncia il Regno, la Vita Eterna per i giusti, per i buoni e per gli altri che colma di promesse nel Discorso della Montagna e insegna che la morte non è, come nell'Antico Testamento, la fine di tutto.

Perché allora piange per la morte di Lazzaro?

Se, come dicono i vangeli, è figlio di Dio, dovrebbe sapere perfettamente che il suo caro amico ha raggiunto la beatitudine. Coerentemente col proprio insegnamento, invece di disperarsi insieme a loro dovrebbe dunque dire a Marta e Maria qualcosa di questo genere: *Non piangete! ora Lazzaro siede nel Regno accanto ad Abramo e Giacobbe. Egli è immerso nella luce eterna e gode della visione del Padre*; e usare magari il suo potere divino per mostrare loro un'immagine del loro ormai beato fratello. Invece no: scoppia in lacrime pure lui e lo risuscita, piange disperato per il suo amico *come farebbe un qualunque ebreo che non può sperare in un aldilà*.

A parte le lacrime per Lazzaro, il discorso vale anche per gli altri miracoli di questa natura: la sola conclusione logica cui si può giungere, sfuggita agli evangelisti e a tutti gli esegeti dei loro testi, è che Gesù compie questi miracoli, se li compie, *perché non crede nemmeno lui alla vita eterna*. Se li compie invece al solo fine di dimostrare il proprio potere, allora *usa* quei defunti, strappandoli alla già raggiunta beatitudine, e li riporta in questa valle di lacrime col rischio magari che, la prossima volta, muoiano in condizione di peccato e finiscano non più in paradiso, ma all'inferno.

Sono in realtà gli evangelisti, non Gesù di Nazareth, a usare quei morti redivivi: li inventano, gonfiando magari eventi ben meno mirabolanti, per far sgranare gli occhi ai loro lettori meno avveduti (la quasi totalità) che non vedono la palese contraddizione tra siffatti miracoli e la predicazione del loro messia.

Ci sono tuttavia casi in cui Gesù può davvero aver ottenuto risultati notevoli, e quei casi riguardano la liberazione dei posseduti, il miracolo che Gesù opera con maggiore frequenza.

L'epilessia, secondo i vangeli, è dovuta a possessione demoniaca. Ciò induce a pensare che gli *indemoniati* che venivano portati a Gesù in realtà fossero affetti semplicemente da turbe psichiche o psicosomatiche. Un malato di mente spesso è tale perché tale lo rende il suo contesto socioculturale[17]. Un cambiamento, un'iniezione di fiducia, possono produrre veri *miracoli*: basta che il terapeuta sappia agire con una tale forza di persuasione da convincere il (presunto?) malato di essere guarito.

La casistica è talmente ampia e variegata che qualunque risposta sarebbe inevitabilmente incompleta e non esauriente; ma supponiamo che *l'indemoniato* che si rivolge a Gesù si ritenga tale in quanto afflitto da un senso di colpa: l'ipotesi è tutt'altro che peregrina, se si considera quanto forte fosse il religioso senso del peccato nella società ebraica dei tempi evangelici. Il rabbi, che possiede una forte carica carismatica, non gli dice solo "sii guarito", ma lo assicura che gli sono rimessi i peccati. *L'indemoniato*, vedendo sparire la causa del suo senso di colpa, può cessare di autopunirsi; il *demonio* che lo possedeva se ne va.

Matteo racconta del padre di un epilettico che i discepoli di Gesù hanno tentato inutilmente di guarire e che perciò si rivolge diret-

---

[17] Tale, secondo alcuni storici, è il caso di Giovanna la Pazza, figlia di Isabella di Castiglia e madre di Carlo V, colpevole di essere meno bigotta della madre e troppo innamorata di un marito mortole troppo presto. La sua presunta pazzia, secondo questi storici, era semplicemente un'imperdonabile autonomia di pensiero che la rese sospetta di possessione demoniaca agli occhi dei suoi augusti quanto ottusi parenti.

tamente al Maestro, il quale s'arrabbia con i suoi discepoli: *O generazione incredula e perversa!* dice loro, con la consueta amabilità: *Fino a quando starò con voi?* Poi si fa portare il ragazzo:

> E Gesù gli parlò *severamente*, e il demonio uscì da lui e da quel momento il ragazzo fu guarito. Allora i discepoli, accostatisi a Gesù in disparte, gli chiesero: «Perché noi non abbiamo potuto scacciarlo?». Ed egli rispose: «*Per la vostra poca fede.* In verità vi dico: se avete fede pari a un granellino di senapa, potete dire a questo monte: spostati da qui a là, ed esso si sposterà, e niente vi sarà impossibile».[18]

I discepoli hanno tentato, ma mancavano di fede; vale a dire, secondo la nostra chiave di lettura, che *non erano convincenti*, non essendo essi stessi convinti di possedere il necessario potere taumaturgico. Ecco perché Gesù si arrabbia tanto con loro. Si noti che, stando al racconto, Gesù parla severamente non al preteso demonio che lo possiede, ma al ragazzo; e *il demonio* va via dopo che il malato si è sentito dire qualcosa come "avanti, falla finita, smettila e sii serio".

3. *Gesù e gli increduli*

È sintomatico, a questo proposito, ciò che apprendiamo da Matteo: A Nazareth, respinto dall'incredulità dei suoi concittadini, Gesù miracoli ne fa pochi. I nazareni, ci dice l'evangelista in un versetto che abbiamo già citato, si scandalizzano per causa sua, perché di punto in bianco si autoproclama Messia.

> Ma Gesù disse loro: «Un profeta non è disprezzato se non nella sua patria e in casa sua». E non fece molti miracoli a causa della loro incredulità.[19]

---

[18] Mt 17, 18-20. Il corsivo è mio. Irriverentemente, si può confrontare questo colloquio con quello fra Luke Skywalker e il Maestro Yoda nel film *L'Impero colpisce ancora*, della famosa saga *Guerre Stellari*: Luke non è stato capace, servendosi della *Forza*, di far riemergere la sua astronave da una palude; il Maestro lo fa e Luke commenta: "Non riesco a crederci!" e Yoda: "Ecco perché hai fallito!".

[19] Mt 13, 57-58.

A causa della loro incredulità. La chiave di lettura ufficiale è *per punirli.* E se invece il significato vero fosse *perché non riusciva ad affascinarli?* Se i miracoli servono a Gesù per dimostrare di essere ciò che dice di essere, logica vuole che proprio per convincere gli scettici dovrebbe farli; che bisogno c'è di convincere chi già ha fede? E invece, regolarmente, il miracolo tocca proprio chi la fede già ce l'ha; per i nazareni, che dovrebbe sforzarsi di convincere, Gesù non fa miracoli a *causa della loro incredulità.* Marco, raccontando lo stesso episodio, è più esplicito:

> [I nazareni dicevano:] «Non è costui il carpentiere, il figlio di Maria, il fratello di Giacomo, di Joses, di Giuda e di Simone? Le sue sorelle non stanno qui da noi?» E si scandalizzavano di lui. Ma Gesù disse loro: «Un profeta non è disprezzato che nella sua patria, tra i suoi parenti e in casa sua». *E non vi poté operare nessun prodigio*, ma solo impose le mani a pochi ammalati e li guarì. E si meravigliava della loro incredulità.[20]

L'intero episodio mette bene in evidenza che il potere taumaturgico di Gesù era condizionato dall'atteggiamento dell'uditorio: a Nazareth non gli credevano e perciò *non poté operare nessun prodigio.* È risaputo: il carisma di un personaggio è fortemente sminuito agli occhi di chi lo ha visto crescere e lavorare, perché è istintivo che gli si chieda *ma chi ti credi di essere?* Dice un vecchio proverbio che *nessuno è grande per il suo cameriere.*
Anche Maometto ha incontrato lo stesso problema finché ha tentato di diffondere il suo messaggio senza muoversi dalla Mecca, il luogo dove era nato ed era vissuto fino al momento in cui proclamò che Allah gli si era rivelato: Alla Mecca, in mezzo a chi lo aveva visto pastore e successivamente mercante, incontrava incredulità e derisione. A Medina, invece, dove nessuno conosceva i suoi precedenti, poté più facilmente esercitare il proprio carisma, convincere l'uditorio della validità del suo messaggio e dare il via alla conquista del mondo arabo.

---

[20] Mc 6, 3-6. Il corsivo è mio. Noto, per inciso, che Gesù manifesta delusione anche verso i suoi parenti: non sarà che anche madre, fratelli e sorelle lo consideravano un po' matto? Potrebbe essere per questo che dopo li tratta in quel modo, quando vanno a cercarlo.

Tornando a Gesù, e ai suoi miracoli, a Nazareth egli non poteva realizzare un granché perché nei suoi potenziali miracolati veniva a mancare uno degli elementi fondamentali per la guarigione – vera o immaginaria - dei loro disturbi: l'autosuggestione. Se non si ha fiducia nel guaritore, non si guarisce. Luca dipinge il quadro a tinte ancora più fosche. Dopo la predicazione di Gesù a Nazareth,

> All'udire queste cose, tutti nella sinagoga furono pieni di sdegno; si levarono, lo cacciarono fuori della città e lo condussero fin sul ciglio del monte sul quale la loro città era situata, per gettarlo giù dal precipizio. Ma egli, passando in mezzo a loro, se ne andò.[21]

Questo episodio, importantissimo anche per altri versi[22], dimostra che i nazareni non erano affatto impressionati dalle parole di Gesù: il suo carisma, su di loro, non funzionava. E per loro, perciò, era un bestemmiatore, da linciare senza tanti complimenti.
Molti, a parte l'incredulità dei nazareni, mostrano indifferenza e scetticismo, se non fastidio, alla vista dei miracoli di Gesù. Questi miracoli, per lo più, convincono i diretti interessati e qualcuno dei presenti, ma nessuno degli Scribi, dei Farisei e dei Dottori del Tempio, con la sola esclusione di Nicodemo e, probabilmente, di Giuseppe di Arimatea. Strana davvero, una così coriacea pervicacia, davanti ad eventi che a noi, lettori dei vangeli, sembrano così palesemente soprannaturali. È vero che la stupidità umana non conosce confini, ma riesce davvero difficile pensare che, per quegli esponenti della classe dirigente ebraica, la forma (rispettare il sabato) contasse a tal punto più della sostanza (fare del bene al prossimo e guarire un ammalato) da far loro considerare blasfemo il comportamento di Gesù e da accecarli di fronte all'evidente potere di quell'uomo.

---

[21] Lc 4,28-30. Non è ben chiaro come Gesù abbia potuto sgusciare via in mezzo ad una folla inferocita che probabilmente lo teneva per le braccia. È più probabile, temo, una versione meno dignitosa dello scampato pericolo, che lo vede divincolarsi e scappare a gambe levate, ma questo è un dettaglio secondario.
[22] Torneremo a parlarne, insieme al martirio di Stefano e alla decapitazione di Giovanni Battista, a proposito della Passione.

Non erano solo loro, peraltro, a restare scettici. In Matteo si legge che nonostante l'alto numero di miracoli che vi aveva compiuto, non solo a Nazareth ma anche a Corazin, Betsaida e Cafarnao Gesù aveva riscosso poco successo. Come mai?

Quanto a Cafarnao, vale un po' lo stesso discorso che abbiamo
fatto per Nazareth: leggendo i vangeli si ha la chiara percezione
che buona parte della vita di Gesù si sia svolta proprio fra questi
due centri della Galilea. Ma anche per gli altri centri, e per gli altri increduli, una spiegazione ci sarebbe. Per meglio illustrarla,
spostiamoci per un momento in India, ai nostri giorni.

A parte, ovviamente, il politeismo, l'India dei Bramini, della
Trimurti, dei fachiri e dei lavacri nel Gange ha molto in comune
con la Palestina dei tempi evangelici. La religione, da quelle parti, pervade ogni momento della giornata, ogni manifestazione
della vita ed ogni pensiero di larghe fasce della popolazione,
esattamente come succedeva agli Ebrei contemporanei di Gesù.
Ed esattamente come succedeva là allora, nell'India braminica,
ancora adesso, si sprecano i profeti, i miracoli, gli eventi portentosi.

A noi, a proposito della Palestina, i Vangeli raccontano solo di
Gesù, lasciando intendere che solo lui era capace di operare miracoli e profezie, che utilizzano anzi come dimostrazione della
sua natura sovrumana. Ma gli Atti degli Apostoli parlano di
un'indovina che irrita Paolo di Tarso in Macedonia[23], di esorcisti
e maghi giudei ad Efeso[24] e di Simon mago[25] in Samaria.

---

[23] At 16,16-18. Paolo s'incavola, stranamente, perché l'indovina va dietro a lui e al
suo entourage gridando "Questi uomini sono servi del Dio Altissimo e vi annunziano
la via della salvezza": in fondo, faceva della pubblicità positiva. La CEI non fa com-
menti al riguardo. Paolo arriva a far perdere alla poveretta il suo potere divinatorio:
decisamente, era proprio misogino.

[24] At 19,13-20. Dovevano essere davvero tanti: convertitisi, bruciano in piazza i propri libri (peccato: i libri non dovrebbero mai essere bruciati), per un valore di cinquan-
tamila dramme d'argento.

[25] At 8,9-24. Da principio, Simone agisce in proprio; poi si converte e si fa battezzare,
ma siccome il lupo perde il pelo ma non il vizio, vedendo i miracoli che compiono
Pietro e gli altri offre loro del denaro per acquisire lo stesso potere. A lui si deve il

Quanti altri *Simon mago* si aggiravano per le vie di Gerusalemme e dintorni? Quanti altri *miracoli* erano compiuti, ogni giorno, sotto gli occhi di una folla divisa fra meraviglia, indifferenza, curiosità, divertimento e sdegno?

I miracoli e le profezie, insomma, erano all'ordine del giorno, in Palestina come in tutto il mondo antico. Potrà sembrare assurdo ma Gesù, per molti, non era probabilmente altro che uno dei tanti maghi, guaritori, profeti e indovini che si aggiravano per le piazze di città e paesi, ognuno con il suo seguito di discepoli; non c'era motivo di credere a lui più che a qualunque altro di loro, se ci si basava solo su quei portenti.

4. *la lente d'ingrandimento del tempo e delle buone intenzioni.*

Gesù, secondo i vangeli, compie miracoli i più disparati: due moltiplicazioni di pani e pesci, risurrezione di morti, guarigioni di lebbrosi, storpi, ciechi, epilettici; inoltre ha camminato sulle acque, ha provocato pesche miracolose, si è trasfigurato. La nostra chiave di lettura è quella degli scettici, e quindi ci riesce difficile credere che tutto questo sia accaduto davvero; o meglio, conveniamo che qualcosa sia accaduto ma le dimensioni, le proporzioni e la natura dei fatti, a nostro avviso, sono state ingigantite ed alterate per effetto della tradizione orale che ha preceduto la redazione in forma scritta e della naturale inclinazione di chi narrava ad esaltare il Maestro, col santo fine di acquisire nuove pecorelle al suo gregge. In perfetta buona fede, per carità. Chi, raccontando di una sua impresa fortunata, non tende ad esaltare le difficoltà che ha superato e a mettersi nella miglior luce possibile? Chi, pensando e ripensando a un evento bello e importante cui ha assistito – a maggior ragione se vi è personalmente coinvolto - non tende, nel tempo, ad ingigantirlo?

---

nome del peccato di *simonia* (erogazione a pagamento di cose sante, come le indulgenze*)*, tanto popolare fra i papi del tardo medio Evo e del Rinascimento.

E quanto più intensa può essere quest'opera di involontaria esagerazione, in persone esaltate dalla certezza di essere investite di
una sacra missione? Prendiamo ad esempio l'episodio del battesimo di Gesù, che Matteo racconta così:

> Appena battezzato, Gesù uscì dall'acqua: ed ecco, si aprirono i cieli ed
> egli vide lo Spirito di Dio scendere come una colomba e venire su di lui.
> Ed ecco una voce dal cielo che disse: «Questi è il *Figlio mio prediletto,
> nel quale mi sono compiaciuto*».[26]

La voce, secondo Matteo, bada bene a citare Isaia e i Salmi.
Marco conferma la narrazione di Matteo: in sostanza, secondo i
due evangelisti, è Gesù che vede la colomba scendere su di lui;
la voce, invece, la sentono tutti i presenti. Luca allarga il campo:

> Quando tutto il popolo fu battezzato e mentre Gesù, ricevuto anche lui il
> battesimo, stava in preghiera, il cielo si aprì e scese su di lui lo Spirito
> Santo in apparenza corporea, come di colomba, e vi fu una voce dal cielo:
> «Tu sei il mio figlio prediletto, in te mi sono compiaciuto».[27]

Addirittura, dunque, secondo Luca *tutto il popolo* è stato battez-
zato*; tutto il popolo* vede aprirsi il cielo[28] e sente, come dicono
anche Matteo e Marco, la voce affettuosa che conferma la discendenza divina di Gesù. Questo, secondo il mio modesto parere, è un esempio illuminante di quel processo di ingigantimento
degli eventi di cui dicevamo sopra: forse involontario, certamente compiuto in buona fede, ma non per questo meno grossolano.
Guardiamolo più in dettaglio.
Gesù è il solo, secondo i primi due evangelisti, a vedere la colomba. Passiamo a Giovanni, il quarto evangelista, che rispetto ai
sinottici fa un notevole passo indietro:

> Giovanni rese testimonianza dicendo: «Ho visto lo Spirito scendere come
> una colomba dal cielo e posarsi su di lui. *Io non lo conoscevo*, ma chi mi
> ha inviato a battezzare con acqua, mi aveva detto: l'uomo sul quale vedrai

---

[26] Mt 3,16-17. In corsivo le parole che l'evangelista riprende da Isaia e dai Salmi.
[27] Lc 3,21-22.
[28] Interessante evento. Si deve pensare a uno squarcio tra le nubi, o si tratta di un altro
"fenomeno astronomico nell'atmosfera", come quello della stella dei Magi?

scendere e rimanere lo Spirito è colui che battezza in Spirito Santo. E io ho visto e ho reso testimonianza che questi è il Figlio di Dio.[29]

Giovanni l'evangelista ignorava, probabilmente, quel che sapeva Luca, e cioè che Giovanni il Battista doveva *per forza* conoscere Gesù, visto che gli veniva parente[30]. A parte questo dettaglio, qui vediamo l'intero episodio ridimensionarsi notevolmente: Solo il Battista vede la colomba, e non ci sono voci dal cielo. A questo punto, l'ipotesi più probabile è che siano i discepoli del Battista, passati a Gesù, a raccontare di questa testimonianza del loro maestro[31], che gli altri poi ingigantiscono fino a portarla alle dimensioni del racconto di Luca. I discepoli, suggestionati dall'immagine (mai dimenticare che sono figli del loro mondo e del loro tempo!), si convincono gradualmente – se non i presenti, coloro che hanno raccolto il loro racconto - di aver visto *anche loro* aprirsi il cielo e di aver sentito la voce che, non a caso, si esprime con versetti di Isaia e dei Salmi: nel modo, cioè, in cui essi immaginavano che si sarebbe espressa. Con Luca, il fenomeno si allarga ancora di più: *tutto il popolo* si è fatto battezzare, e *tutti* hanno visto la colomba e sentito la voce.

Dice il librettista di Rossini che *la calunnia è un venticello*, che alla lunga diventa un rombo di cannone; noi possiamo dire che non è solo la calunnia a seguire un simile iter. Il fenomeno dell'ingigantimento e dello stravolgimento è tipico della comunicazione umana. Sulla questione sono stati svolti studi accurati: se un certo fatto viene letto da qualcuno ad un'altra persona che poi lo racconta ad un terzo, e questi ad un altro, e così via, si scoprirà che se la trasmissione compie un numero di passaggi neanche tanto elevato, poniamo cinque o sei, tutti orali, e viene infine ritrascritta, fra l'originale e la versione filtrata dal racconto vi saranno differenze abissali. Tutto questo accade se la tradizione

---

[29] Gv 1,32-34. Il corsivo è ovviamente mio.

[30] Come già abbiamo rilevato, l'evangelista, facendo dichiarare da Giovanni che non lo conosceva, voleva verosimilmente allontanare dal lettore l'idea che Gesù ne fosse un discepolo.

[31] Ammettendo, naturalmente, che la testimonianza sia stata resa davvero, ed in quei termini.

orale ha luogo immediatamente; figurarsi cosa resta del fatto autentico, se ciascuno dei narratori ha il tempo di elaborarlo e vi è pure coinvolto affettivamente ed emotivamente.

Non è ovviamente possibile, a duemila anni di distanza dai fatti, distinguere cosa nei vangeli sia vero e cosa sia frutto della pia fantasia dei narratori. Anche perché, giova ripeterlo, non c'è una sola fonte, diversa dai vangeli, che confermi il contenuto dei vangeli stessi. La mia opinione è ovviamente che la parte veritiera sia molto ridotta. Gesù, che di certo possiede un grande carisma ed una spiccata forza di volontà, ha magari potuto *guarire* delle persone afflitte da disturbi psicosomatici; ma non penso che fosse il solo a farlo. La medicina del tempo, non solo in Palestina, era fatta più di magia e di *influssi* personali che non di effettiva conoscenza scientifica. I discepoli del Nazareno hanno poi ingigantito i suoi *miracoli* infarcendone i vangeli ma la veridicità storica di un così enorme potere taumaturgico è smentita dai vangeli stessi, basti pensare alle moltiplicazioni dei pani e dei pesci. Matteo e Marco ne raccontano due. La prima, quella riferita da tutti gli evangelisti,[32] è preceduta da una guarigione di tutti i malati presenti dopo la quale, partendo da cinque pani e due pesci, Gesù nutre una folla di cinquemila uomini, senza contare le donne e i bambini[33]. I discepoli, per soprammisura, raccolgono poi dodici ceste di avanzi[34].

Successivamente[35], presso il mare di Galilea, previa un'altra guarigione di zoppi, storpi, ciechi, sordi e molti altri ammalati, il Maestro nutre quattromila uomini, sempre senza contare le donne e i bambini. Stavolta, le ceste di avanzi sono sette.

Prima cinquemila poi quattromila, senza contare le donne e i bambini. Atteniamoci a un calcolo prudenziale e supponiamo che

---

[32] Mt 14,13-21; Mc 6,33-44; Lc 9,12-17; Gv 6,1-15
[33] Chissà perché le donne non le contavano (Marco di donne e bambini non parla proprio, né alla prima, né alla seconda refezione, tanto li considera insignificanti)? forse mangiavano poco?
[34] Gesù avrà moltiplicato anche quelle? È difficile pensare che i discepoli se ne andassero in giro portandosi appresso tutte quelle ceste.
[35] Mt 15, 29-38; Mc 8, 1-9

alla prima moltiplicazione ci fossero in tutto settemila adulti, e seimila alla seconda. Gesù ne ha guarito tutti i malati e li ha nutriti; poi viene la Pasqua, Gesù subisce quello che subisce, e nessuno di loro si fa vivo? Strano, se si pensa che, stando a Giovanni, i beneficiati della prima moltiplicazione dei pani e dei pesci (per lui e Luca non ce ne sono altre) volevano addirittura far di Gesù il Re di Israele.

Si dirà: Gesù era indicato come bestemmiatore dal Sinedrio, la massima autorità religiosa ebraica, e il popolo, in ossequio alle autorità, si è allineato al suo giudizio. Ma gli Ebrei, stando alla Bibbia, non sono mai stati particolarmente rispettosi dell'autorità costituita. Si sono ribellati continuamente a Mosè, hanno ripetutamente peccato contro il loro Dio adorando altre divinità, hanno prestato poco credito ai Profeti.

Suona decisamente improbabile che, dopo aver visto quello che, stando ai vangeli, Gesù avrebbe compiuto, nell'arco di sole ventiquattr'ore gli Ebrei dimentichino tutto, si accodino al Sinedrio e si trasformino nella folla sghignazzante dei *perfidi giudei* tanto cara alla vecchia liturgia cattolica.

È più probabile, temo, che i miracoli di Gesù non fossero affatto così mirabolanti. Non più, in ogni caso, di quelli dei tanti altri messia che si aggiravano, allora, prima e dopo, per il deserto della Palestina.

5. *L'intento propagandistico*

Con qualche non marginale differenza, Matteo e Luca narrano entrambi il miracolo della guarigione del servo del centurione.

Soffermiamoci sulla figura del centurione ed inquadriamo, prima di entrare nei dettagli, il contesto nel quale ci troviamo. Siamo negli anni fra il 33 e il 37 dell'Era volgare. Nelle legioni sono già arruolati, come soldati semplici, anche i provinciali (esclusi gli Ebrei), ma i quadri di comando sono rigorosamente italici.

La vita del legionario è dura. Quando sopravvive ai suoi non meno di venti, ma spesso trenta o quarant'anni di servizio, riceve un campicello, se gli va bene, ed è piuttosto avanti negli anni: taluni veterani arrivano ad essere ancora in servizio a settant'anni di età. È lo spirito di corpo a far sì che il duro regime di vita militare sia sopportato tanto a lungo. La legione, per il *miles*, è tutto. L'orgoglio personale s'identifica con quello del reparto, rappresentato dagli stendardi e dai vessilli: guai se l'aquila della legione cade nelle mani del nemico! La disciplina è rigidissima e ad assicurarne il rispetto sono proprio i centurioni, ufficiali che provengono dai ranghi della truppa. Un centurione è un ufficiale di grado abbastanza elevato: quello dei vangeli più o meno corrisponderebbe, oggi, ad un capitano di fanteria[36].

> Egli era un ufficiale che condivideva con i soldati semplici tutti i pericoli del combattimento a ranghi serrati. La sua vita, le sue ambizioni, restavano confinate più o meno gloriosamente all'interno dell'esercito. Da giovane imparava dai suoi predecessori a rispettare e a far rispettare la disciplina, a muoversi con freddezza e razionalità nella bolgia di un campo di battaglia. E tali norme, tali consuetudini si trasmettevano da una generazione all'altra. Così all'interno dell'esercito venne a formarsi una classe depositaria dei valori – disciplina, virilità, cameratismo – che si identificavano nell'esercito. In questo modo, come osservano gli storici, l'etica guerriera di uno Stato regionale si trasformò nell'autentica cultura militare di un grande impero.[37]

L'ufficiale ha un potere totale ed assoluto sui suoi subalterni, ma questo potere se lo deve sudare: i suoi *milites* esigono da lui un costante esempio di coraggio e di orgoglio. È con soldati e ufficiali di questa fatta che Roma ha costruito il suo impero, e che pochi anni prima Giulio Cesare ha potuto conquistare la Gallia. Le guarnigioni che assicurano il controllo della Palestina sono sicuramente fatte di *duri*: gli Ebrei odiano i Romani, invasori e nemici di Geova, e i Romani detestano questi bigotti esaltati,

---

[36] C'era una gerarchia anche all'interno di questa categoria di ufficiali, come si può evincere, ad esempio, dai *Commentari* di Giulio Cesare. Il contesto dei vangeli induce a ritenere che quello colà citato appartenesse alla fascia più alta di quella gerarchia.
[37] Massimo Borchiola e Marco Sartori: *Teutoburgo: la grande disfatta delle legioni di Augusto*; Divagazione V: *Una società in armi*, pag. 286. Rizzoli, 2005.

questi barbari che non riconoscono la divinità dell'Imperatore: ne diffidano al punto di esonerarli dal servizio militare. Non esiste nemmeno l'ombra di una possibilità che possa nascere una qualche simpatia fra la popolazione, che si ritiene taglieggiata dal potere coloniale[38], e i rappresentanti di quel potere; l'unica eccezione è costituita, oltre che dai pubblicani (gli agenti delle tasse), da pochi collaborazionisti[39] e, probabilmente, dalle prostitute.

A maggior ragione, impossibile è anche che un Romano occupante possa rivolgersi con spirito di uguaglianza ad uno di quei barbuti indigeni, adoratori di un dio invisibile; men che meno se l'indigeno viene dalla Galilea, la terra degli Zeloti, i più decisi avversari del potere di Roma.

È infine inimmaginabile che un centurione si umilii davanti a chicchessia, figurarsi un Galileo, *per implorare* a favore di un proprio servo, per quanto affezionato possa essergli: un servo – ossia uno schiavo - per un Romano era un bene mobile. Gli si poteva affezionare, certo, ma come un carrettiere si sarebbe affezionato al suo asino o al suo cavallo.

Mai un soldato, un ufficiale dell'Imperatore, si sarebbe prostrato davanti a chicchessia, men che meno davanti ad un barbaro[40], nella fattispecie un Ebreo, implorando un miracolo per un proprio schiavo: era un'idea che proprio non poteva germogliare in una mente piena d'orgoglio, di senso della propria dignità, di una

---

[38] Del tutto a ragione. La spietata esosità dei governatori Romani spesso dissanguava intere regioni, come dimostrano ad esempio le famose *Verrine*, le orazioni di Cicerone contro Verre, che aveva spogliato la Sicilia. La Palestina faceva parte della Provincia della Siria, che nel 4 p.e.v. (l'anno della morte di Erode il Grande) era governata da Publio Quintilio Varo, lo stesso che poi sarà massacrato a Teutoburgo con tre legioni. Di Varo lo storico Velleio Patercolo dice che, povero, trovò la provincia ricca e la lasciò, lui ricco, povera. Traggo anche questa informazione dall'opera di Massimo Borchiola e Marco Sartori citata alla nota precedente.

[39] Fra i quali, come vedremo, i più rappresentativi erano i vertici del Sinedrio.

[40] La parola *barbaro* è onomatopeica. I Romani la mutuarono dai Greci, che l'avevano coniata per riferirsi al balbettio (*bar-bar*) col quale identificavano il linguaggio dei non greci e, per estensione, i loro costumi e le loro istituzioni. Il suo significato aveva, allora più di oggi, una forte carica dispregiativa. Per i Romani erano barbari tutti coloro che non parlavano latino o greco.

rigida concezione delle caste e delle posizioni sociali, dell'importanza del rango che ricopriva e, non da ultimo, di convinzioni religiose che erano agli antipodi rispetto a quelle ebraiche. Convinzioni che potevano essere guardate con scetticismo dai membri dei ceti più elevati dalla società ma di certo non da quelli, umili e di scarsa cultura, che fornivano le truppe dalle quali i centurioni si elevavano. Anche, quindi, nella remota ipotesi che gli potesse balenare in mente una simile idea, Il centurione avrebbe scosso le spalle dicendosi che, seguendola, si sarebbe coperto di ridicolo e di vergogna presso i suoi soldati: una cosa nemmeno lontanamente ammissibile. Amava forse il servo, ma il suo ruolo era di certo più importante[41].

E veniamo alla narrazione. Così ce la propone Matteo:

> Entrato in Cafarnao, gli venne incontro [a Gesù] un centurione che lo scongiurava: «Signore, il mio servo giace in casa paralizzato e soffre orribilmente». Gesù gli rispose: «Io verrò e lo curerò». Ma il centurione riprese: «Signore, io non son degno che tu entri sotto il mio tetto, di' soltanto una parola e il mio servo sarà guarito. Perché anch'io, che sono un subalterno, ho soldati sotto di me, e dico a uno: va', ed egli va; e a un altro: vieni, ed egli viene; e al mio servo: Fa' questo, ed egli lo fa». All'udire ciò, Gesù ne fu ammirato e disse a quelli che lo seguivano: «in verità vi dico, in Israele non ho trovato nessuno con una fede così grande».[42]

Vorrei proprio vederlo questo centurione, che fino al giorno prima ha dato una caccia spietata agli zeloti galilei, presentarsi, col mantello rosso, l'elmo impennacchiato e qualche guardia del corpo dalla faccia truce che gli sta ai lati, a *scongiurare* un falegname di Nazareth, un Galileo, di salvargli un servo, chiamandolo *signore* (*domine*)!

La versione di Luca è più pacata e, per quanto anch'essa inverosimile, un pochino più plausibile. Il centurione non si reca personalmente da Gesù e neanche lo incontra: quello che Matteo gli fa

---

[41] È quindi evidente che non c'è nemmeno un briciolo di realtà storica in romanzi come *Ben Hur*, che di questi aspetti del rapporto fra occupanti ed occupati non tengono alcun conto.
[42] Mt 8,5-10

dire direttamente, Luca lo fa riferire da terzi. Per meglio confrontare i due testi, leggiamo anche Luca:

> [il centurione] gli mandò alcuni anziani dei Giudei a pregarlo di venire e di salvare il suo servo. Costoro giunti da Gesù lo pregavano con insistenza: «Egli merita che tu gli faccia questa grazia, dicevano, perché ama il nostro popolo, ed è stato lui a costruirci la sinagoga». Gesù si incamminò con loro. Non era ormai molto distante dalla casa quando il centurione mandò alcuni amici a dirgli: «Signore, non stare a disturbarti, io non son degno che tu entri sotto il mio tetto; per questo non mi sono neanche ritenuto degno di venire da te, ma comanda con una parola e il mio servo sarà guarito.[43]

I portavoce di Luca proseguono ripetendo le stesse parole che, in Matteo, il centurione dice personalmente a proposito del soggiacere a un'autorità e possederla.

In entrambi gli evangelisti il centurione fa in modo che Gesù non entri in casa sua. Si vede che i nostri autori si rendevano conto di non poter esagerare, ma per motivi opposti.

Nell'ottica di Matteo andava benissimo che un Romano si umiliasse davanti a un Ebreo, ed arrivasse addirittura a dirsi indegno di riceverne la visita in casa: Matteo racconta insomma ai suoi lettori Ebrei qualcosa che essi pagherebbero per vedere: un Romano che scongiura un Ebreo di aiutarlo, e riconosce di essere indegno di accoglierlo in casa sua!

Viceversa, Luca scriveva, più in là nel tempo, per un uditorio che conosceva i Romani meglio di quanto conoscesse gli Ebrei.

Sia Luca che l'uditorio sapevano quanto fosse improbabile che un centurione agisse nel modo descritto da Matteo. Ecco quindi che il Romano non implora Gesù personalmente, ma si serve di due missioni diplomatiche, fatte di Ebrei, per dialogare con quel rabbi nazareno. La seconda di quelle missioni sembra quasi che venga inviata, precipitosamente, per impedire, con una scusa, la scena imbarazzante del centurione che riceve un Ebreo in casa sua. Quanto all'ipotesi che egli potesse aver costruito la sinagoga di Cafarnao, mi sia consentito di nutrire fieri dubbi. A parte

---

[43] Lc 7,3-7. Una parafrasi di questo discorso è stata poi inserita nella liturgia.

l'esiguità della paga, che non consentiva di certo a un centurione di abbandonarsi a simili liberalità, i Romani taglieggiavano le popolazioni soggette: la beneficenza a favore di quelle popolazioni, tanto più se di carattere religioso, e tanto più se a vantaggio di una religione che negava la divinità dell'imperatore, era l'ultimo dei loro pensieri[44].

Mentre Matteo, dunque, si avvale di questo improbabile miracolo soprattutto per compiacere gli Ebrei, la versione di Luca serve semplicemente a dimostrare che Gesù non era antiromano ed era anzi disposto ad entrare in casa di quell'ufficiale di un esercito invasore che addirittura ammirava per la sua fede. È insomma un goffo tentativo di aprire un dialogo con i diffidenti Romani, per i quali i Cristiani sono una spregevole banda di adoratori di un malfattore.

6. *Le profezie: la distruzione del Tempio di Gerusalemme, la fine del mondo e il giudizio universale.*

Sono, queste, profezie citate dai vangeli Sinottici, che sono anche i più antichi, ma non da Giovanni. In effetti, stando al testo, la distruzione del Tempio è indicata da Gesù come uno dei segni dell'imminenza del proprio ritorno in veste di giudice dell'umanità.

All'origine della fosca predizione c'è il fatto che i discepoli (secondo Matteo e Marco) o qualcun altro (secondo Luca) fanno notare a Gesù la bellezza delle costruzioni del Tempio, del quale egli profetizza allora l'imminente distruzione, avvisando che ci sarà anche tutta una serie di segni premonitori (guerre, pestilen-

---

[44] Vedi la precedente nota 36. È grottesca la stessa idea, nell'ottica di un Romano di allora. A maggior ragione in quanto in quello stesso tempo Ponzio Pilato (ne parleremo fra poco) aveva fatto collocare simboli religiosi romani nella città di Gerusalemme. Il Procuratore, informato di una simile iniziativa del centurione, l'avrebbe come minimo destituito. Ma nessun centurione, lo ripeto, avrebbe mai potuto farsi venire un'idea simile.

ze, falsi messia, persecuzioni, fenomeni astronomici terrificanti); e, dice Matteo:

> Subito dopo la tribolazione di quei giorni, *il sole si oscurerà, la luna non darà più la sua luce, gli astri cadranno dal cielo e le potenze dei cieli saranno sconvolte.* Allora comparirà nel cielo il segno del Figlio dell'uomo e allora si batteranno il petto tutte le tribù della terra e vedranno il Figlio dell'uomo venire sopra le nubi del cielo con grande potenza e gloria. Egli manderà i suoi angeli con una grande tromba e raduneranno tutti i suoi eletti dai quattro venti, da un estremo all'altro dei cieli. Dal fico poi imparate la parabola: quando ormai il suo ramo diventa tenero e spuntano le foglie, sapete che l'estate è vicina. Così anche voi, quando vedrete tutte queste cose, sappiate che Egli è proprio alle porte. *In verità vi dico: non passerà questa generazione prima che tutto questo accada.*[45]

Secondo Matteo Gesù aggiunge, poco dopo, che solo il Padre conosce il giorno e l'ora della fine del mondo; però, sulla base delle sue precedenti parole, lascia intendere che il tutto accadrà prima che passi la generazione corrente. La CEI, con l'abituale disinvoltura, si limita a dire che effettivamente

> Dal tempo del discorso di Gesù alla fine di Gerusalemme passeranno quarant'anni, cioè lo spazio di una generazione[46]

e soprassiede sul resto della previsione che, per quanto mi risulta, non si è ancora avverato, non almeno con riguardo al gran finale. Ma già in precedenza, quando aveva inviato i suoi discepoli a predicare nelle città di Israele, Gesù, stando a Matteo, aveva annunciato l'imminenza della fine del mondo:

> Quando vi perseguiteranno in una città, fuggite in un'altra; in verità vi dico: non avrete finito di percorrere le città di Israele, prima che venga il Figlio dell'uomo[47]

Anche in questo caso la profezia si è rivelata alquanto inesatta. E non basta: profetizzata la propria passione, Gesù, sempre secondo Matteo, dice:

---

[45] Mt 24, 29-34. Il corsivo finale è mio.
[46] Nota al versetto 34, pag. 998.
[47] Mt 10,23

«Poiché il figlio dell'uomo verrà nella gloria del Padre suo, con i suoi angeli, e renderà a ciascuno secondo le sue azioni. In verità vi dico: *vi sono alcuni tra i presenti che non morranno finché non vedranno il Figlio dell'uomo venire nel suo regno*».[48]

Parole inequivocabili: Gesù è convinto, secondo Matteo, che la sua venuta in veste di giudice sia imminente, questione davvero di poco. Matteo gli fa anche dire, a proposito delle grandi tribolazioni che precederanno la fine del mondo:

Pregate perché la vostra fuga non accada d'inverno o di sabato.[49]

Appare confermata l'impressione che Matteo scriva per i Giudei, nei quali il senso del rispetto del sabato è talmente radicato che, fine del mondo o no, se tutto succedesse in quel giorno si vedrebbero costretti a percorrere, nella fuga, non più dei duemila passi concessi dalla Legge. Pochini, per sfuggire agli astri che cadono dal cielo. Viene anche da chiedersi a cosa servirebbe fuggire, e dove si dovrebbe andare[50]. Il fatto è che Gesù, secondo Matteo, non è venuto per tutti gli uomini, ma – pur se con finalità e modalità difformi da quelle descritte dai profeti – è il Messia del solo Israele.

Marco, meno nazionalista di Matteo, fa auspicare anche lui da Gesù che l'annunciata baraonda non si verifichi d'inverno, ma non gli fa dire niente a proposito del sabato. Lo stesso Marco concorda invece con Matteo circa la fascia temporale entro la quale tutto si verificherà: conferma infatti che solo il Padre conosce il giorno e l'ora, ma che tutto comunque accadrà prima che finisca la generazione corrente. E lo stesso fa Luca.

La CEI, a proposito di queste previsioni, spiega che in realtà Gesù fa *un'allusione alla catastrofe di Gerusalemme nel 70*[51]. Dimentichiamo allora la fine del mondo e concordiamo su questa interpretazione. La distruzione del Tempio rappresenta effet-

---

[48] Mt 16, 27-28. Il corsivo è mio.
[49] Mt 24,19-20
[50] Gesù (o gli estensori dei vangeli) non pensava alla fine del mondo nei termini in cui lo facciamo noi, ma alla fine di *quel* mondo ed all'inizio di una nuova era.
[51] Nota a Mt 16,28, pag. 989

tivamente, per i Giudei, la fine del mondo. Altrettanto vero, però, è che con tutta evidenza queste profezie sono state fatte a posteriori, e cioè *dopo* che gli eventi profetizzati sono accaduti, almeno per la parte che poteva accadere[52]. Questo implica, ovviamente, che i testi, almeno per la parte profetica, siano successivi al 70, l'anno della distruzione di Gerusalemme. A ben guardare, infatti, gran parte delle tragiche immagini di quelle profezie possono ben applicarsi agli eventi che effettivamente si verificarono in quella circostanza.

È unanimemente riconosciuto che i vangeli furono scritti diversi anni dopo la morte di Gesù. La CEI, ad esempio, a proposito del vangelo di Matteo dice che il testo originario in aramaico fu pubblicato *forse* fra il 40 e il 50; quello di Marco "verso il 65, poiché fu largamente utilizzato da Luca". Il vangelo di Luca, afferma ancora la CEI, fu scritto fra il 65 e il 70. Infine, di Giovanni, essa dice che "fu scritto verso l'anno 100 e il più antico manoscritto che ce lo tramanda è del 150, al massimo del 200".

Queste datazioni sono basate sull'assunto che gli estensori dei vangeli fossero effettivamente i contemporanei di Gesù cui i testi sono attribuiti[53]. Un assunto privo, come al solito, di riscontri oggettivi che possano suffragarlo. Nello spazio di soli venti o trent'anni il linguaggio e le forme espressive non si modificano abbastanza da consentire una datazione basata su un'analisi filologica dei testi, men che meno in quell'epoca di trasformazioni lentissime. Logica e buon senso dicono che ne è molto più plausibile una datazione, quantomeno della parte riguardante le profezie, ad un'epoca nella quale tanti Ebrei, scacciati dalla Palestina, vagavano per l'impero Romano, disperati ed orfani di tutto.

---

[52] E cioè l'unico modo di profetizzare, a mio parere, che consenta alla profezia di realizzarsi. A questo proposito, basti pensare al gran sciocchezzaio che si scrive con riguardo alle farneticazioni di Nostradamus. Ogni volta che qualcuno tenta di prevedere un evento interpretando una sua centuria, viene regolarmente smentito dai fatti; è invece impressionante la quantità di fatti realmente accaduti, cui, col senno di poi, viene collegata una centuria per dire trionfalmente: *Nostradamus l'aveva previsto!*

[53] Esclusi i testi giovannei, ovviamente, salvo un'improbabile longevità ultracentenaria dell'interessato. La Chiesa sorvola su questo evidente anacronismo.

Il mondo, secondo la mentalità degli Ebrei, non poteva sopravvivere al crollo di quello che era per loro il centro stesso, morale
e forse anche geografico, dell'universo. Quindi, i redattori dei
vangeli di Matteo (soprattutto), Marco e Luca erano sinceramente convinti che fosse questione di poco, e tutte le altre *previsioni*
si sarebbero realizzate. E siccome erano in buona fede, hanno
ritenuto di poter forzare il senso o la lettera di frasi forse meno
categoriche di Gesù, mettendogli in bocca le affermazioni che
abbiamo visto.

Pur se improbabile, è tuttavia anche possibile che le profezie
fossero realmente frutto della perspicacia del Nazareno. Conoscendo i propri connazionali era facile, per lui, immaginare che
presto o tardi i Romani si sarebbero scocciati ed avrebbero dato
loro la lezione definitiva. In questo caso, però, egli sarebbe caduto nello stesso errore di prospettiva che ho appena attribuito
agli evangelisti, identificando la fine di Gerusalemme con la fine
del mondo e, in definitiva, profetizzando del tutto a sproposito.

Un dubbio, circa l'eventualità che le profezie evangeliche si
debbano veramente attribuire a Gesù, è confermato dal testo di
Giovanni, il più posteriore agli eventi, che non dice una sola parola a proposito di quelle apocalittiche previsioni. Non poteva.
Quando fu scritto erano passati almeno cent'anni dalla nascita di
Gesù, e questo vuol dire che c'era stata anche la distruzione del
Tempio. Avrebbe potuto dire che Gesù l'aveva prevista, ma non
lo ha fatto: forse l'estensore di quel testo non ha avuto notizia di
una simile profezia. Egli, comunque, non avrebbe mai potuto affermare che la fine del mondo si sarebbe verificata entro la fine
di una generazione, quella del tempo di Gesù: la generazione era
finita, stava finendo anche la successiva e non era successo assolutamente niente. Niente, beninteso, a parte le guerre, le distru-
zioni, le carestie e i terremoti, che sono cose facilissime da profetizzare: ce ne sono state, ce ne sono e ce ne saranno sempre
tante da dar ragione non dico ad un profeta, ma perfino all'oro-
scopo di un settimanale che ne metta qualcuna nelle consuete
profezie di fine d'anno per l'anno successivo.

7. Ancora profezie: la passione e la resurrezione

Anche per le profezie che i vangeli attribuiscono a Gesù circa la propria passione vale quanto abbiamo già osservato a proposito della distruzione di Gerusalemme e della fine del mondo: quando si scrive *dopo* i fatti, è facile mettere in bocca a qualcuno la previsione che quei fatti si verificheranno.

Questa, però, è una affermazione maliziosa. Cerchiamo dunque altre possibili spiegazioni di queste profezie.

Per quanto riguarda la risurrezione, posso ammettere che Gesù l'abbia profetizzata; che poi essa abbia davvero avuto luogo, è un altro discorso. Matteo cita la prima profezia di Gesù sulla propria passione al capitolo 16; poco prima, al capitolo 14, ha descritto il martirio di Giovanni Battista. Rileggiamo il modo in cui quest'ultimo, sempre secondo Matteo, tratta alcuni Sadducei e Farisei che sono venuti a farsi battezzare:

> «Razza di vipere! Chi vi ha suggerito di sottrarvi all'ira imminente? Fate dunque frutti degni di conversione, e non crediate di poter dire fra voi: Abbiamo Abramo per padre. Vi dico che Dio può far sorgere figli di Abramo da queste pietre. Già la scure è posta alla radice degli alberi: ogni albero che non produce frutti buoni viene tagliato e gettato nel fuoco».[54]

Lo stesso Battista indica poi in Gesù il Messia, tanto che invita i propri discepoli ad unirsi, appunto, a Gesù. Dunque, è abbastanza normale che l'antipatia dei Farisei e dei Sadducei, degli Scribi e dei dottori del tempio, che Giovanni si è guadagnato con la sua intransigenza, si estenda anche a Gesù: *gli amici dei miei nemici sono i miei nemici*. Quest'antipatia, in Matteo, si manifesta abbastanza presto, già al capitolo 9. Gesù ha guarito un muto indemoniato[55]:

---

[54] Mt 3,7-10. Cordiale come un mal di pancia. Abbiamo già visto che in Luca, invece, questi gentili appellativi e ammonimenti sono indirizzati, più genericamente e altrettanto gentilmente, *a tutti* quelli che vanno a farsi battezzare.

[55] Per guarigioni e demoni, vedi le riflessioni sui miracoli. In questo caso, se alla parola *indemoniato* si sostituisce *nevrotico*, la malattia diventa più terrena e la guarigione ad opera di una persona fornita, come Gesù, di una forte carica di personalità, ben poco mirabolante.

> Scacciato il demonio, quel muto cominciò a parlare e la folla presa da stupore diceva: «Non si è mai vista una cosa simile in Israele!». Ma i farisei dicevano: «Egli scaccia i demoni per opera del principe dei demoni».[56]

Poi Gesù stesso, che fa sua con gli interessi l'intransigenza di Giovanni, indirizza a sua volta alla classe dirigente ebraica tutta una fioritura di complimenti che vanno da *razza di vipere* a *generazione perversa e adultera* e *sepolcri imbiancati* e via di seguito: di battibecco in battibecco, è tutto un susseguirsi di domande maliziose dei Farisei e degli altri, cui Gesù risponde quando va bene con una parabola, ma di solito con una bordata di insulti. Veniamo dunque al capitolo 16:

> Da allora Gesù cominciò a dire apertamente ai suoi discepoli che doveva andare a Gerusalemme e soffrire molto da parte degli anziani, dei sommi sacerdoti e degli scribi, e resuscitare il terzo giorno.[57]

Ammesso che questa profezia sia autentica, non ci vuole certo una gran dote profetica, per farla, dato che Gesù fa di tutto per irritare la classe dirigente e indurla a liberarsi di lui: in Marco i battibecchi cominciano già al secondo capitolo e proseguono fino alla Passione. Si direbbe che anche i miracoli Gesù li faccia più per indispettire i Farisei che per guarire i malati:

> Entrò di nuovo nella sinagoga. C'era un uomo che aveva una mano inaridita, e lo osservavano per vedere se lo guariva in giorno di sabato per poi accusarlo. Egli disse all'uomo che aveva la mano inaridita: «Mettiti nel mezzo!». Poi domandò loro: è lecito in giorno di sabato fare il bene o il male, salvare una vita o toglierla?». Ma essi tacevano. E guardandoli tutt'intorno con indignazione, rattristato per la durezza dei loro cuori, disse a quell'uomo: «Stendi la mano!». La stese e la sua mano fu risanata. E i farisei uscirono subito con gli erodiani e tennero consiglio contro di lui per farlo morire».[58]

Quali che fossero la vera motivazione e la vera natura di questo e altri consimili miracoli, appare evidente che Gesù *voleva* essere condannato, perché era convinto sia di dover morire che del fatto che sarebbe risorto. La sua morte e resurrezione, a suo modo di

---

[56] Mt 9,33-34
[57] Mt 16,21
[58] Mc 3,1-6

vedere, sarebbero state la prova definitiva della sua natura di Messia, di inviato di Dio. E si può dire che si impegnasse a fondo per scandalizzare chi di dovere, esasperarlo e indurlo a darsi da fare per toglierlo di mezzo.

L'idea di morte e resurrezione non è stata inventata da Gesù di Nazareth. Essa non appartiene alla teologia ebraica ma tutti gli altri miti antichi, in un modo o nell'altro, fanno ad essa riferimento e in qualche modo quest'idea aveva cominciato a diffondersi anche tra i Giudei, pur se da tempi relativamente recenti: i Farisei, infatti, credevano alla resurrezione, in contrasto con le altre sette ebraiche. Questa della resurrezione è un'idea tipica delle culture urbane e contadine e trae origine dal ciclo delle stagioni che vede la natura addormentarsi, le giornate abbreviarsi e poi di nuovo allungarsi, il sole *risorgere*, le piante tornare a crescere. Crono che divora i suoi figli e li restituisce vivi dopo che Zeus gli apre il ventre è la versione greca di questo mito, Iside che ritorna alla vita per opera di Osiride ne è la versione egizia[59]. Gesù si riallaccia esplicitamente ad un altro episodio non meno mitico, quello del profeta Giona:

> Allora alcuni scribi e farisei lo interrogarono: «Maestro, vorremmo che tu ci facessi vedere un segno». Ed egli rispose: «Una generazione perversa e adultera pretende un segno! Ma nessun segno le sarà dato, se non il segno di Giona profeta. Come infatti Giona rimase tre giorni e tre notti nel ventre del pesce, così il Figlio dell'uomo resterà tre giorni e tre notti nel cuo-

---

[59] Un'altra smentita della pretesa originalità della teologia cristiana si trova nelle sue analogie con molti miti del preesistente mitraismo. Religione di origine iranica, diffusissima nel mondo mediterraneo nei secoli immediatamente precedenti e successivi all'avvento del cristianesimo, il mitraismo affonda le origini in una mitologia antichissima. Mitra era ritenuto intermediario fra la divinità suprema e gli uomini; il vino, originato dal sangue del toro da lui ucciso, era componente essenziale dei suoi misteri. Il dio nasce nudo (da una roccia, non da una donna, ma comunque in modo non naturale) ed ha freddo; destinato a distruggere il male e a creare un nuovo, definitivo ordine, è accolto nel mondo da un gruppo di pastori che gli offrono doni. La Trinità è prefigurata nel *Triplice Mitra*, una sua raffigurazione in mezzo a due fanciulli che sono sue incarnazioni ed epifanie. Il mitraismo era capillarmente diffuso in tutto il mondo latino, in specie fra i legionari: i resti di un tempio mitraico si possono vedere nella City di Londra. Non sorprende che, poggiando su un substrato come questo, la mitologia cristiana potesse diffondersi nell'impero senza particolari difficoltà.

re della terra. Quelli di Ninive si alzeranno a giudicare questa generazione e la condanneranno, perché essi si convertirono alla predicazione di Giona. Ecco, ora qui c'è più di Giona!».[60]

Il libro di Giona - uno dei più brevi della Bibbia e sicuramente uno dei più fiabeschi - narra che Dio ordina al profeta eponimo di andare a Ninive ad annunciare un'imminente punizione, sul tipo di Sodoma e Gomorra. Lui non se ne dà per inteso e se ne va, per nave, da un'altra parte. Dio, al solito, si arrabbia, non guarda in faccia nessuno e scatena una tempesta[61]; i marinai scoprono che la causa di quest'ira di Dio (letteralmente) è Giona, che se la dorme della grossa; lo svegliano, su suo consiglio lo buttano in mare e la tempesta si calma subito. Il neghittoso profeta, come il Geppetto di Collodi, viene inghiottito da un grosso pesce, nel cui ventre sopravvive per tre giorni pregando; dopo di che viene sputato su una spiaggia. Capìta l'antifona, Giona va a Ninive, predica, i Ninivesi doverosamente si pentono e si convertono, Dio si commuove e non li punisce più. Il profeta si arrabbia allora con Dio: *visto che li avresti perdonati*, gli dice, *che mi hai fatto venire a fare fino a qui? A questo punto voglio morire.* Il nesso di causa ed effetto non è chiaro, e infatti Dio non lo fa morire: lo manda nel deserto e gli fa crescere accanto una grande pianta di ricino, che gli dà refrigerio con la sua ombra, ma che subito dopo fa seccare, tanto che il sole picchia in testa al profeta, che vuole di nuovo morire. Dio tira la morale della storia:

> «Tu ti dài pena per quella pianta di ricino per cui non hai fatto nessuna fatica e che tu non hai fatto spuntare, che in una notte è cresciuta e in una notte è perita, e io non dovrei avere pietà di Ninive, quella grande città, nella quale sono più di centoventimila persone, che non sanno distinguere fra la mano destra e la sinistra, e una grande quantità di animali?»[62]

È bizzarro che proprio questa favoletta, a tratti anche divertente per i battibecchi fra il profeta riottoso e Dio, abbia a tal punto colpito la fantasia di Gesù da convincerlo che sarebbe risorto tre

---

[60] Mt 12,38-41
[61] Sembra di leggere l'ira di Nettuno contro Ulisse, nell'Odissea, o di Giunone contro i profughi troiani nell'Eneide: è proprio difficile inventare qualcosa di originale!
[62] Giona 4,10-11

giorni dopo la propria morte. Secondo la CEI l'importanza di questo libro, nell'Antico Testamento, sta nel fatto che qui (e solo qui, aggiungo io) Dio non è il Dio di Israele, ma è il Dio di tutti, che invia un suo profeta a predicare la penitenza presso un popolo non ebraico. Questo è un aspetto che certamente ha colpito la fantasia di Gesù il quale, pur se in modo contraddittorio, come abbiamo visto, dimostra qualche apertura verso i non ebrei. Comunque, la convinzione che sarebbe risorto dopo tre giorni dalla propria morte, essendo anche convinto di essere il messia, Gesù l'ha probabilmente tratta proprio dall'esempio di Giona, restituito alla terra dal pescione tre giorni dopo esserne stato inghiottito. A noi smaliziati lettori del ventunesimo secolo, informati circa le abitudini alimentari, l'habitat e le dimensioni dello stomaco dei pesci, per grandi che siano (per tacere dei succhi gastrici), la storia di Giona ispira un sorriso, anche perché non risulta proprio che Ninive si sia mai convertita all'ebraismo, tanto meno nel giro di un paio di giorni e sulla scorta della predicazione di uno sconosciuto, apparso dal nulla di punto in bianco.

Ma per Gesù (e per chi prende la Bibbia per oro colato) quella non era *una storia*: era *La Storia*. Gesù si identificò con Giona, decise di predicare l'imminente avvento del Regno e di testimoniare con la propria morte e resurrezione la veridicità di quanto affermava. Forse fu suggestionato anche dal Battista, che aveva predicato l'imminenza del giorno del giudizio.

Gesù ci teneva ad essere riconosciuto dai suoi discepoli come il Messia e *voleva* essere ucciso. Lo dimostrano, ove ce ne fosse bisogno, gli episodi della confessione di Pietro e della profezia della passione. Nel primo, Gesù chiede ai discepoli cosa la gente e cosa essi stessi pensino che lui sia.

> Rispose Simon Pietro: «Tu sei il Cristo, il Figlio del Dio vivente». E Gesù: «Beato te, Simone figlio di Giona, perché né la carne né il sangue te l'hanno rivelato, ma il Padre mio che sta nei cieli, E io ti dico: Tu sei Pietro e su questa pietra edificherò la mia Chiesa e le porte degli inferi non prevarranno contro di essa. A te darò le chiavi del regno dei cieli, e tutto ciò che legherai sulla terra sarà legato nei cieli, e tutto ciò che scioglierai

sulla terra sarà sciolto nei cieli». Allora ordinò ai discepoli di non dire ad alcuno che egli era il Cristo.[63]

Il divieto lascia un po' il tempo che trova: fino al giorno prima ha moltiplicato pani e pesci, ha risuscitato morti e guarito malati ed ha parlato a destra e a manca di regno dei cieli, per non parlare dell'ingresso trionfale che progetta per il suo ingresso in Gerusalemme; in più, anche il Battista lo ha dichiarato figlio di Dio, per non dire della voce scesa dal cielo che, secondo i Sinottici, lo ha chiamato *Figlio mio prediletto*. Leggiamo il seguito:

> Da allora Gesù cominciò a dire apertamente ai suoi discepoli che doveva andare a Gerusalemme e soffrire molto da parte degli anziani, dei sommi sacerdoti e degli scribi, e venire ucciso e resuscitare il terzo giorno. Ma Pietro lo trasse in disparte e cominciò a protestare dicendo: «Dio te ne scampi, Signore; questo non ti accadrà mai». Ma egli, voltandosi, disse a Pietro: «*Lungi da me, satana! Tu mi sei di scandalo, perché non pensi secondo Dio, ma secondo gli uomini!*».[64]

Ad essere maligni, visto che qui parlava a Pietro, il primo papa, e pensando a come si sono poi comportati molti papi, Gesù è stato davvero profetico. In realtà, Gesù è irritato col discepolo che volendogli bene gli augura di non dover subire quel che ha detto. Ma lui, che ce l'ha messa tutta a farsi odiare dall'*establishment* religioso, è deciso ad andare a Gerusalemme ed a farsi crocifiggere perché è convinto che dopo tre giorni – o il terzo giorno: non è la stessa cosa, in effetti – risusciterà.

8. *I rinnegamenti di Pietro*

Ecco l'esempio d'una profezia edificante, inventata per umiltà e, seguendo un diffusissimo processo mentale, per scusarsi accusandosi. Non escludo ovviamente che, fra il depresso e l'esaltato, nel corso dell'Ultima Cena Gesù abbia potuto dire ai suoi disce-

[63] Mt 16,16-20. Questo è l'episodio sul quale i papi, autoproclamandosi successori di Pietro, hanno fondato la loro autorità.
[64] Mt 16,21-23. Il corsivo è mio.

poli, come i vangeli ci narrano, che essi lo avrebbero abbandonato e che Pietro gli abbia risposto "Chi, io? Ma quando mai! Io mi farò uccidere con te!" Gesù, che lo conosceva bene, potrebbe avergli detto: "guarda che tu sarai il primo a squagliartela".

Il modo in cui Luca racconta l'episodio[65] fa pensare che Pietro si sia sentito davvero sprofondare, dopo il terzo rinnegamento, incontrando lo sguardo del Maestro. In quello sguardo c'era commiserazione e forse, chissà? anche un lampo di disprezzo.

O forse il disprezzo non c'era ma lui ce l'ha visto lo stesso, perché si sentiva colpevole. Il senso di colpa di Pietro ha senz'altro ingigantito l'episodio. Non va dimenticato che il capo della prima comunità cristiana è stato proprio lui; chissà quanto avrà insistito, col ripetere: "Lui me l'aveva detto, lui me l'aveva detto!".

La lente d'ingrandimento del tempo, del rimorso e della pia esaltazione ha poi fatto il resto; e così, una frase buttata là è diventata una precisa profezia; profezia e rimorso che comunque, come vedremo, non lo hanno poi certo reso né mite né umano, e ancor meno disponibile al perdono ed alla clemenza.

---

[65] Lo riporto nel capitolo *La Passione: dall'arresto al sepolcro*.

IL DISCORSO DELLA MONTAGNA

1. *un'opportuna premessa*

La prima uscita pubblica di Gesù di cui Matteo dà un preciso resoconto è quella delle famose nove beatitudini.

Beatitudini che mi trovano pochissimo d'accordo.

Mi rendo conto di poter offendere la sensibilità del mio ipotetico lettore cristiano, ma lo invito a riflettere. Ciò che Gesù dice in questo discorso, in pratica, è: *lasciatevi calpestare, sfruttare, usare: non importa. È anzi meglio perché, nel Regno, tutto sarà rovesciato.*

Per quanto in buona fede egli fosse, il suo non è che un invito a lasciare che la sparuta minoranza che deteneva il potere continuasse a governare, sfruttando la stragrande maggioranza della popolazione. Un invito alla passività in vita sperando nella morte che, da laico e figlio di una cultura che lotta, *qui ed ora*, contro le disparità sociali, non posso in alcun modo condividere.

Era, quello, un messaggio che poteva forse offrire un barlume di consolazione alle masse in un mondo che inquadrava ognuno, rigidamente e senza speranza, in un ruolo che gli apparteneva fin dalla nascita e che per i più era un ruolo di soggezione quando non di schiavitù. Non sorprende che esso abbia trovato tanto séguito, già dalle origini, e che abbia prosperato e prosperi proprio nelle società caratterizzate da forti disparità e rigidità sociali. All'epoca, ed in quelle circostanze, un tale messaggio aveva ed ha una forte valenza positiva: la stessa che ha il placebo, somministrato ad un malato quando non si disponga di un medicinale veramente efficace.

Ma quando s'individua la terapia giusta il placebo deve essere abbandonato. Le vere terapie utili a curare le malattie sociali sono l'educazione, l'equa distribuzione della ricchezza, la sicurezza, la giustizia veramente uguale per tutti. Non ha alcun senso la supina accettazione di un sicuro stato di fatto negativo nel nome di una mera speranza, se non di un'illusione.

Il primo a capire le potenzialità enormemente utili del messaggio cristiano, ai fini della gestione del potere, fu Costantino, oltre tre secoli dopo Cristo[1]. La Chiesa, in seguito, perpetuò questo insegnamento ma senza beninteso praticarlo, in quanto divenne essa stessa organismo di potere politico.

Veniamo, dunque, ad un esame critico di queste famose beatitudini.

2. Beati i poveri in spirito

I primi beati sono i *poveri in spirito*. A loro, afferma il Vangelo, appartiene il Regno dei Cieli. Leggo nelle note della CEI:

> La povertà in spirito è una disposizione interiore, non necessariamente legata a una condizione sociale ed economica. È la coscienza del bisogno di Dio e dei suoi doni.[2]

Il discorso dei *doni di Dio* (che si sintetizzano, poi, nella *grazia* e nella *fede*) dei quali, secondo la Chiesa cattolica, tutti hanno bisogno, ma solo alcuni sono destinatari, ci porterebbe lontano e non è il caso di approfondirlo in questa sede. Mi limito, a questo proposito, ad osservare che invece di erogare questi doni in base ad un imperscrutabile suo piano, Dio potrebbe semplicemente conferirli in dotazione a tutti, senza costringere la Chiesa a fare a cazzotti con la logica del libero arbitrio e ad allargare le braccia

---

[1] *In hoc signo vinces*, la sua famosa visione, ha infatti una duplice chiave di lettura: quella ufficiale, naturalmente (*affidati a questo segno per vincere*) ma anche una più credibile, in considerazione della biografia del personaggio: *serviti di questo segno per vincere*.

[2] Nota a Mt 5,3 pag. 975

davanti alle contestazioni di un laico che quei doni non li ha, salvo invitarlo a pregare Dio, affinché li elargisca anche a lui[3].

Tornando al tema, la spiegazione della CEI è oscura quanto la definizione dell'evangelista. Per conto mio, *povero di spirito* significa *scarso di cervello*. Perciò, con sommo rincrescimento, o se si preferisce con molta presunzione ed arroganza, se *beato* vuol dire *beota* dico: no, grazie.

3. *Beati gli afflitti*

Gli afflitti saranno consolati. Inevitabile il quesito: *quando?* E che dire di uno che afflitto non è, ma neanche cattivo? Una brava persona che non fa male a nessuno ed è serenamente impegnata a badare ai casi suoi, facendo magari anche quello che può per aiutare gli altri e non ha motivo di sentirsi afflitta, non è beata? La definizione, fra l'altro, è generica. Ci sono milioni di cause di afflizione: supponiamo che uno sia afflitto dai debiti di gioco, o da una malattia venerea che ha contratto per scarsa attenzione, o da pigrizia, insipienza, o altre cause colpose: è beato anche lui?

4. *Beati i miti, beati quelli che hanno fame e sete di giustizia.*

Beati i miti, perché erediteranno la terra. Motivazione vaga che non trova una spiegazione logica. Già allora i miti ereditavano qualcosa soltanto se altri parenti più aggressivi non impugnavano il testamento. Analogamente, non vedo grandi possibilità di realizzazione, in questa vita, per i titolari della quarta beatitudine, *quelli che hanno fame e sete di giustizia*, che, dice Gesù, saranno saziati. Quello di *giustizia* è un concetto molto variabile, nel

---

[3] Storico. Nel senso che a me è successo, e non una sola volta. Sono stato invitato a pregare Dio affinché mi desse il dono della fede. Quando ho rilevato l'illogicità di una simile proposta (come si fa a pregare un dio alla cui esistenza non si crede?) mi sono sentito dare dell'orgoglioso. Sarà senz'altro così, ma è meglio essere orgoglioso che cretino. Uno che prega un dio in cui non crede, a mio avviso, è cretino.

tempo e nello spazio. Ciò che è giusto qui e ora non è detto che
lo sia, lo sia stato, o lo sarà, altrove o in altra epoca. Un indù non
trova giusto mangiare carne bovina, un filippino trova normale
mangiare il suo cane, un arabo non toccherebbe mai un piatto di
uova strapazzate con la pancetta, delizia dei palati anglosassoni,
e nelle isole Fijì, fino a non molto tempo fa, arrostire un uomo
era quanto di più giusto e normale si potesse fare. Mi sono limi-
tato ad esempi alimentari, ma potrei parlare anche dell'ordalia, il
farsi giustizia da sé, che le società di oggi condannano mentre altre, nel passato, la approvavano. Ancora: in molti paesi (inclusi i
cristiani Stati Uniti d'America) la giustizia prevede l'esecuzione
capitale. Per cui, la sete di giustizia dei parenti di persone assas-
sinate include spesso il desiderio che l'assassino sia a sua volta
ucciso. Gli schemi mentali di quelle persone, in quei paesi, con-
siderano giusto uccidere gli assassini. La loro, quindi, è ai loro
occhi una legittima aspettativa. Bisogna dire, a questo proposito,
che negli Stati Uniti ci si impegna con molto zelo per soddisfare
questa peculiare sete di giustizia.

5. *Beati i misericordiosi*

Gesù dice che i misericordiosi sono beati *perché otterranno misericordia*. Questa è la prima beatitudine che mi veda d'accordo,
e la sottoscrivo con entusiasmo, ma solo nella prima parte. Aggiungo infatti, rettificando il seguito: *anche se raramente otten-
gono misericordia*. Magari, i misericordiosi ottenessero misericordia! Ma approvo comunque questa beatitudine che, diversamente dalle precedenti, prevede un ruolo attivo in chi la perse-
gue. Essa riguarda una virtù da praticare comunque, perché lo
impone la civiltà: il bene non va fatto sperando in una ricompensa: va fatto e basta, pur sapendo che, almeno in questa vita, non è
affatto detto che si ottenga poi misericordia (tanto meno quando
di altre vite non si nutre illusione alcuna). Di questa mia affermazione è testimone involontaria proprio la Chiesa cattolica, che

in materia predica bene ma razzola malissimo: durante la sua bimillenaria storia essa ha condannato molto più di quanto non abbia assolto, mostrandosi ben poco misericordiosa.

A proposito di coerenza, devo notare con rincrescimento che lo stesso Gesù non sempre è misericordioso:

> E un altro dei discepoli gli disse: «Signore, permettimi di andar prima a seppellire mio padre». Ma Gesù gli rispose: «Seguimi e lascia i morti seppellire i loro morti».[4]

Un invito ben poco misericordioso, per quanto carico di significati esso possa essere[5]. E ben poco misericordioso Gesù si dimostra anche verso gli Scribi e i Farisei, che senza complimenti gratifica di epiteti come *ipocriti* e *sepolcri imbiancati*[6].

Da amante dell'ambientalismo, infine, non approvo affatto la maledizione che il *mite* Gesù lancia contro il fico che non aveva frutti, pur sapendo che non era la stagione dei fichi. Pur se non credo che l'episodio abbia un fondamento storico (magari, il fico era già secco di suo), invocare per un capriccio la morte di un albero è un gesto gratuito, ingiustificabile e lontanissimo dal più remoto barlume di misericordia.

6. *Beati i puri di cuore*

A proposito dei *puri di cuore*, i titolari della sesta beatitudine, devo ancora una volta citare la nota della CEI:

> La purezza di cuore, poiché nella Bibbia questo è la sede dell'intelligenza e della volontà, equivale alla purezza delle intenzioni.[7]

---

[4] Mt 8, 21-22

[5] La CEI precisa infatti che Gesù vuole sottolineare l'urgenza della risposta alla vocazione divina. Ma il quarto comandamento non diceva *onora il padre e la madre*?

[6] È bizzarro, a questo proposito, che le invettive di Gesù siano dirette sempre contro i Farisei e gli Scribi, e mai contro i Sadducei, che pure – tramite Anna e Caifa – dominavano il Sinedrio. Tanto più è bizzarro, se si considera che mentre i Farisei credevano alla vita ultraterrena (e almeno in questo erano vicini ai suoi punti di vista), i Sadducei la negavano.

[7] Nota a Mt 5,8 pag. 975.

Stando alla lettera di questa precisazione, non si può escludere che Stalin, Hitler, Göbbels, Pol Pot, Mussolini e via citando, fino all'ottuso George W. Bush, l'uomo delle guerre preventive (a maggior ragione lui, noto per le quotidiane frequentazioni della Bibbia), possano intrattenersi – ora o in futuro - in amabili conversari con Mosè e Abramo, magari piangendo sul loro petto.

Chi, infatti, può giudicare delle intenzioni e della loro purezza? Nel sistema morale dei sinistri personaggi che ho citato, ciò che essi fanno e facevano era giusto, inclusi i massacri più efferati, e quindi le loro intenzioni erano oneste: essi agivano in vista di un alto e nobile ideale, o almeno ne erano convinti. Erano oneste anche le intenzioni di Torquemada e del cardinale Bellarmino, il persecutore di Galileo Galilei e di Giordano Bruno. Tutti santi, dunque, come appunto il cardinale Bellarmino: tutti beati. È un po' il principio della nietzschiana *Bestia bionda* che fa il male ma è innocente, se non sbaglio. Chissà, allora, perché alla Chiesa Nietzsche è così poco simpatico.

7. *Beati gli operatori di pace*

Sono naturalmente d'accordo con la settima beatitudine, ma anche in questo caso per motivi diversi da quelli citati dall'evangelista. Quale che sia la motivazione che li spinge ad operare, ben vengano gli operatori di pace: la pace è la merce più rara che ci sia, a questo mondo. Un po', va detto, è però colpa proprio di Gesù, che in altri momenti dice tranquillamente di essere venuto a portare guerra:

> Non crediate che io sia venuto a portare pace sulla terra; non sono venuto a portare pace, ma una spada. Sono venuto infatti a separare il figlio dal padre, la figlia dalla madre, la nuora dalla suocera: e i nemici dell'uomo saranno quelli della sua casa. Chi ama il padre o la madre più di me non è degno di me; chi ama il figlio o la figlia più di me non è degno di me.[8]

---

[8] Mt 10,34-37

Il commento di un malevolo potrebbe essere che si ha sempre ragione, quando si dice tutto e il contrario di tutto, come appunto Gesù fa piuttosto spesso. Comunque, qui Gesù non si dimostra né operatore di pace, né misericordioso, né tantomeno mite.

8. *Beati i perseguitati per causa della giustizia*

Tocca poi ai *perseguitati per causa della giustizia, perché* – dice Gesù – *di essi è il regno dei cieli.* Siamo all'ennesimo invito alla passività, a lasciarsi riempire di *veri* schiaffi dai prepotenti, nel nome di un *ipotetico* futuro glorioso. Io non la vedo così, perché secondo me i perseguitati per causa della giustizia sono vittime che non dovrebbero esistere, mentre Gesù sembra legittimare il comportamento dei persecutori. Da questa esaltazione del dolore, inoltre, discende tutta una serie di assurdità che fanno parte integrante della predicazione cristiana e di cui la stessa passione e crocifissione di Gesù costituiscono il modello, fino a trasformare la croce, strumento di tortura e di morte, in simbolo d'amore e riscatto. Questa parte della predicazione cristiana propugna l'idea che la sofferenza sia una benedizione del cielo, che sia quindi doveroso soffrire e via di séguito, fino all'autoflagellazione ed alla negazione di sé, in un masochistico crescendo che esalta quanto di peggio c'è nell'esistenza ed è all'origine di comportamenti assurdi e ripugnanti[9]. Tanto è vero

---

[9] "[Santa Caterina da Siena] si flagellava tre volte al giorno con una catena di ferro, una volta per i suoi peccati, poi per i vivi e per i morti. Alla fine divenne troppo debole per continuare questo trattamento punitivo; ogni battitura durava circa un'ora o un'ora e mezza e il sangue scorreva dalle spalle ai piedi"; "La badessa Ceoli, a quel tempo incaricata della cucina, ricordava che preparava le vivande per tutte le sorelle con la sua abituale cura e attenzione per la pulizia. Ma, chissà come, quando il piatto di [Suor] Veronica [Giuliani] le giungeva in refettorio, era ricoperto di vomito di gatto, e così pure il suo sedile; Veronica, vedendo in ciò l'opportunità di avvilirsi e di trionfare sugli istinti corporali, riacquistava immediatamente l'appetito e mangiava con gusto. Altre volte la sua minestra era contaminata da «pezzetti di topo, ciuffi di capelli e rifiuti del genere» e lei mangiava volentieri come quando una grossa sanguisuga entrò nella sua minestra schizzando sangue. A questa lista le testimonianze di suor Maria Giovanna Maggio, Maria Costanza Spanaciari e Maria Maddalena Bo-

che non sono stati pochi, nella storia, i fanatici che hanno cercato
il martirio a tutti i costi, anche quando non ce n'era alcun bisogno.

9. *Beati voi quando vi insulteranno, vi perseguiteranno e, men-
tendo, diranno ogni sorta di male contro di voi per causa mia*

L'ultima beatitudine sembra essere ad esclusivo uso e consumo
dei discepoli di Gesù e in quanto tale, a parte il suo contenuto,
stona un po' col resto del discorso, che è rivolto a tutti i presenti:
quasi che, abbassata la voce, il Maestro si fosse rivolto, a questo
punto, solo a quelli che gli stavano più vicini, intorno a lui, mentre il resto della folla si chiedeva che cosa stesse dicendo.
In qualche misura, con la nona beatitudine Gesù non fa che ribadire, rivolgendoli però in modo speciale ai suoi discepoli, gli in-
viti a subire passivamente ogni angheria, se subìta in suo nome,
assicurando che proporzionalmente maggiore sarà la ricompensa
che ad essi ne verrà nei cieli. Inevitabile chiedersi cosa avrebbe
detto Gesù vedendo che, di lì a qualche secolo, le parti si sarebbero rovesciate, e i perseguitati sarebbero diventati persecutori.

10. *Le beatitudini secondo Luca*

Il tenore delle *beatitudini* nella versione che abbiamo esaminato,
quella di Matteo, fa pensare che l'Evangelista osservasse la deso-
lazione in cui versavano gli Ebrei, dopo la distruzione del Tempio di Gerusalemme, e cercasse di consolarli dicendo loro: venite
con noi e vedrete che almeno non avrete sofferto per niente.

---

scaini aggiunsero topi morti, cimici e svariati vermi". Citazioni che traggo da *La santa anoressia*, di Rudolph M. Bell, Mondadori, Oscar Storia, 1998. Non è escluso che
queste *sante*, evidentemente afflitte da turbe mentali, si sarebbero comportate in modo
folle in qualunque caso; ma la vernice del sacrificio cristiano ha legittimato la loro
follia, agli occhi loro e di chi le circondava, trasformandola in un esempio da seguire.

Mentre Marco e Giovanni non ne fanno cenno, anche Luca riporta un discorso della montagna ma in forma diversa, più sbrigativa e in un certo senso più terra terra: parla di poveri, affamati e piangenti, elencando sofferenze terrene, meno spirituali e molto più concrete di quelle citate da Matteo ed assicurando anche lui che comunque saranno tutte compensate altrove. In Luca l'intero discorso, non solo l'ultima parte, appare rivolto ai soli discepoli, ed oltre a promettere beatitudini, lancia anche qualche anatema:

> Ma guai a voi ricchi, perché avete già la vostra consolazione. Guai a voi che ora siete sazi, perché avrete fame. Guai a voi che ora ridete, perché sarete afflitti e piangerete[10].

Anche qui Gesù mi sembra ben poco misericordioso. È anzi decisamente estremista, facendo in questo modo di ogni erba un fascio e condannando senza speranza la gente ricca, quella sazia e quella allegra. Meno male che la Chiesa, su questo passo del vangelo, sorvola. Soprattutto sui sazi e sui ricchi: gli allegri, invece, di solito stanno antipatici anche al Vaticano.

È abbastanza significativo che, fra i due discorsi della montagna, il più citato dalla Chiesa sia quello di Matteo, molto più poetico, che inoltre non riporta questo sinistro monito, rivolto ai discepoli, che conclude invece la versione di Luca:

> Guai quando tutti gli uomini diranno bene di voi. Allo stesso modo infatti facevano i loro padri con i falsi profeti.[11]

Se non Gesù, Luca certamente la sapeva lunga: forse già, ai tempi della redazione di questo vangelo, la Chiesa era cresciuta abbastanza da avere una struttura articolata quanto bastava per far sì che i successori dei primi discepoli cominciassero a occuparsi più della propria immagine e della propria carriera che della missione che dovevano svolgere.

---

[10] Lc 6,24-25.
[11] Lc 6,26

Anonimo austriaco del XV secolo: *L'annunciazione* (The National Gallery of Art, Washington D.C., USA)
La Concezione ha luogo grazie al soffio del Padre, che dà vento alle ali dello Spirito. Si può notare che tutti i personaggi presenti su questo antico fumetto sono di carnagione chiarissima e capigliatura biondo-castana.

Il presepe secondo Gustavo Doré. Si nota che, nel rispetto di un'iconografia ormai consolidata, Gesù ha la chioma chiara. Per essere nato da poche ore è già cresciuto un bel po'.

Arrivano i Magi, sempre secondo Gustavo Doré. Si può notare, nel cielo, il *fenomeno astronomico nell'atmosfera terrestre* (insomma, la stella) che li guida.

La strage degli innocenti. Che massacro! E pensare, signor Doré, che Matteo l'ha inventata per far realizzare una profezia che non era mai stata profetizzata…

La fuga in Egitto secondo Gustavo Doré. Da notare che Giuseppe (poveraccio) non ha calzari. L'espressione ispirata di Maria è improbabile, data la scomoda postura che deve tenere su quell'asino; potrebbe anche sembrare esasperata. Nell'insieme, l'immagine mi fa pensare a due che sono scappati senza pagare il conto dell'albergo. Lei: «Hai finito i soldi! Ma non ce l'hai una carta di credito?». Lui: «Zitta, ancora non si sono accorti di niente!».

Michelangelo: il *Tondo Doni* (Firenze, Uffizi). Nel più rigoroso rispetto della tradizione iconografica, nella sua unica Sacra Famiglia Michelangelo ha raffigurato una Maria giovanissima e un Giuseppe canuto. Una rappresentazione necessaria, per rendere credibile un rapporto coniugale che la Chiesa vuole caratterizzato da un'indefettibile castità.

Nella pagina precedente Leonardo da Vinci: *Sant'Anna, la Vergine e il Bambino* (Parigi, Louvre). È, questa, l'immagine che trovo più bella fra tutte quelle dedicate alla maternità di Maria. Qui la valenza allegorica (rappresentata dall'agnello) è superata da quella familiare. Anna e Maria sono due belle donne lombarde, due vere madri, completamente liberate da ogni stucchevole ieraticismo: Maria siede sulle ginocchia di Anna ed ambedue guardano il bambino come una nonna e una mamma guarderebbero un bimbetto che sta combinando, inconsapevolmente, un piccolo pasticcio, tormentando il suo agnello (visto come gli tira le orecchie?); il significato allegorico, così, si stempera nell'assoluta normalità di un comportamento infantile. Anche nel bambino, niente sguardi trasognati, nessun fissare lontano, nessuna precognizione della croce: gioca col suo agnello e guarda la mamma per dire "visto come sono bravo?". Lei si china a prenderlo in braccio, e s'indovina che intende salvare quella povera bestiola dal tormento che sta subendo. Ci voleva un omosessuale poco o punto religioso per rimettere le cose a posto!

Così Doré vede Gesù fra i dottori del Tempio. Non ha un'aria un po' da saputello?

Bartolomé Esteban Murillo: *L'Immacolata* (Siviglia, Museo de Bellas Artes). Ecco uno zuccheroso esempio di iconografia completamente svincolata dal vero contenuto dei vangeli.

Raffaello Sanzio: *La Madonna del Cardellino* (Firenze, Uffizi)
Visto? Era proprio bionda, anche lei. Il bambino che porge il cardellino a Gesù è il
Battista, vestito da Battista fin da piccolo. Tutti, ovviamente, sono a piedi nudi.

Il Parmigianino: particolare della *Madonna dal collo lungo* (Firenze, Uffizi.)
L'immagine è stupenda, ma tutt'altro che verginale: la donna qui ritratta ha un irresistibile sex-appeal. Si noti la mano, bellissima e affusolata: questa è una dama di corte! Non per essere noioso, ma vorrei far notare che, ancora una volta, nell'immagine non c'è un solo personaggio che sia scuro di capelli.

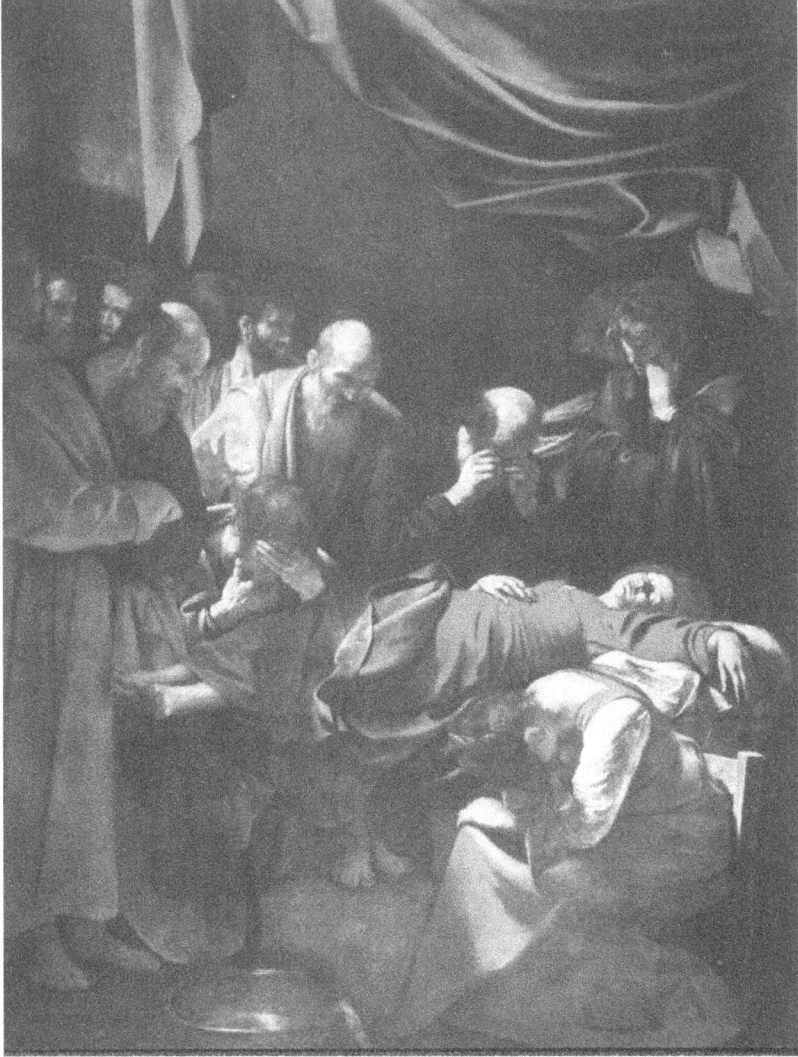

Michelangelo Merisi, detto il Caravaggio: *La morte della Madonna* (Parigi, Louvre).
La tela era destinata alla chiesa di S.Maria della Scala, a Milano, ma fu rifiutata
perché il Caravaggio "avea fatto con poco decoro la Madonna gonfia e con le gambe
scoperte". Il pittore aveva insomma osato guardare con umana pietà alla morte di una
persona che, per la Chiesa, non era (e non è) una donna, ma un tabernacolo.

Pietro Cavallini: particolare del *Giudizio Universale* nella chiesa di Santa Cecilia in Trastevere, Roma. Questo Cristo (l'affresco è del 1293) è più mediterraneo di quelli che saranno dipinti negli anni a venire, ma già mostra la tendenza a distaccare il volto di Gesù da ogni collegamento ad una fisionomia semitica.

Il Cristo Signore del mondo – Mosaico nel duomo di Monreale. La barba è più scura, ma la folta chioma è castana. E che mani!

Il *ritratto* di Gesù di Nazaret – nella versione di Antonello da Messina - che campeggia sulla controcopertina del libro *Gesù, la verità storica*, di E.P. Sanders nell'edizione Mondadori del 1996.

Il celeberrimo Cristo del *Giudizio Universale* di Michelangelo, nella Cappella Sistina in Vaticano. La mano destra sollevata verso i reprobi non lascia adito a dubbi: questo non è fratello amoroso ma un giudice che non concede attenuanti. Se non fosse per le ferite alle mani e al costato, questo Cristo potrebbe essere un Apollo greco.

Il battesimo di Gesù visto dal melodrammatico Gustavo Doré. Nelle incisioni di Doré Gesù non sorride mai. Beh, in effetti Gesù non sorride mai neanche nei vangeli.

La tentazione secondo Gustavo Doré. Gesù, più ieratico che mai, nemmeno vede il diavolo che, povero diavolo, fa quello che può.

Ancora l'ineffabile Gustavo Doré. Qui vediamo la sua interpretazione dell'attività taumaturgica di Gesù. Manca solo il cartello con l'orario delle visite.

La moltiplicazione dei pani e dei pesci. Scusi, signor Doré, ma che bisogno c'era di rovesciare le ceste a terra? Lei lo mangerebbe, del pesce impastato di terriccio?

Giotto: *La risurrezione di Lazzaro* (Padova, Cappella degli Scrovegni). Uno dei miracoli più famosi di Gesù, pur non essendo la sola risurrezione narrata nei vangeli.

L'improbabile istantanea colta da Gustavo Doré per rappresentare il Discorso della Montagna. Si direbbe che l'incisore avesse in mente, più che la desertica Palestina, una foresta tropicale.

Giotto: *Entrata di Cristo in Gerusalemme* (Padova, Cappella degli Scrovegni).
Da notare il perfetto profilo greco di questo Cristo, umile nella cavalcatura ma non certo nei paludamenti. Giotto, si noti, vede Gesù comportarsi come un papa, addirittura sollevando la mano in una benedizione col segno della croce.

Gustavo Doré, col suo solito stile esagerato, ha così rappresentato l'episodio della cacciata dei mercanti dal Tempio, che in realtà facevano un lavoro onestissimo, vendendo ai pellegrini gli animali per le offerte. I personaggi nella penombra dello sfondo, a destra, sono probabilmente gli esponenti del Sinedrio. Questo episodio, a mio parere, è la vera chiave di volta del rapporto fra Anna e Caifa e Gesù di Nazaret.

Il bacio di Giuda visto dal solito Gustavo Doré. È rimarchevole la differenza tra la fisionomia di Gesù e quella di tutti gli altri personaggi, inclusa, e soprattutto, quella di Giuda: sono fisionomie, queste, che rispondono allo stereotipo della *faccia da Ebreo*. Così l'immaginario collettivo, ben rappresentato da Doré, ha creato una netta separazione tra *il buon* Gesù e *i perfidi* Giudei.

Cristo al Monte degli Ulivi, nella versione di Luca, interpretato con la solita melodrammatica esagerazione da Gustavo Doré.

Pieter Paul Rubens: *Erezione della croce* (Anversa, cattedrale). L'improbabile espressione del volto del Cristo risponde alla necessità di ritrarlo, sì, sofferente, ma comunque ieraticamente "altrove". Se veramente l'erezione avesse avuto luogo nei modi fissati dalla tradizione e illustrati da Rubens, con i chiodi infissi nelle palme delle mani il Cristo si sarebbe staccato dalla croce al primo strattone.

Rembrandt: *La deposizione dalla croce* (Monaco, Alte Pinakothek).
Un'immagine quasi verista, nell'audacia della nudità del cadavere e del suo completo abbandono.

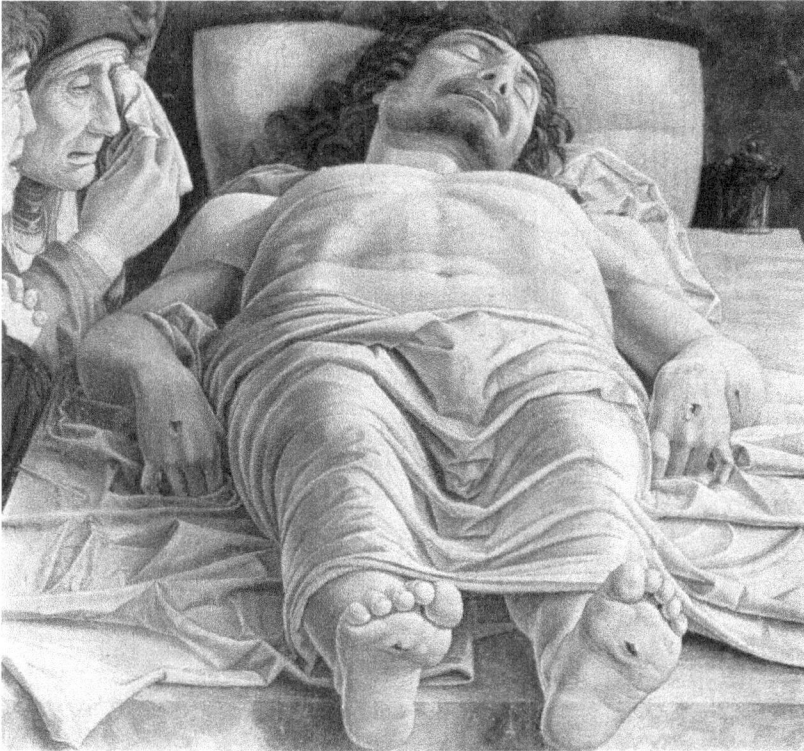

Andrea Mantegna: *Cristo morto* (Milano, Brera)
Immagine crudamente (e crudelmente) realistica. Che si tratti del Cristo ce lo dice, in fondo, solo il titolo. Non c'è nessuna concessione all'oleografia, in un'immagine che rappresenta il cadavere d'un uomo, i cui piedi e le cui mani sono stati trapassati da chiodi. Naturalmente, il Mantegna non si era posto il problema della possibilità oggettiva che una crocifissione, per quanto riguarda il posizionamento dei chiodi, avvenisse nei modi narrati dalla tradizione iconografica.
Molto veristici sono anche i volti piangenti delle donne vecchie: anche in quei visi non c'è nessuna concessione alla tradizione, che vuole una Maria sempre giovane e fresca.

Piero della Francesca: *Risurrezione di Cristo* (Palazzo comunale di San Sepolcro).
Le risurrezioni sono generalmente ispirate alla versione di Matteo, l'unico evangelista che parli di una guardia armata davanti al sepolcro. Piero della Francesca non fa eccezione. Le guardie aggiungono un drammatico elemento narrativo all'evento, e ne arricchiscono la rappresentazione.

Antonio Allegri, detto il Correggio: *Noli me tangere* (Madrid, Prado).
La frase latina, che vuol dire "non mi toccare", dalla CEI è resa con "Non mi trattenere" (Gv. 20,17). Gesù, risorto, è apparso alla Maddalena che non crede ai suoi occhi. Tutti e due sono biondi, naturalmente, dalla carnagione bianchissima. E scalzi.

Io sono sempre con voi

In questa e nella prossima illustrazione due esempi di attività missionaria svolta da un gruppo di cattolici che mutua dalla pubblicità il suo approccio alla comunicazione di massa. L'iconografia, in barba agli studi più aggiornati (ed al buon senso) continua in questo caso a dipingere il mediorientale e semita Yehoshua di Nazaret con gli occhi cerulei, la carnagione e le fattezze delicate di un pallido nord europeo.
Per non parlare delle mosche.

"Non abbiate paura".

"State attenti che nessuno vi seduca".

"Io, sono il Cristo"!

"Quando sentirete parlare di guerre, vicine o lontane, non abbiate paura: bisogna che ciò avvenga, ma non sarà ancora la fine. I popoli combatteranno l'uno contro l'altro, un regno contro un altro regno. Ci saranno carestie e terremoti in molte regioni. Ma tutto questo sarà come quando cominciano i dolori del parto.
Voi sarete arrestati, torturati e uccisi. Sarete odiati da tutti per causa mia. Allora molti abbandoneranno la fede, si odieranno e si tradiranno l'un l'altro. Verranno molti falsi profeti e inganneranno molta gente. Il male sarà tanto diffuso che l'amore di molti si raffredderà.
Ma Dio salverà chi resisterà sino alla fine".

(Matteo 24,6-13)

Milizia dell'Immacolata

Con coerenza iconografica inversamente proporzionale al loro santo zelo, le *Milizie dell'Immacolata* hanno appeso, a pochi metri da quello dell'illustrazione precedente, questo manifesto, vagamente terroristico, recante un'immagine del Cristo del tutto diversa, chiaramente ispirata alla Sindone. Quanto alla profezia di Matteo, considerando le stragi e le sciagure che hanno accompagnato la storia dell'umanità negli ultimi due millenni, la fine del mondo avrebbe dovuto verificarsi già diverse volte.

LA PREDICAZIONE POSITIVA

1. L'*etica*

La parte predominante dell'insegnamento evangelico è incentrata sui rapporti con il prossimo, mentre le disposizioni più squisitamente teologiche sono decisamente meno rilevanti.

Dunque, guardiamo alla parte etica dell'insegnamento di Gesù di Nazareth, quella che dice cosa si deve fare, quali sono i comportamenti giusti da tenere: una parte che, in larga misura, è certamente condivisibile. Come non essere d'accordo quando, presumendo che ogni essere umano si voglia bene, dice:

Ama il prossimo tuo come te stesso[1]

In questo senso, nel suo mondo, Gesù è davvero rivoluzionario. Purtroppo però, come è accaduto a tutti i veri rivoluzionari, il suo insegnamento è stato usato, ma non seguito, da coloro che se lo hanno innalzato come un vessillo. Se l'amore per il prossimo fosse stato davvero praticato come stile di vita, di sicuro il mondo sarebbe stato molto migliore. Certamente, questa era l'intenzione del povero Cristo, quando predicava.

Ma si vede, anche, che Gesù non conosceva la vera natura umana. Egli non poteva sapere quanto essa sia condizionata da pulsioni ancestrali, non facilmente governabili, che della violenza e della sopraffazione fanno purtroppo un'inevitabile componente del rapporto sociale. Quello di Gesù (come quello di Buddha e di Gandhi) è un messaggio culturale; ma il progresso culturale, per la specie umana, è ancora soggetto al persistere di un bagaglio evolutivo che impone la competizione fra gli individui per il predominio nel branco e la competizione fra i branchi per il predominio sul territorio. E ci vorrà chissà quanto tempo, prima che la nostra specie riesca a liberarsi di quel bagaglio, non più necessa-

---

[1] Mt 22, 39

rio ma ancora radicato nel suo DNA. Per cui si verifica l'assurdo
che un messaggio di pace possa essere stravolto e, utilizzato come alibi per sfogare quelle pulsioni, diventare strumento e occasione di guerra. Niente di strano, da un punto di vista antropologico; molto triste, ma niente di strano.

In più Gesù non teneva nel debito conto o più probabilmente i-
gnorava, che una quantità enorme di gente non sa amare se stessa, ha bisogno di soffrire per sentirsi realizzata e solo nella sofferenza – propria e altrui – trova una gratificazione. Purtroppo
molti, fra costoro, sono addetti ai lavori in campo religioso; ne
abbiamo parlato esaminando la figura di Giovanni il Battista.

Continuiamo ad esaminare il lato etico dell'insegnamento di Gesù. Non ne condivido l'estrema severità in caso di inadempienza,
ma sono d'accordo con riguardo alla necessità di risolvere le ver-
tenze col prossimo prima di andare a battersi il petto in chiesa:

> Se dunque presenti la tua offerta sull'altare e lì ti ricordi che tuo fratello
> ha qualche cosa contro di te, lascia lì il tuo dono davanti all'altare e va'
> prima a riconciliarti con il tuo fratello e poi torna ad offrire il tuo dono.[2]

Anche l'invito alla generosità merita di essere seguìto:

> Da' a chi ti domanda e a chi desidera da te un prestito non volgere le spal-
> le.[3]

Ed apprezzo l'invito alla moderazione nel giurare, che è anche
un invito alla sobrietà nel parlare:

> Sia invece il vostro parlare sì, sì; no, no; il di più viene dal maligno.[4]

Al posto del maligno io porrei altre fonti, come la prosopopea o
la vanità, ma il succo è lo stesso. A proposito di vanità, è stupenda la parabola del fariseo e del pubblicano:

> Due uomini salirono al tempio a pregare: uno era fariseo e l'altro pubbli-
> cano. Il fariseo, stando in piedi, pregava così tra sé: O Dio, ti ringrazio
> che non sono come gli altri uomini, ladri, ingiusti, adulteri, e neppure co-
> me questo pubblicano. Digiuno due volte la settimana e pago le decime di
> quanto possiedo. Il pubblicano invece, fermatosi a distanza, non osava

---

[2] Mt 5, 23-24
[3] Mt. 5,42
[4] Mt. 5,37

nemmeno alzare gli occhi al cielo, ma si batteva il petto dicendo: O Dio, abbi pietà di me peccatore. Io vi dico: questi tornò a casa sua giustificato, a differenza dell'altro, perché chi si esalta sarà umiliato e chi si umilia sarà esaltato.[5]

Una parabola che certi politici nostri contemporanei, che si dicono cattolici praticanti e sono abituati al sorrisetto sprezzante verso i loro avversari, dovrebbero rileggersi prima di autodefinirsi unti del Signore: la presunzione, infatti, spesso fa ridere, ma l'arroganza fa sempre incazzare.

E non chiamate nessuno "padre" sulla terra, perché uno solo è il Padre vostro, quello del cielo.[6]

Io non credo ad un padre che sta nei cieli, ma sottoscrivo con entusiasmo questo invito, perfettamente ignorato da tutte le gerarchie ecclesiastiche di tutte le confessioni cristiane, al cui interno i padri si sprecano: dal più insignificante padre Brown anglosassone su su fino al padre per antonomasia, il più padre di tutti, il *Santo Padre*, il padre dei padri, il *Pater Patrum*, insomma il Papa. Per estensione, si potrebbe intendere questo avvertimento come una messa in guardia contro i presuntuosi e i saccenti, e verso tutti coloro che pretendono di aver ragione sulla base di un'autorità che si sono attribuiti da soli.
E che dire di quei bellissimi versetti:

Non giudicate, per non essere giudicati; perché col giudizio con cui giudicate sarete giudicati, e con la misura con la quale misurate sarete misurati. Perché osservi la pagliuzza nell'occhio del tuo fratello, mentre non ti accorgi della trave che hai nel tuo occhio?[7]

Che è poi lo stesso concetto che il vangelo esprime quando, a proposito dell'adultera che la folla vuole lapidare, fa dire a Gesù:

Chi di voi è senza peccato scagli per primo la pietra contro di lei[8].

È triste che questi versetti, usati ed abusati, siano anche fra i meno applicati. Peccato che proprio la Chiesa, che di queste cose

---

[5] Lc 18,10-14
[6] Mt 23, 9
[7] Mt 7,1-3
[8] Gv 8,7

pretende di essere esempio, sia stata invece la prima a sovvertir-
le, arrogandosi il potere di giudicare, condannare, massacrare - e
questo non una, ma migliaia di volte - provocando guerre, divi-
sioni, incomprensioni, infelicità e sofferenze indicibili.
Si ha un bel chiedere scusa, oggi, piangendo lacrime di cocco-
drillo, dopo tutto quello che si è fatto per secoli: è troppo poco, e
troppo tardi. Si rischia, anche, di non essere creduti perché a
queste scuse, magari, seguono poi comportamenti non coerenti,
come per esempio un atteggiamento di superiorità nei confronti
di altre confessioni o la santificazione di personaggi[9] che hanno
tenuto proprio quei comportamenti per cui si chiede scusa. La
Chiesa di oggi, mordendo il freno, si vede obbligata a scendere a
patti con coloro che ieri giudicava e condannava. Ma lo fa solo
perché costretta, in quanto fortunatamente non gode più del mo-
nopolio delle coscienze. Un giorno potrebbe tornare a imposses-
sarsene; e libri come questo non potrebbero essere scritti, o se lo
fossero, i loro autori farebbero una ben triste fine.
Torniamo alla predicazione di Gesù, per la parte che ne ritengo
condivisibile. Sono d'accordo anche sulla necessità di non odiare
il proprio nemico (fino ad amarlo non ci arrivo e non ho nessuna
intenzione di arrivarci), al quale però – fermo restando che dete-
sto la violenza e non colpirei mai per primo - mi guarderei bene
dall'offrire l'altra guancia. Piuttosto, cercherei di evitare di essere percosso la prima volta; ma il ceffone glielo restituirei, e con
convinzione. Poi magari (dopo averlo immobilizzato), gli chiede-
rei che diavolo gli ha preso e lo inviterei a bere un bicchiere, per
chiarire da gente civile le ragioni del dissidio.
È stupendo anche l'invito alla riservatezza allorché si fa del bene, in quanto lo scopo di questa azione non deve essere l'osten-
tazione, ma il bene in sé[10]. Preciso che leggo l'espressione *fare
del bene* in senso molto restrittivo: non considero meritorio, ad
esempio, imporre un credo o delle idee a chi ha già i suoi e ha il

---

[9] Penso, ad esempio, a papa Pio IX, beatificato da Giovanni Paolo II contemporaneamente a Giovanni XXIII: un colpo al cerchio, si direbbe, e uno alla botte.
[10] Cfr. Mt 6, 1-4.

diritto di tenerseli. Questa precisazione nasce dalla constatazione che le buone intenzioni hanno spesso prodotto più danni che vantaggi a coloro che ne erano destinatari. Tanto per fare un esempio, Torquemada era assolutamente convinto di agire per il meglio, quando mandava la gente al rogo.

Gesù dice che quando si fa del bene basta essere visti dal Padre che è nei cieli, ma io vado oltre: per quanto mi consta, infatti, non mi vede nemmeno lui, ma va benissimo anche così[11].

Analogamente, l'esempio della vedova che nel fare l'offerta al Tempio dà poco in assoluto, ma molto in rapporto alle proprie sostanze[12], è particolarmente significativo. Anche questo è un esempio molto citato, ma molto poco applicato, proprio dalla Chiesa e dai suoi innumerevoli ordini monastici, che per secoli hanno sfruttato latifondi immensi[13], esigendo decime e prebende dagli affittuari dei terreni in maniera assolutamente indiscriminata, mentre monaci, vescovi e cardinali, a Roma e altrove, nuotavano nel lusso e nello spreco.

Questo ci porta inevitabilmente a riflettere su quel che Gesù pensava dei ricchi e la famosa *cruna dell'ago*.

Una prima, scontata constatazione è che, stando al principio enunciato con quella similitudine, ben pochi prelati, papi compresi, hanno avuto accesso al Regno dei cieli. A parte questo, poiché i concetti di *ricco* e *povero* non hanno parametri di valutazione assoluti, ma sono anzi relativi l'uno all'altro (un *povero* operaio specializzato di oggi è molto più *ricco*, se si guarda al tenore di vita, di un feudatario del Medio Evo), si deve pensare che Gesù si riferisse a tutti coloro che hanno più del necessario e non si curano di aiutare il prossimo.

---

[11] Cfr., in appendice, il capitolo *Qualche domanda oziosa*, al punto 5: *Davvero gli atei sono immorali?*

[12] In Mc 12, 41-44 e Lc 21,1-4.

[13] Neanche a farlo apposta, uno dei più antichi documenti redatti in Italiano (il famoso *Sao ko kelle terre, per kelli fini ke qui contiene, trenta anni li possette parte sancti Benedicti*, e cioè *So che le terre, delimitate dai confini qui descritti, le ha possedute per trent'anni la parte di San Benedetto*) è una testimonianza a favore dell'Ordine Benedettino in una contesa per il possesso di un terreno.

Fermo restando che anche i concetti di *superfluo* e *necessario* sono relativi, e che i confini fra l'uno e l'altro sono quanto mai incerti e mobili, in questo caso i margini di speranza, per tutti i cristiani del ricco mondo occidentale, di accedere al Regno dei cieli, non sono più ampi di quelli di papa Alessandro VI o di sua figlia Lucrezia. O di quel povero cammello.

2. *La preghiera*

Nella stessa linea si colloca un'altra, fondamentale esortazione tutt'altro che seguìta fin da sùbito, quella ad evitare le giaculatorie:

> Non chiunque mi dice "Signore, Signore" entrerà nel regno dei cieli, ma colui che fa la volontà del Padre mio che è nei cieli[14].

Prima di tutto, in quanto libero pensatore, mi chiedo come mai un dio onnisciente debba esigere preghiere dalle sue creature: si suppone che sappia, senza bisogno che lo chiedano, di cosa esse hanno bisogno e se lo meritino o no; e, essendo anche onnipotente e perfettamente buono, disposto a concederlo. Le preghiere (e i sacrifici) hanno senso se rivolte a qualcuno che *non conosce* i bisogni del richiedente. Il dio, o gli dèi, cui sono rivolte le preghiere, ricordano capricciosi capitribù più che astratte entità filosofiche. A maggior ragione in quanto si suppone che il Dio filosofico e onnisciente descritto dalla teologia cattolica conosca passato, presente e futuro: egli pertanto, piuttosto bizzarramente, saprebbe già, prima di udire le preghiere, se le ascolterà o meno o, meglio, se le ha già ascoltate o meno.

Mi si contesterà che non sta a me, non credente, ficcare il naso nel modo in cui i cristiani pregano. Contestazione legittima. Ma dato che mi picco di esaminare anche il rapporto fra l'insegnamento evangelico e il modo di applicarlo di coloro lo predicano, qualche commento ritengo di poterlo fare lo stesso, e certo

---

[14] Mt 7,21

non positivo. Non vedo infatti una gran coerenza fra l'esplicito invito di Gesù evitare di pregare a chiacchiere e di esibirsi mentre lo si fa, e il gran trascinarsi in processioni, il plateale inginocchiarsi davanti alle telecamere e "raccogliersi in preghiera"; o il masticare litanie fino ad inventare una preghiera speciale per ogni ora del giorno. E com'è grottesco che perfino i militari abbiano le loro preghiere di settore, una per gli artiglieri, una per gli aviatori, una per i fanti, e via di seguito!

E quante concessioni all'amore degli uomini per il cerimoniale, nella liturgia e nella pompa superflua di riti così simili, fin nella struttura dei luoghi di preghiera (altare come palcoscenico, navate come platea) ad una rappresentazione teatrale[15]! Gli antichi Romani avevano i *Lupercalia*, i *Lustralia*, i sacrifici rituali e così via? La Chiesa ha dato ai suoi seguaci le processioni, le novene, le messe di mezzanotte e le belle cerimonie con le luci, i paramenti, i canti.

Gesù, a proposito della preghiera, aveva fornito un'indicazione chiarissima dettando il testo del *Padre nostro*[16]. Niente *Credo*, niente *Avemarie*, *Gloria*, *Kyrie*, rosari e via biascicando o declamando, fino all'orrido – per l'uso che se n'è fatto – *Te Deum*, che si intonava nelle cattedrali quando si sconfiggeva qualcuno in battaglia, ringraziando Dio per essere stati più efficienti e diligenti del nemico sconfitto nell'ammazzare. A sua volta, lo stesso Padre Nostro è esplicito, per quanto riguarda il lato etico:

> Rimetti a noi i nostri debiti, come noi li rimettiamo ai nostri debitori[17].

Una condizione di reciprocità che troppi dimenticano di applicare. Il concetto è fortemente ribadito nella parabola del servo che ha un debito verso il padrone ed un credito verso un altro ser-

---

[15] In questo, sicuramente la Chiesa ortodossa, specialmente quella russa, è la più magniloquente. Inevitabile pensare all'antico *panem et circenses*: gli spettacoli liturgici erano, nell'impero zarista, il contentino che veniva concesso ad un popolo a tal punto schiavizzato, che il suo stesso nome (*slavo*) di schiavitù era diventato sinonimo.

[16] Mt 6, 9-13. Il testo che viene universalmente recitato è quello di Matteo. Anche Luca ne dà la sua versione (11, 2-4) ma lievemente diversa.

[17] Mt 6,12

vo[18]: il protagonista implora la remissione e la ottiene, poi quasi ammazza il proprio debitore, che a sua volta lo implora di concedergli una dilazione; il padrone lo scopre e lo consegna agli aguzzini. Pur contrario a pene troppo radicali, non posso non dirmi d'accordo. E chi potrebbe? Nella stessa linea si colloca l'insegnamento, famosissimo, riguardante il perdòno:

> Allora Pietro gli si avvicinò e gli disse: «Signore, quante volte dovrò perdonare al mio fratello, se pecca contro di me? Fino a sette volte?». E Gesù gli rispose: «Non ti dico fino a sette, ma fino a settanta volte sette».[19]

3. *Pietro il bolscevico*

Già, Pietro. È molto, molto bella, la discrezione che Gesù prescrive per richiamare qualcuno o fargli notare che ha sbagliato:

> Se il tuo fratello commette una colpa, va' e ammoniscilo fra te e lui solo; se ti ascolterà, avrai guadagnato il tuo fratello; se non ti ascolterà, prendi con te una o due persone, perché ogni cosa sia risolta sulla parola di due o tre testimoni. Se poi non ascolterà neppure costoro, dillo all'assemblea; e se non ascolterà neanche l'assemblea, sia per te come un pagano o un pubblicano.[20]

Evidentemente Pietro non c'era, quando Gesù dettava ai discepoli questo sacrosanto principio. È un principio che Gesù stesso riprende dal Deuteronomio e che in sostanza offre a chi sbaglia i tre gradi di giudizio previsti dalla legislazione di tutti i paesi civili oltre a prevedere, in prima istanza, un caritatevole richiamo privato (anche se desta qualche perplessità quel "sia per te come un pagano o un pubblicano": la bontà, il perdòno e l'amore, dunque, non valgono per tutti?). Questo dettaglio a Pietro è sfuggito, stando al famoso episodio di Anania e Saffira[21]: i due sono membri della prima comunità cristiana, guidata appunto da Pietro, che fonda il comunismo (e il terrore rosso) ben prima di

---

[18] Mt 18,23-25
[19] Mt 18,21-22
[20] Mt 18,15-17
[21] At 5, 1-11

Marx e Lenin. Egli esige infatti che i *fratelli* mettano in comune
tutti i loro beni. I due coniugi vendono un podere ma decidono
di tenere per sé una parte del ricavato e di consegnare solo il ri-
manente alla comunità. Pietro non ci pensa due volte, li svergo-
gna davanti a tutti e li fa morire stecchiti una dopo l'altro. Niente
rimprovero in privato, niente prova d'appello, niente *ricorso in
cassazione*: alla faccia della carità cristiana! Pietro ha dimenticato, si vede, di aver chiesto lui stesso al Maestro quante volte doveva perdonare al suo nemico.
O, forse, non lo ha dimenticato. Anania e Saffira non sono nemici, ma confratelli. E i papi, da Pietro in poi, sono sempre stati
molto più severi verso il loro gregge che non verso gli estranei,
soprattutto quando le pecorelle osavano prendere delle iniziative
autonome o si mettevano imprudentemente a ragionare con la
propria testa, deviando dal sentiero – soprattutto ideologico e
dogmatico – che la gerarchia aveva indicato come unica, indiscu-
tibile e inappellabile *Verità*. In questo senso, di sicuro, la Chiesa
dell'Inquisizione e del Sant'Uffizio è erede di Pietro.

4. *Gesù e la gente*

È lodevole la scelta di Gesù di non snobbare la gente del popolo:
i poveracci e i peccatori, tanto vituperati dai farisei, coi quali,
stando ai testi evangelici, egli si intratteneva volentieri a tavola:

> Vedendo ciò i farisei dicevano ai suoi discepoli: «Perché il vostro maestro
> mangia insieme ai pubblicani e ai peccatori?». Gesù li udì e disse: «Non
> sono i sani che hanno bisogno del medico, ma i malati. Andate dunque e
> imparate che cosa significhi: *Misericordia io voglio e non sacrificio*. In-
> fatti non sono venuto a chiamare i giusti, ma i peccatori».[22]

A questo stesso principio si ispira la parabola del figliuol prodigo[23]. Si tratta di un insegnamento che nella Chiesa seguono i pochi (le madri Teresa, i don Gnocchi) che poi diventano alibi per

---

[22] Mt 9,11-13.
[23] Parabola che per altri versi, come spiego nel prossimo capitolo, trovo criticabile.

gli altri, i molti che dal seguirlo se ne guardano bene. Per non dire di quelli che, per averlo seguìto, si sono poi ritrovati a bruciare sul rogo, come Dolcino, o Valdo, o i fraticelli che ebbero l'ardire di rimproverare ai francescani la loro disinvolta interpretazione della Regola.

Paradossalmente, d'altra parte, ci sono voluti secoli, e lo sviluppo di scienze come la sociologia e l'antropologia – ed eventi come la Rivoluzione francese - che hanno ridimensionato l'importanza della religione nella vita della gente, per ricordare alla Chiesa un principio che Gesù aveva enunciato con estrema chiarezza: *gli uomini nascono liberi e con uguali diritti* e chi ha idee, cultura e aspetto differenti dai nostri non necessariamente è malvagio o inferiore.

La diffidenza verso il *diverso* è un retaggio ancestrale, un residuo che ci trasciniamo appresso fin dall'epoca in cui gli uomini erano ancora ominidi, e la sopravvivenza di un individuo dipendeva anche dal legame fra i suoi membri, che rendeva coeso il branco. Era un legame fatto di un comune odore e di un comune modo di grugnire che consentiva di riconoscersi, darsi coraggio e moltiplicare la forza e il senso di sicurezza dei singoli sentendosi membri di un'entità superiore: il clan. L'ostilità verso gli altri gruppi era una necessità legata alla difesa del territorio e delle risorse che offriva; essa precedeva lo sviluppo della cultura e la nascita del concetto di *umanità*, se per tale s'intende la capacità di generare e tramandare valori culturali. Il primo di questi valori è la disponibilità a capire ed accettare l'altro da noi. Gesù di Nazareth ha cercato di insegnare che questa istintiva diffidenza verso il membro di un altro clan non è umana: non nel senso, come abbiamo appena detto, di *umanità* come sinonimo di *cultura*.

Erano cristiani quei vescovi spagnoli che bruciavano Ebrei sulle piazze, nel sedicesimo secolo, nel corso dei loro spettacolari autodafé? Erano cristiani quei missionari che più o meno esplicitamente legittimavano la schiavitù dei negri e lo sterminio degli indios, o comunque imponevano loro una cultura ad essi del tutto estranea, costringendoli a rinnegare la propria? Io ho i miei dubbi, se essere cristiano significa conformarsi a questa parte dell'insegnamento di Gesù di Nazareth.

La bellissima parabola del buon samaritano aveva messo bene in evidenza che il diverso non è necessariamente malvagio. Quella parabola cercava di spiegare che bene e male, bontà e crudeltà, santità e dannazione si trovano in ogni luogo e in ogni persona, e che è sbagliato ed arrogante presumere che *diverso da me* sia sinonimo di *peggiore di me*.

5. *I mercanti nel tempio*

La violenza no[24], ma lo spirito dello sfogo di Gesù lo approvo:

> Ed entrato nel tempio, si mise a scacciare quelli che vendevano e compravano nel tempio; rovesciò i tavoli dei cambiavalute e le sedie dei venditori di colombe e non permetteva che si portassero cose attraverso il tempio. Ed insegnava loro dicendo: «Non sta forse scritto: *La mia casa sarà chiamata casa di preghiera per tutte le genti?* Voi invece ne avete fatto una spelonca di ladri!»[25]

Basta riandare al 2000, l'anno del Grande Giubileo, e pensare a chi e perché il Giubileo lo inventò: il papa Bonifacio VIII, specialista nell'assassinio e nella truffa, che con questa geniale idea (*venite a Roma e vi risparmierete le pene del Purgatorio: basta visitare qualche chiesa e lasciare un obolo*) rilanciò il turismo a Roma e rinsanguò le esauste casse del Vaticano. Penso anche a come, un paio di secoli dopo, fu finanziata la costruzione della basilica di San Pietro, ogni pietra della quale è frutto della vendita di indulgenze e di simonia. Penso alla pretesa donazione di Costantino, al potere temporale della Chiesa, ai latifondi che appartennero agli ordini monastici...

La targa automobilistica dello Stato della Città del Vaticano reca la sigla SCV. Qualche romano buontempone l'ha reinterpretata

---

[24] Ho già notato come questo episodio contraddica clamorosamente la pretesa mitezza di Gesù, in particolare il suo insistere per l'amore verso i nemici e la necessità di perdonare.

[25] Mc 11,15-17

così: *Se Cristo Vedesse...* e poi, rileggendola al contrario: *Vi Caccerebbe Subito*.

LA PREDICAZIONE UN PO' MENO POSITIVA

1. *L'eredità del peccato*

Parlando della sua immagine abbiamo visto che, al capitolo 11 del Vangelo di Luca, Gesù si dimostra tutt'altro che mite quando scaglia su un Fariseo una ben cupa minaccia: dei peccati degli antenati sarà chiesto conto alla sua generazione.

Che i peccati dei padri ricadano sui figli è un concetto tipico della psicologia ebraica, secondo la quale i peccati di una persona ricadono sui suoi successori ed eredi[1]; ma trovo strano che un simile concetto sia mutuato dal Cristo. Esso denota una morale socio-religiosa che, non credendo nell'aldilà, onde ottenere il rispetto della Legge minaccia punizioni che riguardano questa – l'unica - vita colpendo, oltre al trasgressore, anche i suoi eredi: è ancora il Dio dell'Antico Testamento a parlare qui, non quello della Lieta Novella. Ecco cosa ne pensa Voltaire:

> I Persiani, i Caldei, gli Egiziani, i Greci immaginarono punizioni dopo la vita; e fra tutti gli antichi popoli che conosciamo, gli Ebrei furono i soli che non ammisero se non castighi temporali. È ridicolo credere o fingere di credere, sulla base di alcuni passi molto oscuri, che l'inferno fosse ammesso dalle antiche leggi degli Ebrei, dal loro *Levitico* o dal loro *Decalogo*, quando l'autore di queste leggi non dice una parola che possa avere il minimo rapporto con i castighi della vita futura.[2]

Nessuna vita eterna, nell'Antico Testamento: premi e punizioni di Dio riguardano esclusivamente la vita terrena[3], il che è anche

---

[1] Che è, poi, proprio il concetto sul quale si basa tutta la teologia cristiana, fondata sull'idea della necessità di redenzione del peccato originale, colpa ereditata da tutti i discendenti di Adamo.

[2] Voltaire, Dizionario Filosofico, alla voce *Inferno*.

[3] Oltre che col peccato originale in un altro, tragico caso, l'idea dell'ereditarietà delle colpe è stata mutuato dal cristianesimo, generando il feroce antisemitismo che del cristianesimo accompagna la storia. Le confessioni cristiane hanno infatti preso alla lettera la famosa frase "il suo sangue ricada su di noi e sui nostri figli", attribuita dai

logico: le riflessioni necessarie per concepire una vita ultraterrena faticano a germogliare nella mente di un nomade. Quella nomade è un'economia di sussistenza che non consente di perdersi in riflessioni metafisiche, a maggior ragione quando si vive in regioni aride e la giornata trascorre nel guidare o seguire il bestiame alla ricerca di acqua e pascoli; la sera, stanchi morti, si ha appena il tempo di buttare giù un pasto e poi si va a dormire; e il mattino dopo, all'alba, si ricomincia da capo.

Tutto cambia ogni giorno, nulla dura; oggi qui, domani là; si porta con sé solo ciò che si può trasportare a dorso d'asino o di cammello; il gregge è sempre uguale e sempre diverso, i morti sono seppelliti e dimenticati. Non c'è, nella vita del nomade, quella persistenza, quella viscosità del passato sul presente, che consente di elaborare quell'idea di futuro, e di aldilà, che appartiene ai popoli stanziali, ossia agli agricoltori, che vedono la natura morire e rinascere, hanno i loro morti sepolti accanto, continuano a sentirne la presenza e, soprattutto, *hanno il tempo di pensare*: l'economia agricola produce plusvalore, crea le classi sociali e permette il formarsi di un ceto di fannulloni intellettuali, come ben spiega Bertrand Russell nel suo *Elogio dell'Ozio*.

La tradizione religiosa ebraica, radicata nelle sue origini nomadi, non conosce la vita ultraterrena. È inevitabile, secondo questa concezione, che si condanni il peccatore e non il peccato. Qui l'immagine positiva del *mite* Gesù s'incrina: le sue invettive contro Farisei, Scribi e dottori del Tempio sono infatti spietate e non concedono loro nessuna attenuante e nessuna speranza.

Ma erano poi davvero così falsi e ipocriti, i Farisei? Stando alle fonti storiche sembrerebbe di no.

Vediamo più da vicino chi erano costoro.

La Legge mosaica trasformava in obblighi religiosi anche quelli civili, ma non era precisa: la maggior parte delle norme, che il buon Ebreo ci teneva a rispettare, imponeva un lavoro di inter-

---

vangeli all'intero popolo ebraico, con conseguenze fra le quali va annoverato anche l'Olocausto nazista. Cfr. al riguardo D.J.Goldhagen: *Una questione morale*, Mondadori, 2003.

pretazione[4]. Questo lavoro non era riservato alla sola classe sacerdotale, ma era consentito a tutti gli Ebrei: da qui la nascita di tante fazioni, come gli Esseni, i Sadducei e gli stessi Farisei. Alle leggi, ciascun gruppo affiancava poi le tradizioni che col tempo acquisivano, anch'esse, una forte rilevanza nella vita quotidiana, fino a diventare di carattere normativo.

I Farisei, una minoranza di benestanti, avevano creato una loro scuola interpretativa, flessibile per certi versi, più rigida per certi altri; secondo Flavio Giuseppe erano molto apprezzati dal popolo, che li rispettava e faceva ricorso ai loro suggerimenti.

Ma allora perché Gesù, stando ai vangeli, ce l'ha tanto con costoro? Essi in fondo, magari ottusamente e forse addirittura con presunzione, ma comunque rigorosamente, praticano la religione secondo regole valide da generazioni. Non è colpa loro, se Mosè è stato tanto fiscale, nelle sue prescrizioni, da indurre buona parte dei Giudei a ritenere che il rispetto letterale e formale della Legge sia l'unico modo di onorare Dio, tanto da rendere per loro inconcepibile, e di conseguenza blasfemo e ripugnante, quanto Gesù dice e fa[5]. Ciononostante, i vangeli mostrano che essi cercano di dialogare con quel rabbi galileo intransigente e piuttosto rozzo, e alcuni di loro lo invitano perfino a cena.

La ragione più probabile di questa ostilità, come vedremo, è di natura politica: Gesù e i suoi discepoli venivano dalla Galilea, una regione in cui l'odio verso i Romani era più forte che altrove in Israele, e ai loro occhi i farisei, ricchi esponenti della clas-

---

[4] Ad esempio, la Legge prescriveva di non spigolare e di non mietere tutto il grano, per lasciare ai viandanti e ai poveri le spighe ai bordi del campo e, analogamente, di non raccogliere tutta l'uva al momento della vendemmia. Il pio agricoltore Ebreo aveva bisogno di capire quanto dovesse essere larga la fascia esterna di campo da non falciare, e quanta uva fosse doveroso lasciare sulle viti per essere certi di rispettare il dettato della Legge. Riprendo questo esempio da E.P. Sanders, *Gesù la verità storica*, Mondadori, 1996.

[5] L'obbligo del rispetto letterale della Legge caratterizza anche l'Islam, al punto che nelle moschee si può pregare solo in Arabo, la lingua originale del Corano. Un simile approccio è imposto per togliere ogni spazio a possibili eresie. Oggi, fra coloro che si richiamano alla Bibbia, sono particolarmente ligi alla lettera delle leggi mosaiche gli ultraortodossi ebraici e talune sette cristiane, come i Testimoni di Geova.

se dirigente, erano troppo compromessi coi Romani per essere
buoni Ebrei. Non c'era nessuna possibile soluzione, perciò, poiché i farisei erano essi stessi parte del problema.

2. Dio perdona, forse. Lo Spirito Santo, di sicuro, no.

Gesù è categorico quando dice che saranno perdonate tutte le be-
stemmie eccetto quelle contro lo Spirito:

> Qualunque peccato e bestemmia sarà perdonata agli uomini, ma la be-
> stemmia contro lo Spirito non sarà perdonata. A chiunque parlerà male
> del Figlio dell'uomo sarà perdonato; ma la bestemmia contro lo Spirito,
> non sarà perdonata né in questo secolo, né in quello venturo.[6]

A questo proposito, la CEI precisa:

> La bestemmia contro lo Spirito Santo consiste nell'attribuire, con una di-
> storsione sacrilega, le opere di Dio a satana: cfr. Gv 8,21; 1 Gv 5,16. *Il
> peccato contro il Figlio dell'uomo è scusato in quanto era arduo ricono-
> scere in un uomo il Figlio di Dio.*[7]

Giova notare, al riguardo, l'opinione di Bertrand Russell:

> Celebre è la sua [di Gesù] condanna del peccato contro lo Spirito Santo:
> «Chi pecca contro lo Spirito non sarà perdonato né in questo mondo, né in
> quello futuro». Una tal minaccia ha causato indicibili sofferenze in molti
> che temevano di aver commesso peccati contro lo Spirito Santo. Frasi del
> genere hanno recato paura e terrore all'umanità, e non mi sento di ricono-
> scere un'eccezionale bontà in chi le pronunciò.[8]

Difficile non convenire. Per di più, la CEI stessa ammette che
era difficile riconoscere in un uomo il figlio di Dio, e per questo
il peccato contro di lui poteva essere perdonato, ma cade in un
ossimoro: non è la stessa Chiesa a dire che Gesù si è incarnato
per opera dello Spirito Santo? E ancora: che ne sapevano, non
solo Scribi e Farisei ma un po' tutti, all'epoca, dello Spirito? Il
primo a parlarne come di un'entità autonoma, per quanto mi

---

[6] Mt 12, 31-32
[7] Nota a Mt 12,31-32. Il corsivo è mio.
[8] Bertrand Russell: *Perché non sono cristiano*, Editori Associati, 1997, Pag. 13.

consta, è il Battista, subito seguito da Gesù. Perfino il concetto, l'idea stessa, era incomprensibile per gente educata a pensare a Dio come a un'entità unica e indivisibile. Cos'era, dunque, questo *Spirito*? Noi siamo fortunati perché ce lo hanno spiegato i Padri della Chiesa: lo Spirito Santo è *Paraclito; è Signore e dà la vita, e procede dal Padre e dal Figlio*. Ma a quel tempo il Concilio di Trento era di là da venire, e questa illuminante definizione non era stata ancora elargita all'umanità.

Anche in seguito, non è che lo Spirito sia diventato tanto popolare. Diciamocelo in un orecchio: lo Spirito è un po' trascurato. A parte qualche dotto teologo, il suo ruolo e significato, come Persona della Trinità, sfugge ai più. Lo Spirito Santo viene citato nelle preghiere perché la Chiesa lo ha messo in tutte le sue giaculatorie ma è raro, in barba al suo essere paraclito[9], che qualcuno gli si rivolga in fervida preghiera chiedendo una grazia. La Chiesa stessa, d'altra parte, lo mette in coda dappertutto. Anche come formazione è terzo: procede (qualunque cosa questo *procedere* voglia dire) dal Padre e dal Figlio; sia pure *ab aeterno*, insomma, nasce per ultimo.

3. *Dei delitti e delle pene*

Matteo smentisce anche altrove la mitezza di Gesù:

> Se il tuo occhio destro ti è occasione di scandalo, cavalo e gettalo via da te: conviene che perisca uno dei tuoi membri, piuttosto che tutto il tuo corpo venga gettato nella Geenna. E se la tua mano destra ti è occasione di scandalo, tagliala e gettala via da te: conviene che perisca uno dei tuoi membri, piuttosto che tutto il tuo corpo vada a finire nella Geenna.[10]

Il discorso, probabilmente, era iperbolico, ma mette comunque a disagio. Che ne è della misericordia del Padre? È poi contraddittorio invitare al perdono ma – oltre che minacciare i Farisei e frustare i mercanti - dare ai discepoli istruzioni di questa fatta:

---

[9] Il termine *paraclito* (o *paraclèto*) viene dal greco, e vuol dire "invocato in aiuto".
[10] Mt 5, 29-30

> Se qualcuno poi non vi accoglierà e non darà ascolto alle vostre parole, uscite da quella casa o da quella città e scuotete la polvere dai vostri piedi. In verità vi dico, nel giorno del giudizio il paese di Sodoma e Gomorra avrà una sorte più sopportabile di quella città.[11]

Anche perché la faccenda della Geenna e del fuoco eterno torna continuamente, nella predicazione di Gesù, ed è molto più forte e frequente che non i riferimenti al Regno:

> Chi non rimane in me viene gettato via come il tralcio e si secca, e poi lo raccolgono e lo gettano nel fuoco e lo bruciano.[12]

Gesù dice che in questo inferno muoiono sia il corpo che l'anima, si brucia in eterno ed è pianto e stridor di denti; ma sul regno dei cieli (a parte il banchetto con i patriarchi) non dice granché. Nelle parabole afferma che il Regno dei cieli è come questo o come quello (il buon seminatore, il padre del figliuol prodigo, il padre dello sposo, ecc.) ma tace sulle gioie che effettivamente si godranno in questo regno.

4. *Chi ha orecchie per intendere intenda.*

Gesù risulta decisamente contraddittorio a proposito del motivo per cui col popolo si esprime in parabole:

> Gli si avvicinarono allora i discepoli e gli dissero: «Perché parli loro in parabole?». Egli rispose: «Perché a voi è dato di conoscere i misteri del regno dei cieli, ma a loro non è dato. Così a chi ha sarà dato e sarà nell'abbondanza, e a chi non ha sarà tolto anche quello che ha. Per questo parlo loro in parabole: perché pur vedendo non vedono, e pur udendo non odono e non comprendono».[13]

Non vedo, a questo punto, che senso abbia la sua stessa predicazione. Se dovessi spiegare qualcosa a un cretino, per assicurarmi che capisca io adeguerei il mio modo di esprimermi al suo mode-

---

[11] Mt 10, 14-15
[12] Gv 15, 6
[13] Mt 13, 10-14

sto livello intellettivo: non farei, invece, in modo che non capisse, per poi dire che avevo ragione a ritenerlo cretino.

Matteo prosegue, nel passo citato, facendo dire a Gesù che in questo modo si compie una profezia di Isaia, che più o meno ha lo stesso significato di quanto lui stesso ha appena detto. Vediamo cosa ne pensa la CEI:

> Le parabole sul regno di Dio velavano una dottrina che l'impreparazione di molti rischiava di distorcere in senso nazionalistico e materiale: Cfr. Gv 6,15. I docili e gli umili potevano avere da Gesù l'esatta interpretazione delle parabole[14]

Andiamo dunque a vedere cosa dice Giovanni al capitolo 6, versetto 15. Anzi, per rendere il tutto più chiaro, citiamo anche il versetto 14. C'è appena stata la moltiplicazione dei pani:

> Allora la gente, visto il segno che egli aveva compiuto, cominciò a dire: «Questi è davvero il profeta che deve venire nel mondo!». Ma Gesù, sapendo che stavano per venire a prenderlo per farlo re, si ritirò di nuovo sulla montagna, tutto solo.

Dunque, secondo la CEI Gesù fa miracoli prodigiosi ma vedendo che la gente travisa il suo messaggio decide di cambiare registro: voi - direbbe in sostanza - mi prendete per il Messia dei profeti, e quindi non avete capito niente. Per cui, per farvi capire ancora di meno, continuo a stare fra voi, a fare miracoli e a predicare, ma parlo per indovinelli ed enigmi. La spiegazione offerta dalla CEI è poco credibile anche perché, stando a Matteo, la decisione di predicare per parabole *precede* la prima delle moltiplicazioni dei pani[15]. E cosa vuol dire, che *i docili e gli umili potevano avere da Gesù l'esatta interpretazione delle parabole*? A chi altri parlava, mentre se ne stava seduto sulla barca e una gran folla lo ascoltava sulla spiaggia? Certo non al Sinedrio e alla corte di Erode, e meno ancora a una delegazione di filosofi peripatetici. Quel che leggiamo in Matteo non contribuisce in nulla a confortare questa affermazione della CEI. Gesù, in realtà, dice chiaro e ton-

---

[14] Nota a Mt 13,13, pag. 985.
[15] Giovanni, l'abbiamo visto, ne descrive una, ma i Sinottici parlano di due moltiplicazioni dei pani.

do che vuole farsi capire solo dai discepoli, inventando quello che possiamo chiamare *Servizio Complicazione Affari Semplici*: chi non ricorda il linguaggio che i nostri politici usavano negli anni sciagurati dell'impero democristiano? Tuttavia non riesco proprio a capire le motivazioni di un Gesù che predica, ma predica per non essere capito, stile Arnaldo Forlani. Possibile che si comportasse in questo modo tanto per far compiere un'altra profezia? Matteo ovviamente (già lo abbiamo notato), ribadisce che la motivazione è proprio questa:

> Tutte queste cose Gesù disse alla folla in parabole e non parlava ad essa se non in parabole, perché si adempisse ciò che era stato detto dal profeta: *Aprirò la mia bocca in parabole, proclamerò cose nascoste fin dalla fondazione del mondo.*[16]

La predicazione per parabole era evidentemente un costume, a quei tempi e in quei luoghi. Ma farne uno strumento di oscurità, un po' come fa Nietzsche con il suo Zarathustra, sfugge ad ogni logica, se si vuole essere messaggeri di una nuova etica di vita e si ritiene di avere il potere di modificare una religione che dura da diverse centinaia di anni. Lungi da me la pretesa di essere un messia, ci mancherebbe. Ma quando voglio comunicare il mio pensiero a qualcuno, mi esprimo con la massima chiarezza possibile. Altrimenti sto solo perdendo del tempo io, e facendolo perdere a chi mi ascolta (o legge).

5. Beati i furbi

Trovo inaccettabile questa parabola, che istiga alla disonestà:

> Il regno dei cieli è simile a un tesoro nascosto in un campo; un uomo lo trova e lo nasconde di nuovo, poi va, pieno di gioia, vende tutti i suoi averi e compra quel campo.[17]

Sarebbe più corretto se il ritrovatore avvisasse il proprietario del campo, chiedendogli una percentuale, invece di gabbarlo facen-

---

[16] Mt 13, 34-35.
[17] Mt 13, 44

dosi vendere il terreno senza dirgli del tesoro che nasconde. Secondo me questa parabola Gesù avrebbe fatto meglio a non raccontarla. A meno che, invece di superarla, non confermasse la tradizione biblica che da Giacobbe in poi, passando per Davide, trovava giusto appropriarsi con l'inganno di ciò che – benedizioni, idoletti o mogli – apparteneva ad altri.

Un vizio antico. Anche Abramo, il capostipite del Popolo Eletto, non era uno specchio di onestà. Per ben due volte, comportandosi da lenone, indusse la moglie Sarai a farsi passare per sua sorella e accompagnarsi con i re d'Egitto prima, e di Gerar poi[18], facendosi dare in cambio ricchi doni. Il buffo è che Yahweh, invece di arrabbiarsi con Abramo, se la prende con gli ingannati!

Un'altra parabola di Gesù mi sembra altrettanto singolare, fuorviante e contraddittoria rispetto alla sostanza della sua predicazione: quella del fattore infedele[19] che, scacciato per la sua disonestà, prima di lasciare il suo ufficio abbona ai debitori dell'ex padrone parte dei loro debiti, per farseli amici. La CEI, con qualche imbarazzo, annota:

> Nell'esortare a un prudente uso dei beni terreni Gesù non giustifica le frodi dell'amministratore, ma ne loda soltanto l'abilità, la sola qualità che viene proposta ad esempio[20]

---

[18] Gli episodi sono narrati in Genesi 12, 11-20 e Genesi 20. Merita di essere riportata la nota della CEI a proposito della morale tutta particolare di Abramo: "Sarai era sorella di Abramo per parte del solo padre. Si ricordi che la morale dell'A.T. non era perfetta e delicata come quella evangelica. Il racconto sottolinea la protezione divina sul patriarca in paese straniero". Apprendiamo dunque che Abramo era *veramente* fratello di sua moglie. Beninteso, *soltanto* per parte di padre. Per completezza d'informazione, notiamo che fra i due episodi s'incastra quello di Sodoma e Gomorra, al termine del quale le figlie di Lot (fratello di Abramo) decidono di accoppiarsi col padre per assicurargli una discendenza. Veramente strana, una morale che condanna la sodomia ma non trova niente da ridire sull'incesto e il lenocinio, purché siano praticati dai patriarchi. Quanto a Davide, è noto che per poter sposare Betsabea, moglie di un suo generale, diede ordine che quest'ultimo fosse collocato sempre in prima linea, in modo che fosse ucciso in battaglia e gli lasciasse libero il campo. Da questo bel campione era necessario che discendesse il messia!
[19] Lc 16,1-13
[20] Nota a Lc 16,1, pag. 1046. Anche per la CEI non è la migliore delle parabole, visto che non viene mai citata in nessuna liturgia. E vorrei vedere!

Mi perdoni la CEI se resto perplesso. Gesù avrebbe potuto inventare mille e mille esempi più felici di questo. Mi sembra di sentire, leggendo questa parabola, il solito italiota che ammicca verso il figlio e gli dice: "Figlio mio, fatti furbo!"

Non diverso è il caso di una parabola che invece si sente spesso citare, sia nella liturgia che nelle omelie: quella del figliuol prodigo, tanto famosa che non è neanche il caso di riassumerla. Essa fa il paio con quella del buon pastore, che si conclude con la dichiarazione secondo la quale c'è più festa in cielo per il ritrovamento della pecorella smarrita che per le novantanove salve. L'esempio della pecora è fuorviante: la pecora è per definizione stupida e, se si caccia nei guai, caccia nei guai sé stessa senza provocare il male altrui (salvo il danno economico al pastore, ovviamente). L'essere umano invece è senziente, capace di rendersi conto di ciò che fa. È questa consapevolezza a creare, sul piano morale, la differenza fra il bene dal male.

Torniamo dunque al figliuol prodigo, che del male ne ha fatto solo a sé stesso, ma il cui valore paradigmatico, come la storia insegna, la Chiesa ha esteso a tutti i casi di pentimento estremo cui le ha fatto comodo estenderlo[21]. Che un padre sia disposto a perdonare un figlio pentito della propria scapestrataggine posso arrivare a capirlo; ma che bandisca una gran festa, e ammazzi in suo onore il vitello grasso alla faccia dell'altro figlio, che invece l'ha servito e riverito ma per il quale non ha mai arrostito neanche un pollo, oltre ad essere evidentemente iniquo mi sembra anche altamente diseducativo come esempio. A maggior ragione in quanto la Chiesa non è mai stata, da Costantino in poi, un'entità esclusivamente morale. Se tale fosse stato il caso, la gravità dell'insegnamento di questa parabola sarebbe stata minore. Ma la Chiesa ha usato il proprio potere anche - e spesso soprattutto - per fini politici, facendo del perdono un formidabile strumento di controllo delle coscienze.

---

[21] I roghi dell'Inquisizione non hanno badato più di tanto al fatto che i condannati fossero o meno pentiti dei reati loro contestati.

È sulla base di questa parabola e dei suoi sottintesi morali che fior di criminali politici, dopo aver commesso le peggiori nefandezze, hanno ottenuto dalla Chiesa commoventi funerali solenni: basta un pentimento dell'ultimo minuto e il gioco è fatto: Francisco Franco, caudillo di Spagna, e Augusto Pinochet, golpista cileno, sono due esempi facili da citare; per non parlare dell'imperatore Costantino, che col battesimo *in articulo mortis* ha dato una bella sciacquata alla sua anima di assassino e massacratore.

6. *Gesù, il matrimonio e le donne.*

La Chiesa cattolica non ammette che un legame matrimoniale possa essere spezzato. Al più, e solo se lo dice lei, può decretarne la nullità affermando che, per questo o quel motivo sancito dai suoi canoni, in realtà il matrimonio non è mai esistito. E infatti Gesù afferma, a questo proposito, che il matrimonio è eterno e indissolubile. Rispondendo ai farisei che gli chiedono il suo parere in merito, dice:

> «Non avete letto che il Creatore da principio li creò maschio e femmina e disse: *Per questo l'uomo lascerà suo padre e sua madre e si unirà a sua moglie e i due saranno una carne sola*? Così che non sono più due, ma una carne sola. Quello dunque che Dio ha congiunto, l'uomo non lo separi».[22]

Tutto bene, fin qui. Ma, come al solito, la Chiesa dimentica di leggere fino in fondo il testo che lei stessa afferma di predicare. Sentita la risposta, infatti, i Farisei obiettano che Mosè ha consentito che le mogli potessero essere ripudiate. E Gesù:

> «Per la durezza del vostro cuore Mosè vi ha permesso di ripudiare le vostre mogli, ma da principio non fu così. Perciò io vi dico: Chiunque ripudia la propria moglie, *se non in caso di concubinato*, e ne sposa un'altra, commette adulterio».[23]

---

[22] Mt 19, 4-6.
[23] Mt 19,8-9. Il corsivo è mio.

Gesù ama le donne? Mah. Leggendo questa parte del suo insegnamento si apprende che secondo lui, se una povera illusa va a vivere con un uomo senza sposarlo, il suo compagno ha il diritto di buttarla fuori quando vuole: non è moglie ma solo concubina, e quindi non *sono una sola carne*. E in ogni caso, l'approccio è esclusivamente maschile. O vogliamo dire *maschilista*? Vale la pena di leggere anche il seguito di questo interessante discorso sul rapporto fra i sessi:

> Gli dissero i discepoli: «Se questa è la condizione dell'uomo rispetto alla donna, non conviene sposarsi».[24]

Cioè: *Se ci tocca tenercele finché campiamo, meglio restare scapoli.* Ieratica è la risposta di Gesù, che – per quanto mi riguarda – lascia esterrefatti:

> Egli rispose loro: «Non tutti possono capirlo, ma solo coloro ai quali è stato concesso. Vi sono infatti eunuchi che sono nati così dal ventre della madre; ve ne sono alcuni che sono stati resi eunuchi dagli uomini, e vi sono altri che si sono fatti eunuchi per il regno dei cieli. Chi può capire, capisca».[25]

La sensazione che si trae da questo discorso è che il Regno dei cieli è destinato solo agli uomini, preferibilmente celibi. Le donne? Servono solo a fare figli. Da questo approccio ineffabilmente misogino trae spunto Paolo di Tarso quando scrive ai Corinzi:

> Quanto poi alle cose di cui mi avete scritto, *è cosa buona per l'uomo non toccare donna*; tuttavia, per il pericolo dell'incontinenza, ciascuno abbia la propria moglie e ogni donna il proprio marito.[...] Ai non sposati e alle vedove dico: è cosa buona per loro rimanere come sono io; ma se non sanno vivere in continenza si sposino; *è meglio sposarsi che ardere*.[26]

Siamo alle solite: due persone che si vogliono bene, o che anche solo si piacciono, nel momento in cui si abbracciano si ritrovano nel letto un barbuto moralista che arcigno si interpone fra loro, con l'indice teso, e s'arroga il diritto di giudicare quello che, a-

---

[24] Mt 19,10

[25] Mt 19, 11-12. Da questa affermazione evangelica Uta Ranke Heinemann ha tratto il titolo del suo libro che qui ho già citato.

[26] 1 Cor 7, 1-2 e 8-9. Secondo Michel Onfray, Paolo era impotente e aveva fatto di questa sua menomazione una virtù.

dulti e padroni delle proprie azioni, essi ritengono di fare senza nuocere a nessuno.

No, Paolo, mi dispiace. E dico no anche a te, Gesù di Nazareth. Non vedo proprio perché il regno dei cieli avrebbe bisogno di eunuchi, volontari o meno. Ti contraddici, Gesù di Nazareth: non puoi prima dire *Maschio e femmina li creò*, sottintendendo la parità fra i sessi, e poi trattare la donna come un accessorio dell'uomo, niente più di un *optional*. A maggior ragione in quanto proprio alle donne devi la possibilità di fare il profeta:

> In seguito, egli se ne andava per le città e i villaggi, predicando e annunziando la buona novella del regno di Dio. C'erano con lui i Dodici e alcune donne che erano state guarite da spiriti cattivi e da infermità: Maria di Magdala, dalla quale erano usciti sette demoni, Giovanna, moglie di Cusa, amministratore di Erode, Susanna e molte altre, *che li assistevano con i loro beni.*[27]

Non si può dire che le donne, assistendo il Maestro, pagassero un debito di riconoscenza: Gesù, stando ai vangeli, ha guarito un sacco di gente, di ambo i sessi e di tutti i ceti sociali. Ma sono solo delle donne a sostenerlo; e in questo modo si dimostrano, loro, superiori agli uomini.

Quanto è triste che Gesù di Nazareth abbia un atteggiamento di superiorità e, in definitiva, di disprezzo, verso coloro che, camminando in silenzio dietro di lui, lo vestono e lo nutrono![28]

La Chiesa cattolica si comporta, verso le donne, allo stesso modo di Gesù di Nazareth, che se ne serviva ma le teneva a debita distanza. Gesù, ovviamente, era figlio del suo tempo e del suo ambiente e ne risentiva i condizionamenti culturali, proprio come Paolo di Tarso: per questo nessuna donna ha il titolo di *discepola*, in nessuno dei testi del Nuovo Testamento.

---

[27] Lc 8, 1-3. Chissà chi li avrà contati, quei demoni usciti da Maria.

[28] Anche Maometto è un Profeta che avrebbe difficilmente potuto dedicarsi alla sua missione se non fosse stato per una donna, che contro tutti i principî della sua casta decise, ricca e nobile, di sposarlo quando era poco più che un cammelliere. Divenuto ricco e superata la necessità di provvedere alle necessità di tutti i giorni, Maometto poté concentrarsi sulle proprie meditazioni e fondare l'Islam.

Ma i tempi sono cambiati, le conoscenze sono aumentate e si sa
che il ruolo della Donna, nella procreazione, nella famiglia e nella società, è, può essere e *deve* essere ben più rilevante di quanto
Gesù stesso potesse immaginare. La Chiesa, però, continua a
considerarla un uomo minorato. E nessuna donna, sulla stessa
falsariga, ha mai avuto l'onore di essere elevata al sacerdozio.

La Donna, schiacciata per millenni da culture basate sulla sopraffazione maschile, che l'hanno ridotta al ruolo di produttrice di
eredi e di serva, ha diritto a molto, molto più di quanto i moralisti
miopi e morbosi al servizio delle religioni le concedono. Parlo
delle madri che affrontano i dolori del parto e subito li dimenticano per amore delle loro creature; le amanti dolci e tenere; le
menti fervide e generose. Le portatrici di un potere, l'unico che
veramente conti, che nessun uomo ha mai posseduto né potrà
mai possedere: quello di creare nuova vita[29]. Tutto il resto non è
che il rumore di vuote e presuntuose chiacchiere di uomini, invi-
diosi di questo potere, la cui superiorità sta solo nella forza fisica, che usano e di cui abusano per soggiogare lei: la Donna.

7. *Gesù e l'igiene*

Abbiamo già visto che Gesù, invitato a cena da un Fariseo, si
mette subito a tavola, senza lavarsi le mani, provocando così stupore (e forse anche un moto di disgusto) nell'ospite. Marco ci informa, infatti, che secondo la tradizione tutti i Giudei, prima di
mangiare, si lavano le mani e le braccia fino al gomito, e consu-
mano il pasto solo in stoviglie accuratamente lavate. Un principio sano – per non dire sacrosanto - ai nostri occhi. Saggia tradizione, in un paese caldo come[30] quello, in cui le infezioni dovevano essere all'ordine del giorno
Un incidente analogo riguarda i discepoli di Gesù:

---

[29] Forse proprio per invidia verso questo potere alle donne è vietato il sacerdozio,
tramite il quale gli uomini si arrogano il potere esclusivo di dare la vita eterna.

[30] Non è un mistero che buona parte delle norme religiose imposte agli Ebrei siano in
realtà disposizioni di carattere igienico e cautelativo.

> Quei farisei e scribi lo interrogarono: «Perché i tuoi discepoli non si comportano secondo la tradizione degli antichi, ma prendono cibo con mani immonde?». Ed egli rispose loro: «Bene ha profetato Isaia di voi, ipocriti, come sta scritto: *Questo popolo mi onora con le labbra, ma il suo cuore è lontano da me. Invano essi mi rendono culto, insegnando dottrine che sono precetti di uomini*».[31]

Gesù elude la precisa domanda cambiando argomento e continuando ad accusare i suoi interlocutori di amare la tradizione più che la Legge, e di aggirare la Legge per fare i propri comodi.

Non pago di quanto ha appena affermato circa l'igiene delle mani, Gesù insiste:

> Chiamata di nuovo la folla, diceva loro: «Ascoltatemi tutti e intendete bene: non c'è nulla fuori dell'uomo che, entrando in lui, possa contaminarlo; sono invece le cose che escono dall'uomo a contaminarlo».[32]

La CEI non illumina questa affermazione con una nota di commento. Ma, essendo Gesù il Messia, si potrebbe pensare ad una affermazione metaforica, una nuova parabola che voglia significare, ad esempio, che ciò che l'uomo dice e fa (ciò che esce da lui) è più pericoloso di ciò che sente (ciò che entra in lui). Purtroppo questa interpretazione è vera solo a metà, con riguardo a ciò che esce dall'uomo. È Gesù stesso a spiegarlo ai suoi discepoli, che come noi non hanno capito bene cosa intendesse dire:

> «Siete anche voi così privi di intelletto? Non capite che tutto ciò che entra nell'uomo dal di fuori non può contaminarlo, perché non gli entra nel cuore ma nel ventre e va a finire nella fogna?». Dichiarava così mondi tutti gli alimenti. Quindi soggiunse: «Ciò che esce dall'uomo, questo sì contamina l'uomo. Dal di dentro, infatti, cioè dal cuore degli uomini, escono le intenzioni cattive: fornicazioni, furti, omicidi, adulteri, cupidigie, malvagità, inganno, impudicizia, invidia, calunnia, superbia, stoltezza. Tutte queste cose cattive vengono fuori dal di dentro e contaminano l'uomo».[33]

Come può, Marco, attribuire al suo messia tante sciocchezze a proposito di ciò che entra nel corpo? Gesù non poteva ignorare

---

[31] Mc 7, 5-7
[32] Mc 7, 14-15
[33] Mc 7, 18-23

che i cibi avariati sono velenosi e che certe sostanze fanno male. E non poteva ignorare neppure che certe altre alterano la volontà, e che quindi ciò che entra nell'uomo può contaminarlo. Ovviamente non poteva sapere niente dell'eroina, della cocaina, dell'hashish e della marijuana; ma sapeva per forza di Noè e della sua sbronza. E resta comunque il fatto che chi si siede a tavola con le mani sporche, oltre a correre dei rischi di natura igienica, è anche maleducato. Per una volta, almeno, Scribi e Farisei hanno ragione. Da vendere.

8. *Messia di tutti?*

> Questi dodici Gesù li inviò dopo averli così istruiti: «Non andate fra i pagani e non entrate nelle città dei Samaritani; rivolgetevi piuttosto alle pecore perdute della casa d'Israele. E strada facendo, predicate che il regno dei cieli è vicino».[34]

Dunque, niente messaggio universale, niente salvezza per tutti i popoli. Va bene che a riferire l'episodio è Matteo, il più xenofobo degli evangelisti, ma dal suo divino suggeritore mi sarei aspettato una più attenta correzione delle bozze. Anche perché questo passo contraddice quello del centurione, del quale Gesù ammira la fede:

> «In verità vi dico, in Israele non ho trovato nessuno con una fede così grande. Ora vi dico che molti verranno dall'oriente e dall'occidente e siederanno a mensa con Abramo, Isacco e Giacobbe nel regno dei cieli, mentre i figli del regno saranno cacciati fuori nelle tenebre, ove sarà pianto e stridore di denti».[35]

Si vede che, strada facendo, sugli stranieri Gesù aveva cambiato idea. Più avanti, ancora in Matteo, leggiamo che Pietro chiede a Gesù cosa ci guadagneranno, lui e gli altri discepoli, dall'aver abbandonato tutto ed averlo seguito. Gesù risponde:

---

[34] Mt 10,5 *Questi dodici*, naturalmente, sono gli apostoli.
[35] Mt 8,10-11. Ecco un'altra affermazione evangelica ferocemente antisemita.

> In verità vi dico: voi che mi avete seguito, nella nuova creazione, quando il Figlio dell'uomo sarà seduto sul trono della sua gloria, siederete anche voi su dodici troni a giudicare le dodici tribù di Israele.[36]

Nuovo salto della quaglia: ancora una volta, il riferimento è al solo Israele ed alle sue dodici tribù: per gli altri niente[37].

Anche dopo la Pentecoste, quando gli apostoli parlano a tutti i presenti nelle rispettive lingue, i presenti sono tutti Ebrei: Ebrei della diaspora, che hanno dimenticato la lingua dei padri e vengono un po' da tutto il mondo conosciuto, ma comunque Ebrei.

In seguito Paolo di Tarso, il vero inventore del cristianesimo, non a caso definito *l'apostolo delle genti*, ha allargato gli orizzonti del movimento al mondo intero. Ma l'universalità del messaggio, stando ai vangeli, non è così evidente come l'attuale Chiesa cattolica e lo stesso Paolo di Tarso amano credere e far credere. Né l'uno né l'altra hanno mai avuto un rapporto diretto con il fondatore della loro religione, se si esclude la caduta da cavallo di Paolo e la visione che egli ebbe dopo (o a causa di) questa caduta[38]. Ma durante la visione, stando agli Atti, Gesù si limita a rimproverarlo, senza fornirgli indicazioni operative.

Tutta la struttura del pensiero cristiano elaborato da Paolo è frutto della mente di Paolo stesso, Ebreo e Fariseo quanto si vuole

---

[36] Mt 19,28

[37] A parte la parzialità, devo dire che trovo abbastanza singolare questa promessa. Prima di tutto, fra quei dodici c'è anche Giuda che l'onnisciente Gesù, si suppone, sapeva già essere il futuro traditore. A meno che non pensasse a Mattia che, dicono gli Atti degli Apostoli, sostituirà Giuda subito prima della Pentecoste. In secondo luogo, è ovviamente improbabile che il giudizio delle dodici tribù di Israele duri per tutta l'eternità. Mi viene spontaneo chiedermi che cosa faranno, tutti seduti su quei troni, una volta che il giudizio sarà finito.

[38] La sintomatologia è abbastanza ricorrente: caduta da cavallo, trauma cranico, svenimento, allucinazione, cecità temporanea. Saulo, il futuro Paolo, era fariseo, e credeva quindi nella resurrezione. In quei giorni era attivamente impegnato nella repressione del movimento cristiano, i cui componenti erano ancora (e ancora a lungo sarebbero stati) esclusivamente ebrei. In fondo all'anima coltivava forse un senso di rimorso per le sofferenze che procurava ai suoi connazionali: la sua stessa conversione, così subitanea, potrebbe essere vista come una prova di insicurezza nei riguardi dell'ortodossia farisaica. La sua *visione* potrebbe essere stata il frutto di questo inconscio rimorso, e la *miracolosa* guarigione dalla cecità un normale ritorno della vista, qualche tempo dopo aver subito il trauma.

ma cittadino Romano e quindi, diversamente dalla gran parte degli altri Ebrei, tutt'altro che ostile a Roma. Se non ci fosse stato Paolo, difficilmente Gesù di Nazareth sarebbe diventato il Salvatore dell'umanità: più probabilmente sarebbe stato uno dei tanti sconosciuti profeti, più o meno esaltati, che allora come ora annunciavano l'imminente fine del mondo, che poi non viene mai, e la stringente necessità di pentirsi, che nessuno avverte sul serio, a parte loro.

LA PASSIONE: DALLA CENA AL GETSEMANI

1. *Perché fu decisa la morte di Gesù?*

Abbiamo già notato, nelle pagine precedenti, che secondo Luca gli abitanti di Nazareth, scandalizzati per avergli sentito dire, nella loro sinagoga, che le scritture si erano compiute in lui, a-vevano deciso sull'istante, senza tanti complimenti, di uccidere Gesù per il reato di bestemmia:

> All'udire queste cose, tutti nella sinagoga furono pieni di sdegno; si leva-rono, lo cacciarono fuori della città e lo condussero fin sul ciglio del mon-te sul quale la loro città era situata, per gettarlo giù dal precipizio. Ma e-gli, passando in mezzo a loro, se ne andò.[1]

Non è, questo, il solo caso in cui qualcuno si propone di fare giustizia sommaria a spese di Gesù. Il tentativo si rinnova alla festa della Dedicazione:

> I Giudei portarono di nuovo delle pietre per lapidarlo. Gesù rispose loro: «Vi ho fatto vedere molte opere buone da parte del Padre mio; per quale di esse mi volete lapidare?». Gli risposero i Giudei: «Non ti lapidiamo per un'opera buona, ma per la bestemmia e perché tu, che sei uomo, ti fai Di-o».[2]

Il Vangelo stesso e gli Atti degli apostoli citano diversi altri casi di giustizia sommaria eseguita dai Giudei o dai loro governanti non Romani, il più celebre dei quali riguarda Giovanni Battista.
Erode, senza processo e senza scrupoli, pur di accontentare la nipote Salomè non esita a regalarle la testa del Battista.
C'è anche l'episodio della mancata lapidazione dell'adultera[3] che però, trattandosi *solo* di una donna, e per di più peccatrice,

---

[1] Lc 4,28-30
[2] Gv 10, 31-33
[3] Gv 8,7

per la mentalità del tempo non andrebbe preso neppure in considerazione. Comunque, la folla è decisa a lapidarla; ed è proprio Gesù a salvarle la vita, con uno dei suoi interventi più belli, se non il più bello, narrati nei vangeli.

Veniamo agli Atti degli apostoli, dai quali apprendiamo che Stefano offende il sentimento religioso del Sinedrio con un coraggioso discorso, infarcito di citazioni bibliche, teso a dimostrare il nesso fra Gesù e le profezie. Egli ribadisce la propria fede in Cristo Risorto ed accusa l'uditorio di una sordità e durezza di cuore che il finale dell'episodio conferma:

> Proruppero allora in grida altissime turandosi gli orecchi; poi si scagliarono tutti insieme contro di lui, lo trascinarono fuori della città e si misero a lapidarlo. E i testimoni deposero il loro mantello ai piedi di un giovane, chiamato Saulo. E così lapidavano Stefano mentre pregava e diceva: "Signore Gesù, accogli il mio spirito". Poi piegò le ginocchia e gridò forte: "Signore, non imputar loro questo peccato". Detto questo, morì.[4]

Per l'identico reato ascritto a Gesù, la bestemmia, la condanna è dunque eseguita per direttissima, pochi giorni dopo la morte del Nazareno, d'iniziativa del Sinedrio: non c'è alcun giudizio, alcun ricorso a Pilato, nessun bisogno d'un intervento di Erode. E nessun intervento censorio dei Romani a carico dei giudici. Negli Atti leggiamo anche di Giacomo, fratello di Giovanni:

> In quel tempo il re Erode cominciò a perseguitare alcuni membri della Chiesa e fece uccidere di spada Giacomo, fratello di Giovanni.[5]

Eppure, apparentemente, quest'uso disinvolto della condanna capitale da parte delle Istituzioni ebraiche non sarebbe lecito. È per questo, ci dice Giovanni, che dopo i primi interrogatori al Sinedrio Gesù viene condotto davanti a Pilato:

> Uscì dunque Pilato verso di loro e domandò: "Che accusa portate contro quest'uomo?". Gli risposero: "Se non fosse un malfattore, non te l'avremmo consegnato". Allora Pilato disse loro: "Prendetelo voi e giudi-

---

[4] At 7, 57-60.
[5] At 12,1-2. Flavio Giuseppe (Antichità Giudaiche, XX, 200) parla della lapidazione, nel 62, di un "Giacomo, fratello di Gesù, che era chiamato anche Cristo". Sarà stato un altro cugino.

catelo secondo la vostra legge!" Gli risposero i giudei: "A noi non è consentito mettere a morte nessuno".[6]

La CEI precisa, a questo riguardo:

> La pena di morte era riservata al rappresentante dell'imperatore, detentore dei massimi poteri.[7]

Affermazione che lascia un po' il tempo che trova, alla luce di quanto abbiamo appena potuto rilevare circa la morte del Battista, di Stefano e di Giacomo, e delle intenzioni bellicose che già erano emerse a carico dello stesso Gesù.

Peter Walker fornisce un'interpretazione più complessa ed articolata delle motivazioni per cui il Sinedrio aveva bisogno di un intervento del Procuratore di Roma:

> Era da una ventina d'anni (dal 6 d.C.) che le autorità giudaiche avevano perso il diritto di infliggere autonomamente pene capitali; perciò la loro proposta avrebbe dovuto avere l'approvazione di Ponzio Pilato. Probabilmente egli non avrebbe avuto molti scrupoli a consentirvi, ma non aveva alcuna simpatia per le autorità giudaiche, e in quell'occasione avrebbe potuto scegliere di respingere la richiesta.[8]

Strana coincidenza: il 6 d.C.[9] è lo stesso anno in cui si verifica quel famoso censimento che secondo Luca aveva avuto luogo tredici anni prima. Ed è anche, guarda caso, l'anno in cui, proprio in Galilea e proprio in odio al censimento Romano, nasce il movimento degli Zeloti, partito votato alla resistenza contro

---

[6] Gv 18,29-31

[7] Nota a Gv 18,31, pag. 1079. Non me ne voglia l'estensore di questa nota se lo invito a prestare maggiore attenzione alla sintassi: la nota, così come è formulata, dà l'impressione che sia proprio il rappresentante dell'imperatore, in quanto detentore dei massimi poteri, a dover essere condannato a morte. Sarebbe stato meglio scrivere "il potere di comminare la pena di morte era riservato…".

[8] Peter Walker: *Il mistero della tomba vuota – Storia e archeologia della morte, sepoltura e risurrezione di Cristo*, pag. 23. Mondadori, 2000. Peter Walker è docente di esegesi del Nuovo Testamento a Oxford, esperto di archeologia e topografia della Gerusalemme antica. È anche, è opportuno precisarlo, *un credente entusiasta nella persona e nell'opera di Gesù Cristo* (presentazione nei risvolti della controcopertina del libro). Va detto, a suo merito, che il suo stile non ha nulla della sprezzante supponenza che caratterizza, invece, quello di Messori.

[9] Vedi cronologia in appendice.

Roma, i cui esponenti i Romani chiamavano collettivamente, e sbrigativamente, *ladroni*[10].

Questo evento è ricordato chiaramente, negli stessi Atti degli apostoli, per bocca di Gamaliele, fariseo e dottore della Legge[11], che invita i suoi colleghi del Sinedrio ad usare prudenza nel trattare Pietro e gli altri seguaci di Gesù:

> Qualche tempo fa venne Teuda, dicendo di essere qualcuno, e a lui si aggregarono circa quattrocento uomini. Ma fu ucciso, e quanti s'erano lasciati persuadere da lui si dispersero e finirono nel nulla. Dopo di lui sorse Giuda il Galileo, al tempo del censimento, e indusse molta gente a seguirlo, ma anch'egli perì e quanti s'eran lasciati persuadere da lui furono dispersi.[12]

Uta Ranke Heinemann aggiunge che i movimenti nazionalisti ed irredentisti tendevano a nascere proprio in Galilea:

> Durante tutto il periodo della vita di Gesù il paese intero era una polveriera politica. Secondo Pinchas Lapide si svolsero, dal tempo dei Maccabei (165 a.C. circa) alla rivolta di Bar Kokeba (132-135), 62 guerre in cui gli ebrei lottarono per la loro indipendenza politica, *61 delle quali erano partite dalla Galilea.*[13]

Non sembra illogico supporre che i Romani volessero assicurarsi, con quella disposizione, che i giudici Ebrei non fossero troppo indulgenti verso i loro connazionali zeloti. Per questo avevano avocato a sé la giurisdizione per i reati di sedizione e violenza, e quindi anche il giudizio e la sentenza da emettere, che in quei casi prevedeva la morte sulla croce: dopo la sconfitta di

---

[10] Gli zeloti erano, a tutti gli effetti, dei patrioti irredentisti, fanatici quanto si vuole ma, in ottica moderna, eroici. Erano zeloti gli ultimi resistenti che a Masada, dopo la distruzione di Gerusalemme, al termine di un lunghissimo assedio preferirono suicidarsi in massa piuttosto che arrendersi ai Romani. L'odio degli zeloti verso il censimento derivava dal fatto che esso consentiva ai Romani di decidere l'entità della tassazione da imporre alle popolazioni censite. Quanto all'appellativo di *ladroni*, anche i fascisti, soprattutto durante il periodo sciagurato della Repubblica di Salò, chiamavano *banditi* i membri della Resistenza.
[11] Gamaliele non era un qualunque carneade: salvo omonimie, Paolo lo cita come proprio maestro. Secondo la CEI era un rabbino moderato e stimatissimo.
[12] At 5, 36-37.
[13] Uta Ranke Heinemann: *Così non sia*, RCS, 1993, pag. 114. Il corsivo è mio.

Spartaco, per lo stesso reato, lungo la via Appia erano stati crocefissi i ribelli a migliaia. Non si deve dimenticare, infatti, che la crocifissione era una pena tipicamente Romana, inesistente nel sistema penale giudaico.

Ma per l'ordinaria amministrazione l'ingerenza dei Romani nel governo delle province era ridotta al minimo. Tanto è vero che il Procuratore, che all'epoca che ci interessa era Ponzio Pilato, neanche risiedeva a Gerusalemme: di solito se ne stava a Cesarea, e solo in particolari occasioni si spostava nella capitale, portando con sé un contingente militare di rinforzo. Le occasioni in questione erano quelle in cui si verificavano grandi assembramenti, che a loro volta erano regolarmente fonte di disordini: prima fra tutte la festività della Pasqua. Ecco perché gli Ebrei, in altre circostanze, non si ponevano troppi problemi a lapidare peccatrici e bestemmiatori: il Procuratore, di solito, era altrove e non si preoccupava più di tanto dell'uccisione di qualche Giudeo qui e là.

Dunque, le ribellioni prendevano regolarmente il via dalla Galilea. È del tutto normale, allora, che quel predicatore Galileo fosse guardato con sospetto. Perché Gesù, non dimentichiamolo, per tutti era Galileo e probabilmente lo era davvero, a onta dei tentativi di Matteo e Luca di farlo nascere a Betlemme.

Il sospetto a suo carico era tanto più giustificato, in quanto fra i suoi discepoli c'erano di sicuro alcuni zeloti: uno di loro, un tale Simone, è appunto detto *lo Zelota* negli stessi testi evangelici. Per di più, quei discepoli giravano armati. Precorriamo i tempi, per un attimo, e vediamo cosa succede, secondo Luca, al momento dell'arresto di Gesù:

> Allora quelli che erano con lui, vedendo ciò che stava per accadere, dissero: «Signore, dobbiamo colpire con la spada?»[14].

Pietro, secondo Giovanni, non aspetta nemmeno la risposta:

> Allora Simon Pietro, che aveva una spada, la trasse fuori e colpì il servo del sommo sacerdote e gli tagliò l'orecchio destro.[15]

---

[14] Lc 21,49

Come mai Pietro e gli altri hanno con sé la spada, proprio la sera in cui con Gesù celebrano la Pasqua? Non sarà che con quella spada ci andavano in giro da un pezzo, magari proprio da quando si erano trasformati, da pescatori, in seguaci di un messia perché, da buoni Galilei, vedevano in lui la possibilità di realizzare le loro idee zelote? Quella spada, per di più, Pietro deve averla affilata con cura e dimostra di saperla maneggiare. Lo si può dire perché per tagliare quell'orecchio deve per forza aver agito in fretta, d'impulso, o altrimenti le guardie avrebbero avuto il tempo di bloccarlo. Ciò nonostante, la sua precisione nel colpire è notevole: un dito più in là, e il servo del sommo sacerdote si ritrova con una fetta di cranio in meno; un tantino più forte, e la spada gli trancia la spalla. Quindi, Pietro (o, se non Pietro, quello degli apostoli che ne fa uso) quella spada la coccola, la cura, ci si esercita e sa usarla con una perizia difficilmente immaginabile in un pacifico pescatore riconvertito in annunciatore di liete novelle. E sì che Gesù gli aveva detto di perdonare, di porgere l'altra guancia e di amare i suoi nemici (ma del caratteraccio di Pietro abbiamo già parlato)!

È difficile escludere che Gesù fosse considerato da molti dei suoi stessi discepoli (sicuramente questo era l'approccio di Simone lo Zelota) un ottimo richiamo per le masse, un feticcio di cui avvalersi per portare le folle sotto le proprie bandiere e condurle poi alla rivolta.

Rivolte di Galilei, come abbiamo visto, ce n'erano già state, e con una certa frequenza. Anche il Vangelo ne dà testimonianza:

---

[15] Gv 18,10. Marco, Matteo e Luca attribuiscono invece il gesto ad "uno dei presenti". L'omonimia potrebbe far pensare che il Simone in questione fosse proprio lo Zelota (ciò sarebbe coerente con gli orientamenti politici del personaggio), e non Pietro. Questa ipotesi, che mi permetto di avanzare, dimostrerebbe che l'estensore del vangelo di Giovanni non era presente all'evento, avendo confuso i due, e confermerebbe – *ad abundantiam* – che il Giovanni evangelista non è il Giovanni apostolo. Luca, con l'occasione, fa anche compiere a Gesù l'ultimo miracolo. Egli racconta infatti che il Maestro riattacca l'orecchio al ferito, il quale comunque, come gli altri presenti, non ci trova niente di strano e porta a termine la sua missione senza nemmeno dire *grazie*. Altrettanto sorprendente, nel racconto di tutti e quattro, è il fatto che il colpevole dell'atto di violenza non venga arrestato a sua volta.

> In quello stesso tempo si presentarono alcuni a riferirgli [a Gesù] circa quei Galilei, il cui sangue Pilato aveva mescolato con quello dei loro sacrifici.[16]

I Romani, dunque, avevano ucciso di recente alcuni Galilei che erano al tempio per compiere i loro sacrifici. Costoro, evidentemente, stavano facendo anche qualcosa d'altro, qualcosa di tanto negativo – *politicamente negativo* - agli occhi di Pilato, da indurlo ad intervenire con un'energica azione repressiva. Probabilmente quei Galilei facevano appello al sentimento non solo religioso ma anche patriottico dei loro connazionali, se dal Tempio predicavano la rivolta. In conclusione, Pilato non era nuovo ad iniziative di repressione dei movimenti irredentisti originari della Galilea che, promossi dagli Zeloti, avevano continuato a nascere dal 6 in poi.

Senza curarsi del precedente, e dimenticando che lui stesso predica la pace, il perdono, l'amore e la concordia, la prima cosa che Gesù fa, entrando nel Tempio, è di scatenare un parapiglia fra quelli che vi stazionano. È un passo che abbiamo già citato, ma giova rileggerlo e ragionarci su:

> Ed entrato nel tempio, si mise a scacciare quelli che vendevano e compravano nel tempio; rovesciò i tavoli dei cambiavalute e le sedie dei venditori di colombe e non permetteva che si portassero cose attraverso il tempio. Ed insegnava loro dicendo: «Non sta forse scritto:
> *La mia casa sarà chiamata casa di preghiera per tutte le genti?*
> Voi invece ne avete fatto una spelonca di ladri!»[17]

L'immagine dell'episodio proposta dall'evangelista e ripresa un po' da tutta l'iconografia tradizionale, da Giotto a Gustavo Doré fino a *Jesus Christ Superstar*, vede Gesù, solo e terribile, fronteggiare e disperdere gli squallidi mercanti che profanano il luogo sacro. Ma può davvero essere andata così? Poteva Gesù, *da solo*, scacciare tutta quella gente ed *impedire che si portassero cose attraverso il tempio?*

---

[16] Lc 13, 1
[17] Mc 11,15-17

Le cose, a mio parere, devono essere andate in un altro modo. Gesù, affiancato dai suoi discepoli, deve aver compiuto un vero e proprio *blitz* dimostrativo, che si è risolto in un pesante e gravissimo atto d'accusa contro il sommo sacerdote che, lungi dall'imporre il rispetto del luogo, lucrava probabilmente una percentuale sugli incassi dei mercanti.

Insomma, una banda di Galilei invade il tempio e compie un atto di forza poco dopo che Pilato, proprio nel tempio, aveva bloccato un'altra banda di Galilei, uccidendone alcuni membri ed altri (come vedremo) arrestandone.

Chi era dunque, Gesù, per Pilato? Nient'altro che uno di quei facinorosi. E chi era Gesù per gli esponenti del Sinedrio? Esattamente la stessa cosa: un individuo pericoloso, un ulteriore elemento di disturbo in una situazione che vedeva i Romani pronti a quegli interventi, risolutori e definitivi, che poi in effetti attuarono nel 70.

Gesù non faceva assolutamente nulla per smentire i loro timori o guadagnarsi la loro simpatia: al contrario!

L'episodio dei mercanti nel tempio secondo me è determinante: è quello a rendere necessario agli occhi di Anna e Caifa, *longa manus* di Roma a Gerusalemme, il ricorso a Pilato. Col loro gesto, Gesù e i suoi discepoli hanno offeso non solo la loro autorità, ma anche quella del Procuratore, che è presente a Gerusalemme ed ha appena represso un atto, della stessa natura, compiuto da gente della stessa origine.

A parte questo episodio, i vangeli sottolineano come ogni volta che dei farisei o dei dottori della Legge andavano a chiedergli qualcosa, Gesù li copriva di insulti e minacce, e li indicava apertamente al popolo come esempi di corruzione, iniquità, menzogna e vanità. A loro, custodi dell'ordine costituito, il suo comportamento appariva quindi pericoloso e destabilizzante.

Entrando in Gerusalemme, Gesù si fa poi accogliere come un re e si comporta, volutamente, in modo tale da risvegliare il ricordo di profezie avventistiche. Come non tenere conto di tutto questo? E infatti proprio di questo, ammette Giovanni, si preoccupa il Sinedrio[18]:

> Allora i sommi sacerdoti e i farisei riunirono il sinedrio e dicevano: "Che facciamo? Quest'uomo compie molti segni. Se lo lasciamo fare così, tutti crederanno in lui e verranno i Romani e distruggeranno il nostro luogo santo e la nostra nazione".[19]

Alla luce dei precedenti e dell'esplosiva situazione politica, la preoccupazione del Sinedrio appare del tutto legittima. E Caifa non fa che dare voce al pensiero di tutti, quando propone l'inevitabile soluzione al problema:

> Ma uno di loro, di nome Caifa, che era sommo sacerdote in quell'anno, disse loro: "Voi non capite nulla e non considerate come sia meglio che muoia un uomo solo per il popolo e non perisca la nazione intera.[20]

Quando dice che Caifa era sommo sacerdote in quell'anno, Giovanni, volontariamente o no, dà l'impressione che la carica fosse annuale. In realtà essa, fino all'arrivo dei Romani, era sempre stata vitalizia. Poi i procuratori Romani avevano avocato a sé il potere di nominare e rimuovere il sommo sacerdote. Mossa del tutto logica, nella loro ottica, stante il potere che a questi avevano lasciato di amministrare la Giudea: il sommo sacerdote governava il popolo, e i Romani governavano il sommo sacerdote. Caifa era stato nominato da Valerio Grato, predecessore di Ponzio Pilato, e al momento dei fatti era in carica già da una quindicina d'anni. Una permanenza così prolungata (prima di lui, Grato aveva nominato altri tre sommi sacerdoti, rimuovendoli uno dopo l'altro in breve volgere di tempo) mette in evidenza l'attenzione che Caifa poneva ad essere gradito ai padroni Romani.

---

[18] Non è dato di sapere quale sia la fonte dalla quale gli evangelisti attingono le notizie riguardanti le riunioni e le deliberazioni del Sinedrio, degli Scribi e dei Farisei. Possiamo attribuire una qualche veridicità a ciò che essi riferiscono al riguardo, in quanto è plausibile l'ipotesi che una parte di costoro (come Nicodemo e Giuseppe di Arimatea) simpatizzasse per Gesù (o per gli Zeloti), e che sia appunto questa la fonte di informazione degli evangelisti.
[19] Gv 11,47-48
[20] Gv 11,49-50.

Giovanni s'avventura poi in una disquisizione con la quale vorrebbe dimostrare che Caifa, essendo Sommo Sacerdote – e quindi, bene o male, investito di un'autorità sacra - in quel momento, esprimendosi in quei termini, inconsapevolmente profetizza, in quanto annuncia che Gesù, morendo, avrebbe salvato l'intera nazione, cioè l'umanità; insomma, dice Giovanni, Caifa confermerebbe senza rendersene conto ciò che vuole negare, e cioè che Gesù è il Messia. Ma perfino la CEI, nella sua nota sull'argomento, percepisce il vero valore, quello politico, dell'affermazione:

> Caifa fu un inconscio profeta, perché in realtà egli voleva sacrificare Gesù agli interessi politici.[21]

Un male minore per scongiurarne uno maggiore: non vedo in cosa un tale ragionamento, tanto più se rapportato ai tempi in cui fu formulato, sarebbe scandaloso. Il cinismo è il pane dei potenti, come Machiavelli racconta nel suo *Il Principe*. È ipocrita.

Reso accorto della decisione del Sinedrio di ucciderlo, Gesù decide, per un po', di sparire dalla circolazione:

> Gesù pertanto non si faceva più vedere in pubblico tra i Giudei; egli si ritirò di là nella regione vicina al deserto, in una città chiamata Efraim, dove si trattenne con i suoi discepoli.[22]

Ma ritorna alla vigilia della Pasqua, dopo aver organizzato l'ingresso trionfale in Gerusalemme cui ho già fatto cenno, pur sapendo che il Sinedrio lo vuole morto. Perché prima si nasconde e poi torna, esibendosi in modo così plateale? Il comportamento, che non sembra razionale, lo diventa se lo si inquadra nel contesto della psicologia del protagonista.

Gesù, l'abbiamo visto, *vuole* essere ucciso. Ma vuole anche che la sua morte avvenga quando e come lui desidera: alla Pasqua, mentre Gerusalemme è affollata. La Pasqua, per gli Ebrei, ha un immenso valore simbolico, e lo stesso valore ha ovviamente anche per Gesù. Egli pensa che, così come il sangue di un agnello

---

[21] Nota a Gv 11, 51, pag. 1072
[22] Gv 11,54

sacrificale salvò dalla decima piaga d'Egitto Israele, che poi partì verso la Terra Promessa, allo stesso modo il suo sangue e il suo ritorno fra i vivi condurranno Israele verso la nuova Terra Promessa, il Regno.

Quanto dico può suscitare l'indignazione di chi mi legge, ma i vangeli non lasciano alcun dubbio in proposito: *Gesù ha organizzato accuratamente la propria morte*. Egli già sapeva che, per il fatto stesso di essere un predicatore Galileo, avrebbe destato il sospetto di tutti; in più, si è sistematicamente comportato in modo da alimentare e rinvigorire quel sospetto, attizzando l'odio e il rancore della classe dominante nei propri confronti.

Fra la notte del giovedì e il pomeriggio del venerdì si verifica così l'incontro di una serie di volontà, convergenti anche se per motivazioni lontanissime fra loro: prima fra tutte quella di Gesù che è convinto di essere il Messia, aspira al martirio ed è sicuro che risorgerà: il terzo giorno, così come Giona, dopo tre giorni, è stato restituito alla terra dal pesce che lo aveva ingoiato.

C'è poi la volontà di quella di parte del Sinedrio (chiamiamola, per brevità, *la Destra*) che vuole sbarazzarsi di un nemico giurato suo e dei gruppi che essa rappresenta; un nemico, per giunta, Galileo: un ennesimo esponente, cioè, di quei movimenti destabilizzanti che, da una trentina d'anni, dalla Galilea s'irraggiano in tutto Israele destando l'irritazione dei Romani. Sicuramente Anna, Caifa e i loro simpatizzanti all'interno del Sinedrio (la Destra, appunto) odiano quel Nazareno, e dal loro punto di vista ne hanno ben donde: Gesù, in base alla Torah, è un bestemmiatore, un Galileo che, in spregio alle Scritture, osa spacciarsi per messia: già questo basterebbe per condannarlo, ma per questo basterebbe una *normale* lapidazione. Il vero problema è che affascina le folle e le aizza contro di loro. Predica la bontà e la pace, ma come credergli? Si circonda di gente sospetta, tutti Galilei come lui, alcuni dei quali sono sicuramente zeloti. Anche ammesso che sia in buona fede, come escludere che i suoi seguaci non lo siano affatto, che si servano di lui per sobillare la folla contro i Romani e contro i collaborazionisti che hanno nel

Sinedrio, col rischio di provocare una repressione spietata e cieca? Ciò che ha fatto nel Tempio è la prova, agli occhi di Anna e Caifa, delle sue intenzioni destabilizzanti.

Basta seguire un ragionamento semplicissimo: il popolo odia ferocemente i Romani mentre la Destra del Sinedrio è invece collaborazionista: Gesù ne chiama i rappresentanti ed epigoni *ipocriti, sepolcri imbiancati, razza di vipere*.

Nella narrazione evangelica questa violenta accusa di falsità è riferita in generale ai Farisei ed al loro modo di intendere la Legge, ed abbiamo già notato come contrasti con lo spirito della predicazione di Gesù di Nazareth. Questo contrasto, a mio avviso, è dovuto non tanto a Gesù quanto agli evangelisti, i quali hanno a modello gli Ebrei conservatori di almeno cinquant'anni dopo, nemici dichiarati del loro movimento[23], ed estendono l'accusa a tutta la corrente tradizionalista ebraica, anche quella coeva di Gesù.

Sono dunque gli evangelisti a ritenere che Gesù condanni senza appello *tutti* i Farisei. Lui, in realtà, ce l'ha solo con la Destra i cui esponenti, a loro volta, muniti di una formidabile coda di paglia, pensano che egli rinfacci loro di fingersi ottimi Ebrei e di trescare nel contempo con l'invasore Romano.

A questo punto la pericolosità politica di Gesù diventa evidente: Gesù dice *Scribi e Farisei*; ma, secondo la Destra, gli Zeloti e il popolino intendono – o devono intendere - *amici dei Romani*.

La Destra potrebbe sbarazzarsi senza troppe difficoltà di Gesù di Nazareth, come farà poco tempo dopo con Stefano, e come Erode ha fatto poco tempo prima con Giovanni il Battista e tornerà a fare con Giacomo: i Romani, anche se hanno avocato a sé il potere di irrogare la pena di morte, non hanno badato e non baderebbero più di tanto alla morte di un altro *ladrone*. Ma Gesù

---

[23] Il mio non è del tutto un esercizio di congettura perentoria. Tacito narra di disordini nella comunità ebraica di Roma, al tempo di Nerone: gli Ebrei ortodossi ed i gruppi cristiani, già presenti al loro interno, litigavano ferocemente fra loro. L'astio degli evangelisti verso gli anziani delle comunità, che li respingevano, doveva essere molto forte.

ha compiuto, nel Tempio, una sfida che ha valore anche e soprattutto politico. Ecco perché Caifa vuole che venga condannato da Pilato: per offrire al Romano una prova di lealtà e dimostrargli che Gerusalemme è in buone mani.

Erode, che comunque nel processo entra solo marginalmente (ammesso che vi entri), ha motivi non diversi da quelli del sommo sacerdote, per volere anche lui la morte di Gesù: è un re fantoccio, che Pilato potrebbe far rimuovere con un semplice schiocco di dita: più ancora di Caifa, ha interesse a tenersi buoni i Romani. I motivi di Erode sono aggravati dalla pretesa – dell'interessato o dei suoi seguaci, poco importa – che Gesù sia il Messia, e quindi (nell'ottica veterotestamentaria) il nuovo re di Israele.

I Romani, infine, da anni reprimono movimenti di fanatici politico-religiosi, originari quasi tutti della Galilea. Di questo Yehoshua sanno solo quel che loro riferiscono i suoi accusatori: è Galileo, si spaccia per re, e parecchia gente gli va appresso: non occorre altro, a loro, per decidere della sua sorte.

Giudicare dell'esecuzione capitale comminata a Gesù di Nazareth senza tenere conto del contesto storico e politico nel quale essa fu decretata ed eseguita, e della psicologia dei personaggi coinvolti, è riduttivo e, soprattutto, causa la distorsione della realtà dei fatti: ciò che appunto è accaduto prestando fede cieca ed incondizionata alla narrazione dei vangeli. Vangeli che, non lo si deve dimenticare, sono opera di seguaci di Gesù i quali, inevitabilmente, sapendo che nessuno avrebbe potuto smentirli, più che una narrazione storicamente esatta hanno fornito della vicenda una versione partigiana, tutta tesa a confermare la validità delle loro convinzioni e ad esaltare la figura di Gesù e il suo coincidere con le profezie bibliche.

Nessuno poteva smentirli: poco dopo gli eventi narrati nei vangeli, il contesto socioculturale nel quale essi si sono verificati ha cessato di esistere: non c'erano più, dal 70, né Sinedrio, né Tempio, né tetrarchi, né altro. Nessuna delle istituzioni ebraiche coinvolte nella vicenda poteva più intervenire per esprimere il proprio punto di vista e le proprie ragioni. Il racconto va pertanto esaminato sforzandosi di andare oltre il suo contenuto fideistico e apologetico – in un parolone: *mitopoietico*[24] - per tentar di individuare ciò che di effettivamente storico esso contiene e avvicinarsi, per quanto possibile, all'autentica realtà dei fatti.

2. *Giuda, il ladro traditore*

Come ho già avuto modo di accennare a proposito del ruolo di Maria, nell'economia dei vangeli Giuda è un personaggio necessario ai fini dello sviluppo del dramma. Da perfetto *deus ex machina* – anzi, *diabolus ex machina* – egli compare nella narrazione di tre evangelisti su quattro al momento in cui diventa necessario, e cioè nell'imminenza della Passione. Solo Matteo lo cita prima, all'inizio del decimo capitolo, quando lo nomina in fondo all'elenco dei dodici; e ce la mette tutta per porlo, da subito, in una cattiva luce: *e Giuda l'Iscariota, che poi lo tradì*.
È notevole che il famoso episodio della cena di Betania, ignorato da Luca, sia raccontato da Matteo e Marco in un modo e da Giovanni in tutt'altra maniera.
Gesù, in quest'episodio, è a cena a casa di Simone il lebbroso (secondo Matteo e Marco) o del redivivo Lazzaro (secondo Giovanni). Una donna (Mt e Mc) o Maria, sorella di Lazzaro (Gv)[25] rompe un vaso di alabastro e col prezioso contenuto di mirra unge il capo (Mt e Mc) o i piedi (Gv) di Gesù, suscitando l'indignazione dei discepoli (Mt), di alcuni presenti (Mc), o del solo Giuda Iscariota (Gv): invece di sprecarlo, è la critica, quell'unguento si poteva vendere, e ricavarne denaro da dare ai poveri. La risposta di Gesù è in tutti e tre i vangeli la stessa: *di poveri ne avrete sempre, io invece presto non ci sarò più*. Solo Giovanni aggiunge che Giuda, in realtà, quei soldi rimpiangeva

---

[24] Ossia generatore di miti
[25] Comunque non Maria Maddalena, come vuole la tradizione popolare.

di non aver potuto rubarli, perché era il cassiere del gruppo e s'impossessava di tutto quello che nella cassa veniva messo.

Quest'affermazione suona acida e non troppo fondata anche perché abbiamo appreso da Luca (8, 2-3) che Gesù e i suoi discepoli erano assistiti da Maria di Magdala, Giovanna, Susanna e molte altre con i loro beni.

Questa funzione di Giuda come cassiere sembra dunque inventata lì per lì, giusto perché occorreva una scusa per motivare il tradimento. A meno che, naturalmente, l'informazione di Luca sulle finanziatrici non sia sbagliata. Non va dimenticato inoltre che secondo Giovanni, l'evangelista che a Giuda dà del ladro, la predicazione di Gesù è durata tre anni. Possibile che Gesù e gli altri si siano fatti derubare per tutto questo tempo da Giuda senza accorgersene, e senza digli niente?

A un primo esame non si vede a cosa servisse questo tradimento: Gesù era conosciuto dal Sinedrio, dai Farisei e dai dottori del Tempio, che gli erano stati sempre dietro, con la loro perfidia, per metterlo alla prova e cercare scuse per arrestarlo. Qualcuno di loro lo aveva perfino invitato a pranzo. Per di più, Gesù era estremamente popolare, almeno fino al momento del suo arresto: a Gerusalemme, l'abbiamo appena detto, viene accolto come un re. Se avevano bisogno di sapere dov'era a una certa ora di un certo giorno, i Sinedriti non avevano certo bisogno di un traditore a pagamento, nel gruppo di Gesù, che andasse a dirglielo: un loro agente lo avrebbe individuato gratis. In quest'ottica potrebbe avere ragione Uta Ranke Heinemann, che giunge alla conclusione che Giuda, il tradimento e i trenta denari non sono mai esistiti. E quindi, nemmeno la profetica frase *uno di voi mi tradirà*.

Tuttavia, come vedremo meglio nel prossimo capitolo, una funzione Giuda può averla avuta in quanto Gesù, alla vigilia della Pasqua, organizza i propri spostamenti in modo da non essere arrestato prima del momento che lui reputa giusto: per alcune ore, effettivamente, anche le eventuali spie del Sinedrio possono averlo perso di vista. Giuda serve a Gesù per realizzare il suo progetto nel migliore dei modi.

3. *I trenta denari e la morte di Giuda*

La coincidenza fra il numero delle tribù di Israele e quello degli
apostoli fa pensare che quest'ultimo abbia un valore simbolico,
più che un'oggettiva realtà storica.

Gli Ebrei sono sempre andati matti per i numeri: un esempio di
questa passione si trova nell'Apocalisse di Giovanni, che descrive la *bestia* e ne dice:

> Faceva sì che tutti, piccoli e grandi, ricchi e poveri, liberi e schiavi rice-
> vessero un marchio sulla mano destra e sulla fronte; e che nessuno potes-
> se comprare o vendere senza avere tale marchio, cioè il nome della bestia
> o il numero del suo nome. Qui sta la sapienza. Chi ha intelligenza calcoli
> il numero della bestia: essa rappresenta un nome d'uomo. E tal cifra è sei-
> centosessantasei[26]

Non sarà che anche il prezzo del tradimento significa qualcosa?
Ecco il momento topico del malvagio patto fra Giuda e il Sinedrio:

> Allora uno dei Dodici, chiamato Giuda Iscariota, andò dai sommi sacerdo-
> ti e disse: «Quanto mi volete dare perché io ve lo consegni?» E quelli gli
> fissarono trenta monete d'argento.[27]

In effetti i *trenta* denari, *per chi aveva intelligenza*, volevano dire
qualcosa. Essi sono infatti una citazione dal profeta Zaccaria, ed
anche il prezzo che il Deuteronomio fissa per uno schiavo.

E così Matteo vuole farci credere che il Sinedrio, che di profeti e
scritture se ne intende, è così stupido da comportarsi in modo tale da far realizzare le profezie, proprio attraverso quel Nazareno
che considera blasfemo.

C'è poi un'incongruenza narrativa e cronologica che emerge dal
raffronto fra il vangelo e gli Atti degli apostoli circa la fine di
Giuda. Nei vangeli la morte del traditore è narrata solo da Matte-

---

[26] Ap 13, 16-18. In questo caso, dato che per gli Ebrei come per i Greci, le cifre erano
rappresentate dalle lettere dell'alfabeto, quella cifra voleva dire "Nerone Cesare":
Giovanni ce l'aveva con l'Imperatore. Poi, questo innocentissimo numero è diventato
sinonimo di demoni, streghe, magie nere e diavolerie di ogni tipo.
[27] MT 19,14-15

o, secondo il quale il mattino dopo l'ultima cena, colto da rimorso, Giuda torna al Sinedrio, litiga con i sacerdoti, getta nel tempio i trenta denari e va a impiccarsi. I sacerdoti raccolgono il denaro e lo utilizzano per acquistare un cimitero per stranieri, detto il *Campo del vasaio*, che con l'occasione cambia nome e diventa *Campo di Sangue*. Come dicevamo, danno stupidamente modo all'evangelista di infilare l'ennesima profezia. Ma non importa: stando a Matteo, il campo lo comprano loro.

Luca però, all'inizio degli Atti, fa dire a Pietro:

> Fratelli, era necessario che si adempisse ciò che nella scrittura fu predetto dallo Spirito Santo per bocca di Davide riguardo a Giuda, che fece da guida a quelli che arrestarono Gesù. Egli era stato del nostro numero e aveva avuto in sorte lo stesso nostro ministero. Giuda comprò un pezzo di terra con i proventi del suo delitto e poi precipitando in avanti si squarciò in mezzo e si sparsero fuori tutte le sue viscere. La cosa è divenuta così nota a tutti gli abitanti di Gerusalemme, che quel terreno è stato chiamato nella loro lingua Akeldamà, cioè campo di sangue.[28]

La CEI, e le altre bibbie in mio possesso, sorvolano sulla citazione di Pietro e non spiegano dove Davide abbia profetato a proposito di Giuda. Come mai? A mio parere perché non l'ha mai fatto[29]. È rimarchevole, comunque, l'assoluta inattendibilità del racconto. Il discorso di Pietro, infatti, sarebbe stato pronunciato subito dopo l'ascensione di Gesù e cioè, stando agli Atti, quaranta giorni dopo la Passione[30]. In sostanza Giuda non si sarebbe suicidato, come dice Matteo, ma avrebbe anzi utilizzato i trenta denari per acquistare quel terreno. Ma quando? Non di certo il giorno del processo né quello dopo, che era sabato. Dunque, almeno due giorni dopo: cioè, dopo la resurrezione di Gesù. Il perfido Giuda, insomma, non si sarebbe creato nessun problema all'idea che il Maestro da lui tradito era risorto e si sarebbe tranquillamente dedicato alle sue iniziative immobiliari. Poi sarebbe caduto e si sarebbe squarciato il ventre. Ma cosa

---

[28] At 1,16-19

[29] Conclusione cui sono giunto dopo la lettura del secondo libro di Samuele, quello appunto in cui si narrano le gesta di Davide re.

[30] At 1,2

c'era in quel campo, cavalli di Frisia? Il fatto sarebbe diventato talmente notorio, nel giro di soli quaranta giorni, che tutta Gerusalemme avrebbe ribattezzato quel campo *Akeldamà*.[31] È tanto grossolana l'intera storia, quanto la caricatura della crudeltà e dell'ottusa avidità di Giuda, oltre che delle modalità della sua morte. È molto più gentile Matteo che almeno, mediante il pentimento, dà al povero strumento della volontà divina un'implicita possibilità di redenzione. Tuttavia, afferma la CEI nell'introdurre gli Atti, il loro racconto è basato su materiale sicuro:

> Nel libro si trovano inseriti alcuni brani di un diario di Luca, presente agli avvenimenti [...]. Per il resto, l'autore dimostra di usare varie fonti. Un terzo circa del libro contiene una trentina di discorsi – otto sono di Pietro e dieci di Paolo – elaborati da Luca su materiale sicuro.[32]

Luca, che si basa su *materiale sicuro*, negli Atti smentisce dunque Matteo e sbudella Giuda, per bocca di Pietro, così come più in là fa morire tutto ad un tratto Erode roso dai vermi[33], inaugurando quel filone religioso-letterario che si bea di scene sanguinolente e trucide in nome della bontà di nostro signore Gesù Cristo.

Il messaggio sottinteso è che Dio (il dio del perdono e dell'amore paterno) punisce in modo terribile chi lo offende non solo nell'al di là, ma anche – qualche volta – in questo mondo: il che – truculenza a parte - è bello, istruttivo ed edificante.

Ancor di più lo sarebbe se fosse vero.

---

[31] Ho sentito Vittorio Messori fare un tentativo, non so se più comico o più patetico, di sanare almeno parzialmente le incongruenze che qui ho messo in evidenza, affermando che la forca citata dall'evangelista per il suicidio di Giuda non è quella che intendiamo noi. Giuda non si sarebbe appeso ad una corda legata alla *biforcazione* (forca) di un robusto ramo d'albero, come farebbe un qualunque suicida che si rispetti, ma avrebbe *infilato il capo* in una biforcazione, lasciandosi poi pendere, e da lì sarebbe caduto squarciandosi il ventre. Secondo Messori, infatti, la forca usata dai Romani era fatta così. Mah.

[32] Introduzione agli Atti degli Apostoli, II comma, pag. 1084.

[33] At 12,23

4. *L'ultima Cena*

Il luogo della Cena è indicato dai vangeli in modo piuttosto si-
billino. Matteo narra che, interrogato al riguardo dai discepoli,
Gesù dice loro:

> "Andate in città, *da un tale*, e diteglì: il Maestro ti manda a dire: il mio
> tempo è vicino; farò la pasqua da te con i miei discepoli"[34]

Da un tale: un'indicazione precisa quanto la genealogia del primo capitolo. Marco e Luca sono meno generici ma più tortuosi:

> «Andate in città e vi verrà incontro un uomo con una brocca d'acqua; se-
> guitelo e là dove entrerà dite al padrone di casa: il Maestro dice: dov'è la
> mia stanza, perché io vi possa mangiare la Pasqua con i miei discepoli?
> Egli vi mostrerà al piano superiore una grande sala con i tappeti, già pron-
> ta; là preparate per noi».[35]

Questa non è una prova del potere profetico di Gesù. Dimostra
semplicemente che egli si era preventivamente messo d'accordo
con qualcuno per trovare un posticino riservato dove celebrare
in pace la Pasqua con i suoi discepoli. E ce li fa arrivare, i discepoli, con una manovra di avvicinamento degna di un romanzo di
spionaggio: che un uomo andasse in giro con una brocca
d'acqua non era usuale, in quei tempi, in quanto la raccolta
dell'acqua dai pozzi era una mansione femminile. Sembra quasi
che fosse stato scelto, questo comportamento, come il segno di
riconoscimento di un agente segreto. Questa apparente bizzarria
narrativa conferma che Gesù non voleva essere catturato prima
che maturassero i tempi: ci teneva, prima, a celebrare la Pasqua
con i Dodici: lo dirà infatti espressamente, come vedremo più
avanti. Niente di esoterico, dunque: Gesù si sarebbe mosso solo
dopo il tramonto, per non farsi vedere in giro, e i suoi discepoli,
seguendo un tizio qualunque, avrebbero sviato possibili spie; la
manovra serviva a guadagnare tempo.

---

[34] Mt 26,18. Il corsivo è mio.
[35] Mc 14,13-15. Il racconto di Luca è identico. Giovanni, a questo proposito, non dice
nulla.

La cena, almeno per i Sinottici, è incentrata su due momenti: la notizia del tradimento e l'istituzione dell'Eucaristia.

L'indicazione di Giuda come traditore è esplicita in Matteo e Giovanni, solo accennata negli altri due. In Giovanni, che sul tradimento di Giuda calca la mano più di tutti, si nota tuttavia anche l'urgenza di Gesù: a Giuda, alla fine della cena, egli dice infatti la famosa frase: *Quello che devi fare, fallo al più presto*. Essere catturato solo dopo la Cena, *ma essere catturato*, rientrava, l'abbiamo detto, nei piani di Gesù. C'è infatti un'altra frase, che Giovanni gli attribuisce, che potrebbe essere letta in un senso opposto a quello che le dà l'evangelista stesso.

Il Maestro ha appena lavato i piedi ai discepoli e li invita a seguire il suo esempio di umiltà; poi prosegue:

> Sapendo queste cose, sarete beati se le metterete in pratica. Non parlo di tutti voi; *io conosco quelli che ho scelto; ma si deve adempiere la Scrittura*: Colui che mangia il pane con me, ha levato contro di me il suo calcagno. Ve lo dico fin d'ora, prima che accada, perché, quando sarà avvenuto, crediate che Io Sono.[36]

Eccoci di nuovo al problema di Giuda.

L'indicazione che Gesù fornisce, a proposito del realizzarsi della profezia, rafforza l'ipotesi che il tradimento a proprio danno egli lo abbia in realtà organizzato: *io conosco quelli che ho scelto; ma si deve adempiere la Scrittura*. In altri termini: *ho bisogno di un traditore*. Si potrebbe arrivare a pensare che Giuda, il ladro traditore, in realtà agisse su istruzioni e mandato del Maestro. Oppure che Gesù lo avesse incluso fra i suoi apostoli, di proposito, proprio in quanto ladro e disonesto, sapendo che ne sarebbe stato tradito e facendone strumento del suo piano. Egli, in quest'ultimo caso, avrebbe *provocato* il reato di Giuda mettendo, per così dire, il formaggio accanto al topo; e sarebbe responsabile di averlo indotto in tentazione. Invoco dunque per Giuda il riconoscimento di circostanze attenuanti, essendo egli stato in qualche modo plagiato.

---

[36] Gv 13,17-19. Il corsivo è mio.

La frase finale, nella citazione, è tra le poche nelle quali Gesù dichiara la propria divinità che, lo abbiamo visto, altrove nega, e anche abbastanza recisamente. Ma è significativo che profferisca questa frase proprio in questa circostanza: egli è ormai entrato nel personaggio che ha deciso di interpretare. Si è cioè ormai convinto di essere effettivamente il figlio di Dio; o almeno, cerca di convincersene. C'è infatti, nel Gesù di Giovanni, un crescendo febbrile, un progressivo e quasi parossistico immedesimarsi nell'agnello sacrificale:

> Dette queste cose, Gesù si commosse profondamente e dichiarò: «In verità, in verità vi dico: uno di voi mi tradirà».[37]

Forse qualcuno, per questo genere di affermazioni, mi darà dell'anticristo. Io, più modestamente, mi contento di fare l'anti-Messori: uso cioè, almeno in questo caso, il suo metodo di indagine basato, come già ho fatto notare, sulla *congettura perentoria*. Solo che io lo faccio con finalità opposte, ponendo in evidenza che il significato dei testi evangelici cambia a seconda di chi li legge e di quali loro parti colpiscono la sua attenzione[38]. Io, inoltre, non propongo *una verità*, ma solo una delle tante possibili chiavi di lettura del testo: quella scettica. Poi, ognuno è padrone di credere quello che gli pare.

Andiamo dunque avanti. Ovviamente, per quel che ne sapeva Giovanni, il comportamento di Giuda era effettivamente spregevole, e così lo descrive; tuttavia noi rileviamo che, a più riprese, Gesù lascia intendere di volere egli stesso che gli eventi si svi-

---

[37] Gv 13,21
[38] Non solo dei testi evangelici, naturalmente. Lo stesso vale per il Corano, l'Antico testamento, le leggi e i codici civili e penali: tutto ciò, insomma, che ha un'origine umana. Si veda, a questo proposito, quanto nota Michel Onfray nel suo delizioso *Trattato di Ateologia,* che ho già citato nell'Introduzione. Solo le scienze esatte escludono la necessità di quella mediazione fra l'autore del testo e il suo fruitore, sia essa personale o curata da terzi, che definiamo *interpretazione*: Nella geometria euclidea la somma dei quadrati costruiti sui cateti di un triangolo rettangolo sarà infatti sempre e comunque equivalente al quadrato costruito sull'ipotenusa: è un dato oggettivo che non ammette, appunto, interpretazioni. Tutto ciò, invece, che riguarda l'uomo, risente di una valutazione soggettiva, ivi inclusa la Storia; figurarsi la leggenda.

luppino in un certo modo. Giuda potrebbe dunque aver semplicemente eseguito le sue istruzioni, o essersi comportato conformemente ai suoi desideri: *quello che devi fare, fallo al più presto*.

5. *L'Eucaristia*

Il secondo momento fondamentale della cena, per quanto riguarda i Sinottici, è costituito dall'istituzione dell'Eucaristia: *un
evento che Giovanni non cita affatto*. Singolare, questa omissio-
ne, alla luce dell'importanza che Giovanni stesso attribuisce alla
parte della narrazione che va dalla Cena alla sepoltura: sei capitoli su ventuno, un quarto abbondante del totale. Tanto per rilevare la sproporzione, Matteo si limita a due capitoli su ventisei,
Marco a uno e mezzo su sedici e Luca a due su ventiquattro.
Il Vangelo di Giovanni esordisce con la famosa frase: *In principio era il Verbo [...] e il Verbo si fece carne, e venne ad abitare
in mezzo a noi*[39]. L'istituzione dell'Eucaristia è evidentemente
un evento con ricadute enormi, sul piano filosofico e teologico.
Strano davvero, dunque, che proprio Giovanni, l'evangelista filosofo, ignori un momento che la Chiesa cattolica mette fra i più
significativi della vita e della predicazione del Messia, e che appare così strettamente correlato con l'incipit del suo vangelo:
l'evento, cioè, che dovrebbe far sì che il *Verbo continui a farsi
carne*, ogni giorno e in ogni messa, al momento dell'elevazione.
La stranezza è ancora più rilevante se si pensa che in un passo
precedente, nel capitolo 6, lo stesso Giovanni fa dire a Gesù che
solo chi mangia il suo corpo e beve il suo sangue avrà la vita e-
terna: è uno di quei momenti in cui il Maestro parla per enigmi,
tanto che subito dopo, seccato, un buon numero di discepoli lo
abbandona. E pensare che, secondo alcuni, l'evangelista Giovanni altri non è che il discepolo prediletto di Gesù, quello che
gli stava più vicino in quel momento fatale. Eppure non ribadi-

---

[39] Gv 1, 1 e 1,14

sce il concetto nel momento dell'effettivo concretizzarsi di quell'annuncio.

Ma è pur vero che Matteo, Marco e Luca quell'episodio lo raccontano: e tre evangelisti sinottici ne valgono bene uno filosofo. Dovendo dunque rinunciare alla narrazione di Giovanni, accontentiamoci dei sinottici. Leggiamo la versione di Luca:

> Quando fu l'ora, prese posto a tavola e gli apostoli con lui, e disse: "Ho desiderato ardentemente di mangiare questa Pasqua con voi, prima della mia passione, poiché vi dico: non la mangerò più, finché essa non si compia nel regno di Dio". E preso un calice, rese grazie e disse: "Prendetelo e distribuitelo tra voi, poiché vi dico: da questo momento non berrò più del frutto della vite, finché non venga il regno di Dio". Poi, preso un pane, rese grazie, lo spezzò e lo diede loro dicendo: "Questo è il mio corpo che è dato per voi; fate questo in memoria di me". Allo stesso modo, dopo aver cenato, prese il calice dicendo: "Questo calice è la nuova alleanza nel mio sangue, che viene versato per voi".[40]

Ho scelto la versione di Luca per due motivi. Il primo, di secondaria importanza, è che questa versione potrebbe confermare la mia maligna insinuazione in base alla quale Gesù ha accuratamente organizzato la propria passione e morte: *Ho desiderato ardentemente* dice, *di mangiare questa Pasqua con voi, prima della mia passione.*

Il secondo motivo, più importante, è che questa, come già ho rilevato, è l'unica versione dell'episodio nella quale compaia l'espressione *fate questo in memoria di me*: Matteo e Marco non la riportano. È una frase fondamentale, nella teologia cristiana e cattolica, in quanto su di essa si basa tutta una quantità di elucubrazioni e speculazioni. Ecco, infatti, cosa dice la Chiesa:

> Il nostro Salvatore nell'ultima Cena, la notte in cui veniva tradito, istituì il sacrificio eucaristico del suo Corpo e del suo Sangue, *col quale perpetuare nei secoli, fino al suo ritorno, il sacrificio della croce,* e per affidare così alla sua diletta Sposa, la Chiesa, il memoriale della sua morte e risurrezione: sacramento di pietà, segno di unità, vincolo di carità, convito pa-

---

[40] Lc 22, 14-20

squale, nel quale si riceve Cristo, l'anima viene ricolmata di grazia e viene dato il pegno della gloria futura[41]

Perpetuare nei secoli? A dire il vero, la frase *fate questo in memoria di me*, così come da Luca è inserita nel contesto, sembra riferita al solo pane, e non anche al vino, ma anche questo dettaglio non è fondamentale. Ciò che conta è che su questa frase la Chiesa basa la liturgia della Messa, che appunto è il rispetto di quella prescrizione[42], nell'interpretazione che ad essa è stata subito data, almeno stando agli Atti degli apostoli. Infatti, nel commentare l'episodio nel racconto di Matteo[43], la CEI annota:

> La chiarezza e precisione del linguaggio di Cristo escludono ogni significato metaforico; l'onnipotenza della sua parola garantisce la realtà del miracolo. Il sangue della vittima unica e perfetta sancisce (cfr. Es 24,4-8) la nuova e definitiva alleanza di Dio con l'uomo, annunziata dai profeti: cfr. Ger 31,31; Eb. 9, 11-22. *Molti* indica la moltitudine dei credenti[44].

Mi permetto di dissentire. Niente esclude che Gesù intendesse semplicemente invitare i suoi discepoli a continuare ad incontrarsi, e condividere il cibo, nel suo nome. O addirittura, sentendosi già come morto, che intendesse dire: "mangiate *ora* questo pane, in memoria di me che mi sacrifico per voi", senza volere, per questo, invitarli a ripetere il gesto anche in futuro.

Che bisogno c'era, d'altra parte, di ripetere quel gesto in futuro? *Perpetuare nei secoli fino al suo ritorno*, dice il Catechismo. Ma la venuta del nuovo Regno era imminente, l'aveva detto Gesù stesso: lo spazio di una generazione, massimo quarant'anni; per non dire che sarebbe risorto dopo tre giorni.

---

[41] Catechismo della Chiesa cattolica, 1323, pag. 379. Il corsivo è mio.

[42] Anche se, per motivi pratici, il pane viene sostituito dalle ostie e il vino non è quasi mai distribuito ai fedeli.

[43] Mt 26,26-28. Ricordo che in Matteo e Marco la frase "fate questo in memoria di me" non appare.

[44] Nota a Mt 26,26-28, pag. 1000. In Es 24,4-8 Mosè, su istruzioni di Dio, asperge gli anziani del popolo con metà del sangue di alcuni giovenchi immolati, per stabilire l'alleanza con Dio; l'altra metà la versa sull'altare. Quanto a Geremia, la "profezia" citata riguarda la promessa di una nuova alleanza di Dio con Israele, che ha tradito la precedente. Il nesso mi sembra abbastanza forzato. Paolo, infine, nella lettera agli Ebrei ribadisce l'efficacia del sangue di Gesù ai fini della redenzione.

L'istituzione dell'Eucaristia, a mio parere, contraddice l'essenza stessa del messianesimo di Gesù di Nazareth, *perché chi pensa di tornare presto non chiede di essere ricordato.*

Giovanni, il filosofo, ha percepito questa contraddizione, ed è per questo che, pur essendo probabilmente al corrente del tenore degli altri testi, scritti prima del suo, ha preferito omettere la narrazione dell'episodio.

Gesù, infatti, è deciso a morire; ma la parte razionale della sua psiche, quella che non è sommersa da convinzioni escatologi-che[45], è profondamente turbata. *Gesù dice quelle parole perché non è poi così sicuro di risorgere.* In quel momento, quindi, egli è veramente umano: accantona le sue pretese divine e trova un modo suggestivo e toccante per sopravvivere, almeno nel ricordo, nel cuore dei suoi più fidi amici. Questo, e non altro, vuol dire la frase *fate questo in memoria di me.*

Ho esposto, naturalmente, un punto di vista lontano qualche milione di anni luce dal pensiero della Chiesa. Come ho già accennato nell'Introduzione, la Chiesa afferma infatti che il pane e il vino dell'Eucaristia si trasformano, si *transustanziano,* e di conseguenza chi assume la particola assume il corpo di Gesù:

> Il modo della presenza di Cristo sotto le specie eucaristiche è unico. Esso pone l'Eucaristia al di sopra di tutti i sacramenti e ne fa «quasi il coronamento della vita spirituale e il fine al quale tendono tutti i sacramenti». Nel Santissimo Sacramento dell'Eucaristia è contenuto *veramente, realmente, sostanzialmente* il Corpo e il Sangue di nostro Signore Gesù Cristo, con l'anima e la divinità e, quindi, il Cristo tutto intero. «Tale presenza si dice "reale" non per esclusione, quasi che le altre non siano "reali", ma per antonomasia, perché è *sostanziale,* e in forza di essa Cristo, Dio e uomo, tutto intero si fa presente»[46]

Attenzione a quei *sostanzialmente* e *sostanziale,* che non a caso il Catechismo stesso mette in corsivo: sono parole chiave. La spiegazione, nel Catechismo, prosegue citando Giovanni Criso-

---

[45] Parolona davvero grossa. *Escatologico* vuol dire "pertinente all'interpretazione dei destini ultimi dell'uomo e dell'universo" (dizionario Devoto-Oli della lingua italiana).
[46] Catechismo della Chiesa cattolica, 1374, pagg. 392-393

stomo e sant'Ambrogio, per arrivare a questa affermazione che
arriva dritta dritta dal Concilio di Trento:

> Poiché il Cristo, nostro Redentore, ha detto che ciò che offriva sotto la
> specie del pane era veramente il suo Corpo, nella Chiesa di Dio vi fu
> sempre la convinzione, e questo santo Concilio lo dichiara ora di nuovo,
> che con la consacrazione del pane e del vino si opera la conversione di
> tutta la sostanza del pane nella sostanza del Corpo del Cristo, nostro Si-
> gnore, e di tutta la sostanza del vino nella sostanza del suo Sangue. Que-
> sta conversione, quindi, in modo conveniente e appropriato è chiamata
> dalla santa Chiesa cattolica *transustanziazione*[47]

Potrei far notare sommessamente alla *santa* Chiesa cattolica,
come ho già detto, che solo Luca riporta la frase *fate questo in
memoria di me*. Agli altri non risulta. E che a Giovanni, il più
filosofico degli evangelisti ed il più analitico nella descrizione di
quegli eventi, addirittura nemmeno risulta che l'eucaristia sia
stata istituita. Ma quello che veramente mi lascia perplesso, e mi
scuso se torno sull'argomento, è la *transustanziazione*.
Il Concilio di Trento si è svolto quasi un mezzo millennio fa.
All'epoca si poteva ancora ragionare in termini aristotelici; termini, si badi bene, che Aristotele non considerava metafisici: e-
gli interpretava in quel modo *la realtà*; era, quello, il suo approccio *scientifico* al mondo materiale[48], nel quale vedeva con-
figurarsi i due aspetti della sostanza e dell'accidente[49]. Ma oggi

---

[47] Ibid, 1376.

[48] All'epoca, e per molto tempo anche dopo, non esisteva nessuna differenza fra
scienza e filosofia, così come le intendiamo oggi. Aristotele, Platone, Pitagora e Ar-
chimede erano filosofi nel senso etimologico del termine, che vuol dire *amico della
conoscenza*, e quindi si occupavano di ogni campo dello scibile. Lo stesso termine
metafisica, che designa lo studio di ciò che non è materiale, si deve ad Aristotele, che
nell'ordinare le proprie opere dispose i libri filosofici (nel senso che oggi diamo alla
parola), *metà ta phisikà*, cioè *dopo* quelli che oggi chiameremmo scientifici.

[49] Cerchiamo di fare un esempio. Ad un'osservazione superficiale un fiore di plastica
potrebbe sembrare un vero fiore; magari, il fabbricante potrebbe averlo anche profumato con un'essenza, per meglio produrre l'effetto di simulazione. Si potrebbe allora
dire che quell'oggetto ha *l'accidente* del fiore (colore, aspetto, profumo, perfino consistenza al tatto) ma la *sostanza* della plastica. Naturalmente l'approccio scientifico
condurrebbe a tutt'altra conclusione: si tratta di un polimero lavorato in un certo modo, con una formula chimica che ne evidenzia la composizione costituita da carbonio,

sappiamo che questa e molte altre speculazioni di Aristotele sono prive di fondamento. Dunque come fa, la Chiesa, a insegnare ancora (dopo Galileo, Mendeleev, Einstein ma anche Marx e Sartre) che in ogni corpo sussistono una *sostanza* e un *accidente*, quasi stessimo a passeggiare intorno a un patio in compagnia di un pensatore morto duemilatrecento anni fa? Nell'accogliere il racconto di Luca, non sarebbe più semplice dire che si celebra la messa in *ricordo* di quell'ultima cena, senza arrampicarsi sugli specchi di improbabili trasformazioni?

Perché non ammettere, in definitiva, che in quel momento Gesù era un uomo solo, spaventato e turbato, e che quelle frasi avevano un puro significato simbolico e affettivo?

6. *Sacrificio a chi, e perché?*

Nell'Eucaristia, secondo la Chiesa, si rinnova dunque il sacrificio della croce. Qui veniamo ad uno dei punti nodali dell'intero castello sul quale si fonda la teologia cristiana: la necessità del sacrificio di Cristo.

Gesù muore, dice la Chiesa, perché si sacrifica a Dio: egli assume così su di sé i peccati dell'umanità e la riscatta.

Cioè: Dio è uno, ma anche trino. La Persona Padre è adirata con l'umanità; la Persona Figlio decide di meritare all'umanità il perdono, e quindi, tramite la Persona Spirito Santo, si materializza in forma umana per sacrificarsi al Padre e indurlo a cambiare atteggiamento.

Un altro modo di presentare questo olocausto afferma che Dio, nel suo infinito amore, offre il proprio figlio in sacrificio per riscattare i peccati dell'umanità. Ma lo offre a chi? A un dio più dio di lui? Evidentemente no: se è Dio, non c'è nessuno più dio

---

idrogeno, ossigeno e quant'altro, escludendo ogni ipotesi che vi siano una sostanza e un accidente in senso aristotelico.

di lui. Quindi lo sacrifica a sé stesso; ed anche questa affermazione è priva di un fondamento logico[50].

Ad ogni modo Dio, il Padre amoroso e misericordioso della *lieta
novella*, per placare *la propria* ira esige un sacrificio umano. Di
più: esige un sacrificio sovrumano, visto che la Chiesa dice anche che Gesù è Dio egli stesso, è il Verbo che si fa carne. Quindi
torniamo sempre là: Dio sacrifica sé stesso a sé stesso[51]. È un
castello concettuale che non riesce a sembrarmi comprensibile –
e tanto meno accettabile – nemmeno con il più grande sforzo di
buona volontà, ma proviamoci lo stesso. Da cosa nasce questa
necessità di riscatto? Qual è il peccato orrendo e feroce che gli
uomini hanno commesso, infame a tal punto da rendere necessario il sacrificio di una tal vittima?

La Bibbia, nella Genesi, narra che tutto ha origine quando Eva,
la prima donna, si lascia incantare dal serpente, morde il frutto
proibito e induce Adamo a fare altrettanto: si illudono, i due, di
diventare così uguali a Dio. Dio che, si badi, ha pensato bene di
metterli in condizione di peccare, un po' come fa Gesù con Giuda, dimenticando, come dice Oscar Wilde, che un essere intelligente a tutto può resistere meno che alla tentazione.

Questo il Dio biblico lo sa benissimo: è lui che ha creato quei
due. È lui che li ha fatti intelligenti, tanto che incarica Adamo di
dare un nome a tutti gli animali. È sempre lui, infine, che ha
piazzato quell'albero in mezzo al Giardino dell'Eden: di nuovo

---

[50] Giochiamo ad usare i termini teologici: stando a questo assunto, l'Increato sacrifica
all'Increato (a sé stesso) il Generato non Creato, per salvare dalla *propria* ira le *proprie* creature. Sfido chiunque a trovare una base logica in un simile assunto. Anche
perché non si vede la proporzione fra il peccato e la pena: questo Dio è sempre esagerato. Per peccati *finiti* commina sempre pene *infinite*; e così, ammettendo che l'uomo
(creatura finita) debba essere redento, non può riscattarlo se non sacrificando il Verbo
(increato ed infinito). Un'ulteriore elaborazione di questa linea di pensiero conduce
alla conclusione che Dio non è onnipotente, se deve seguire questa via obbligata.

[51] Un teologo mi ha corretto, a questo proposito, quando mi sono riferito al Gesù eu-
caristico come a "Dio", precisando che si tratta, in realtà, del "figlio di Dio". Non essendo io un teologo, mi sfugge evidentemente qualcosa. A me risulta che per la Chiesa cattolica Gesù è una delle tre Persone dell'unico Dio, e quindi ammetto di non af-
ferrare la differenza.

il formaggio vicino al topo. Come poteva aspettarsi che esseri curiosi come quei due non finissero col provare? Ma lo sapeva benissimo fin dall'inizio! Anche perché Dio è onnisciente: sa tutto.

È questo, dice la Chiesa, il peccato originale, la macchia ereditaria da riscattare, dalla quale sono immuni soltanto Gesù stesso e la sua castissima e sempre vergine madre.

Il seguito della storia umana, stando alla Chiesa cattolica ed alle altre confessioni cristiane, non è che il lungo viaggio, documentato dalla Bibbia, verso il momento in cui quell'orrendo peccato di orgoglio e disubbidienza sarà riscattato. Come? L'abbiamo appena detto: con un sacrificio umano, anzi, sovrumano.

Il fatto è che il mito del peccato di Adamo ed Eva – pur bellissimo, in quanto narra in una metafora la presa di coscienza di sé da parte dell'umanità – non è altro, appunto, che un mito. Non è vero niente, insomma: oramai lo ammette la stessa Chiesa cattolica. Adamo ed Eva non sono mai esistiti, come mai è esistito il Giardino dell'Eden, mai un serpente ha parlato da un albero, eccetera: si tratta di una bella favola, niente di più.

Ma allora, perché Gesù di Nazareth doveva morire?

Sul piano soggettivo è ammissibile che un uomo accetti la morte nel nome di qualcosa cui attribuisce un valore che trascende quello della propria vita: è successo, succede e succederà ancora[52]. Quello che si tratta di vedere è se veramente, per quanto riguarda Gesù di Nazareth, ha un senso l'intera costruzione, fondata sull'idea del sacrificio di sé a Dio; un'idea che a mio parere, ci tengo a dirlo, è del tutto assurda.

---

[52] Basti pensare a Socrate. Socrate che, secondo quel che Platone racconta nel *Fedone*, per quanto innocente si sacrifica, volontariamente, all'idea superiore del rispetto che il cittadino deve alla legge, anche quando è sbagliata. Non è quindi vero (alcuni prelati ancora lo asseriscono) che Gesù rappresenti un caso unico e irripetibile nella storia dell'umanità. Altri tragici esempi li possiamo trovare nei kamikaze giapponesi, durante la II Guerra mondiale, e, oggi, negli attentatori suicidi islamici, motivati da un fanatismo per noi assurdo e criminale ma per loro santo e nobile. Sono esempi che, in un modo o nell'altro, si rifanno ad una visione religiosa della vita, ma anche nell'ambito militare la casistica è ricchissima: senza scomodare Tito Livio, che di simili casi ne racconta a bizzeffe, basti pensare a Pietro Micca.

Oggi, e non da oggi, la Chiesa dice che Gesù si è sacrificato – a parte il peccato originale – *per riscattare i peccati dell'umanità*. Ma cosa vuol dire questa frase? Se un padre si getta nel fuoco della sua casa in fiamme e ne tira fuori moglie e figli, e poi soccombe, il nesso causale fra il sacrificio e l'intenzione è chiaro e netto. Altrettanto dicasi del soldato che si ferma in retroguardia e s'immola, trattenendo il nemico col suo fuoco, per permettere ai commilitoni di completare la ritirata.

Ma il sacrificio di Gesù di Nazareth, così feroce e sanguinoso, quale risultato intendeva ottenere? Certamente non di indurre l'umanità a non più peccare. Peccati si è continuato a commetterne, se per peccato s'intende sopraffazione, violenza, sfruttamento, crudeltà verso gli altri[53]. Il progresso tecnologico consente anzi, man mano che il tempo passa, di peccare in modo sempre più efficiente ed efficace. Cosa vuol dire, dunque, *riscattare i peccati*? Naturalmente lo sappiamo: vuol dire che ora, *placato dal sangue di suo figlio*, Dio consente di nuovo agli uomini di accedere al paradiso.

Ma solo ora, da quando c'è stato il sacrificio. Quel frutto, mangiato da Adamo ed Eva, a Dio gli era andato proprio di traverso: a tal punto che nei secoli tra il *fiat lux* e la morte di Gesù aveva sbarrato agli uomini del porte del paradiso, spedendoli tutti o quasi all'inferno o, al massimo, nel limbo[54].

---

[53] Questo è il *mio* concetto di peccato. Quello della Chiesa è molto più ampio e occhiuto, come ho già avuto modo di rilevare, e tende a interessare la sfera personale dei comportamenti e dei pensieri più che quella sociale e di relazione.

[54] Il limbo, recentemente abolito dalla Chiesa, è l'ennesimo pannicello caldo col quale la dottrina cristiana cercò per secoli di attenuare l'implacabile *giustizia* del suo Dio e l'assurdità del suo calarsi in un certo momento nella Storia, creando così il problema dei *giusti* non cristiani; c'era poi anche quello dei bambini morti privi del battesimo. Anche qui le parzialità si sprecano, perché i patriarchi, ovviamente, facevano eccezione: Abramo (quello che ha sposato la sorellastra e l'ha prestata qui e là a vari re), Isacco, Giacobbe (quello che ha ingannato il fratello un po' scemo e gli ha rubato la primogenitura ed ha turlupinato il suocero Labano), Davide (quello che ha fatto ammazzare il marito di Betsabea per potersela prendere lui), Salomone e qualche altro, siedono su ricchi troni in Paradiso; gli altri, fino alla sua abolizione, erano tutti nel grigiore del Limbo. Le vie del Signore, d'altra parte, sono imperscrutabili. Va da sé che di Limbo non parla nessuna delle scritture, vetero o neotestamentaria che sia; nel-

Questo dice la Chiesa. Ma si può ancora, seriamente, difendere una simile asserzione? L'intera costruzione appare, oltre che assurda, anche feroce e insensata. Un Dio sanguinario e settario come quello del Vecchio Testamento può, certo, esigere sacrifici umani, tanto è vero che Abramo non trova strano che quel Dio gli chieda di sacrificargli Isacco: gli dispiace solo di dover ammazzare il suo unico erede legittimo.

Ma può arrivare a tanto l'amorevole Dio del Nuovo Testamento? Come mai, inoltre, questo Dio subisce una così macroscopica metamorfosi? È difficile riconoscere nel Dio di Paolo di Tarso lo stesso Dio di Abramo, Isacco e Giacobbe. Questo è astioso, feroce, acido come un ulceroso; quello, per quanto sessuofobo e misogino e se si esclude, naturalmente, il sacrificio sanguinario sulla croce, in confronto è generoso, amoroso e carezzevole come un giardiniere con le sue rose.

Può questo Dio, che esiste fuori dal tempo (*io sono colui che sono* dice a Mosè, per significare proprio questo) entrare nel tempo e stabilire un *prima* e un *dopo*: prima tutti all'inferno, dopo, se siete bravi, potete sperare nel paradiso; *prima* sono spietato, *dopo* divento misericordioso; *prima* amo solo il popolo eletto, *dopo* tutta l'umanità[55]? Perché ha scelto proprio *quel* tempo e *quel* luogo, per entrare nella storia?

E potrei continuare: se Dio ama tutti gli uomini, che senso ha che faccia il dono della fede e della grazia ad alcuni sì e ad altri no? E che senso ha parlare di libero arbitrio, se Dio conosce, già da prima che ciascuno nasca, ogni gesto di ogni essere umano? In queste condizioni – soprassedendo sulla ferocia sottesa all'idea stessa del sacrificio di Cristo - che senso ha programmare

---

la versione del Catechismo della Chiesa Cattolica di cui dispongo, pur citato nell'indice, è sparito dal testo. D'altra parte, se da un lato è ereditaria la condanna inflitta fino alla redenzione agli eredi di Adamo ed Eva, dall'altro, dopo la redenzione e in modo altrettanto illogico, si immagina di poter assolvere i neonati dal peccato originale, mediante il battesimo, attribuendo validità a una scelta di militanza cristiana fatta in modo del tutto inconsapevole e per interposta persona.

[55] Tutta l'umanità, anzi, escluso il Popolo eletto, stando all'antisemitismo di numerosi enunciati evangelici e a certa tradizione cristiana.

quel sacrificio? Non avranno mica ragione i calvinisti (che peraltro si rifanno ad Agostino d'Ippona), quando affermano che il destino di ognuno è segnato, e che opere e preghiere non possono modificare in nessun modo il futuro – salvezza o dannazione – di ciascun uomo? Ma se così è non posso impedirmi di chiedermi, ancora una volta: che senso ha il sacrificio di Cristo?

E andiamo ancora più indietro: Un dio perfetto, occupatissimo a contemplare sé stesso, felice di conoscersi sempre di più e di esplorare sempre più a fondo l'infinita estensione della propria perfezione, che bisogno ha di creare il mondo? Che necessità ha di amare altri che sé stesso? Che perfezione e che onnipotenza sono quelle di un Dio che non può creare che un mondo imperfetto, un mondo che ha bisogno del male[56]?

7. Il Getsemani

Giovanni, come ho già accennato più sopra, fa dell'ultima cena una sorta di angosciato monologo di Gesù, intervallato solo sporadicamente da qualche domanda che gli rivolgono i discepoli; un monologo che, letto con occhi disincantati e critici, dà la sensazione di un delirio cosciente, zeppo di reiterazioni e contenente non poche contraddizioni[57]. L'impressione che personalmente traggo dalla lettura dei capitoli di Giovanni che vanno dal 14 al 17 è che si tratti di un discorso col quale Gesù, più che chi lo ascolta, cerca di convincere sé stesso. Non ci sono, in Giovanni, la preghiera a Dio e il momento di debolezza che raccontano i Sinottici: lo spostamento al Getsemani, nel suo vangelo, ha una sola funzione: quella di consentire l'arresto di Gesù.

---

[56] Su questo argomento, rimando all'appendice Le imperfezioni della perfezione.
[57] Le contraddizioni riguardano soprattutto il rapporto di Gesù col Padre. Ad esempio, a Filippo che gli chiede di mostrargli il Padre dice (Gv 14,9-11) che il Padre è in lui e lui è nel Padre, come a sottolineare la propria unità con Dio, e quindi la propria divinità; ma poco oltre (Gv 14,28) afferma che sta per tornare al Padre, che è più grande di lui: in questo modo negando di essere pari al Padre, e quindi smentendo di avere natura divina.

> Detto questo, Gesù uscì con i suoi discepoli e andò di là dal torrente Cedron, dove c'era un giardino nel quale entrò con i suoi discepoli. Anche Giuda, il traditore, conosceva quel posto, perché Gesù vi si ritirava spesso con i suoi discepoli[58]

Come ho avuto già modo di sottolineare, i movimenti di Gesù sembrano seguire un piano preciso: finita la cena, egli si sposta dallo sconosciuto luogo dove l'ha consumata per raggiungere il giardino, nel quale sa benissimo che verrà arrestato: ci va apposta, sapendo perfettamente che Giuda avrebbe condotto là le guardie del Sinedrio. Perciò nessuno dovrebbe essere incolpato per ciò che accade dopo: né Giuda, né il Sinedrio, né i Romani: nessun altro che Gesù stesso, che avrebbe potuto evitare di subire la sua passione se solo fosse andato da qualche altra parte.

Matteo dedica al giardino solo dieci versetti nel capitolo 26. In questi versetti, per tre volte, diviso fra la sua convinzione di doversi sacrificare e l'umanissima paura di morire, Gesù cerca la solitudine, pregando di non dover bere da quel calice, e va poi a cercare il conforto dei suoi discepoli prediletti, Pietro, Giacomo e Giovanni, che però trova regolarmente addormentati. In Marco la preghiera è più accorata. Prima di lasciare soli i discepoli, il Maestro dice loro:

> «La mia anima è triste fino alla morte. Restate qui e vegliate».[59]

Quanta tenerezza e quanto rispetto ispira quest'uomo, capace di condurre fino alla fine il suo progetto nonostante la paura che prova!

> Poi, andato un po' più innanzi, si gettò a terra e pregava che, se fosse possibile, passasse da lui quell'ora. E diceva: «Abbà, Padre! Tutto è possibile a te, allontana da me questo calice! Però non ciò che io voglio, ma ciò che vuoi tu»[60].

Ovviamente, questo è il modo in cui l'estensore del Vangelo di Marco ha *immaginato* che Gesù pregasse: se il Maestro era solo,

---

[58] Gv 18,1-2
[59] Mc 14, 34
[60] Mc 14, 35-36

nessuno poteva sentire le sue parole. C'è tuttavia uno struggente e tremendamente realistico senso di ineluttabilità, in questo episodio, in questo ripetere tre volte la stessa preghiera, sapendo che essa non potrà essere esaudita. Chissà quanti condannati, la notte prima dell'esecuzione, avranno pregato e pregato, chiedendo un miracolo ma sapendo che esso era impossibile!

Marco sa rendere davvero bene l'angoscia che attanaglia il cuore e lo stomaco del condannato: quella stessa angoscia che Giovanni narra sotto la forma di un lungo, febbrile e quasi maniacale monologo, qui viene in altro modo, ma altrettanto umanamente, sintetizzata in quell'*allontana da me questo calice!*

Luca, invece, sciupa tutto: non sa rinunciare al solito angelo, che appare a confortare un Gesù che addirittura suda sangue per la tensione e la paura. Un'altra divergenza fra Luca da una parte, e Matteo e Marco dall'altra, è nell'atteggiamento che il primo attribuisce a Gesù, davanti ai discepoli addormentati, immediatamente prima dell'arresto.

Luca non parla, infatti, di quell'affannoso andare e venire per tre volte del Maestro, e del suo alternare la preghiera in solitudine alla ricerca di conforto presso i discepoli, di cui narrano invece gli altri due sinottici: un Gesù ormai rassegnato, in Matteo e Marco, li lascia dormire, dopo che in precedenza aveva tentato di svegliarli; emerge così il senso di disperata rassegnazione che è sceso nell'animo di quell'uomo, ormai pronto ad affrontare la prova. Luca, invece, racconta che soltanto adesso Gesù chiede ai discepoli di alzarsi a pregare.

Nel suo racconto, Gesù non ha ancora finito di parlare che arriva Giuda, accompagnato dalle guardie del Sinedrio.

LA PASSIONE: DALL'ARRESTO AL SEPOLCRO

1. *L'arresto.*

> Mentre [Gesù] parlava ancora, ecco arrivare Giuda, uno dei Dodici, e con lui una gran folla con spade e bastoni, mandata dai sommi sacerdoti e dagli anziani del popolo.[1]

Con queste parole Matteo inizia la parte più triste della sua narrazione. Non c'è traccia di soldati Romani, di cui non c'è alcun accenno neanche in Marco e in Luca: i mandanti dell'arresto sono chiaramente indicati nei sommi sacerdoti.

Un dubbio al riguardo, nella traduzione italiana (non in quella francese né in quella inglese di Re Giacomo) può nascere leggendo Giovanni, che ridimensiona il numero degli aggressori (nessuna menzione della *gran folla* di Matteo) e presenta la scena in questi termini:

> Giuda dunque, preso un distaccamento di soldati e delle guardie fornite dai sommi sacerdoti e dai farisei, si recò là con lanterne, torce ed armi.[2]

Questa mia precisazione nasce dalle *congetture perentorie* di Messori e Peter Walker, i quali sono invece convinti che all'arresto di Gesù fossero presenti anche dei soldati Romani.

Roma interviene, sì, ma solo dopo, quando del problema è investito Pilato. Fino a quel momento l'operazione è gestita in proprio dal Sinedrio come è dimostrato – fra l'altro – dal tono delle domande di Pilato e dalle risposte che riceve: fino a quel momento, come vedremo, di Gesù il Procuratore non aveva mai sentito nemmeno parlare. La congettura potrebbe trovare un labile appoggio nell'espressione *un distaccamento di soldati* (sottintendendo: Romani) *e delle* (nel senso partitivo: *alcune*) *guar-*

---

[1] Mt 26,47
[2] Gv 18, 3

die...[3] Questa interpretazione darebbe una qualche consistenza
all'ipotesi di un'intesa preventiva fra Pilato e il Sinedrio, e a tutta quella congerie di illazioni – fra le quali le giustificazioni che
l'imperatore avrebbe preteso da Pilato per il suo comportamento
verso il condannato, e la fantomatica lettera che questi gli a-
vrebbe inviato al riguardo – che servirebbero a dare una maggiore rilevanza storica alla figura del Nazareno. Ma anche il seguito
dell'episodio smentisce una simile ipotesi. Poco dopo, quando
Gesù viene portato via, nello stesso Giovanni leggiamo questa
diversa formulazione:

> Allora il distaccamento con il comandante e le guardie dei Giudei afferra-
> rono Gesù, lo legarono e lo condussero prima da Anna.[4]

La grammatica lascia un po' a desiderare ma il contenuto (salvo
che si debba sottintendere una virgola dopo *comandante* e dopo
Giudei), qui è più chiaro: distaccamento, comandante e guardie
sono tutti dei Giudei; e vanno da Anna (gli altri evangelisti dicono da Caifa).
I soldati di Roma, se ci fossero stati, per prima cosa avrebbero
abbattuto il feritore del servo. In secondo luogo avrebbero arrestato anche gli altri; e, non da ultimo, avrebbero portato Gesù al
Pretorio, e non a casa di Caifa o di Anna.
Si deve inoltre tenere conto di un altro, importantissimo fattore,
ignorato da Walker e Messori: i vangeli fanno di tutto per mini-
mizzare le responsabilità dei Romani nella serie di eventi che
condurranno alla morte di Gesù. Più degli altri il Vangelo di
Giovanni, l'ultimo in ordine di tempo. Nella seconda metà del
secondo secolo il problema dei rapporti fra cristiani e Impero era
ormai grave. I cristiani erano visti come sovversivi, fanatici e-
saltati e pessimi soggetti, adoratori di un criminale che la giustizia di Roma aveva condannato al più infame dei supplizi. Il re-
dattore del testo giovanneo – chiunque egli fosse – aveva, dun-

---

[3] Espressione legata alla struttura sintattica della traduzione della CEI: le versioni inglese e francese sono molto più lineari e non lasciano adito a dubbi.
[4] Gv 18,12

que, più che mai interesse a sminuire l'importanza della partecipazione di Roma alla morte di Gesù, accentuando invece il ruolo degli Ebrei. È dalle comunità ebraiche della diaspora che provenivano praticamente tutti i gruppi cristiani del tempo, che dai loro ex correligionari erano considerati traditori e blasfemi, venendone cordialmente ricambiati: i due gruppi confessionali facevano a gara nello screditarsi a vicenda, ed appunto questo fa Giovanni. Coinvolgere nell'arresto di Gesù i soldati Romani, e quindi Pilato, sarebbe stato del tutto controproducente, ai suoi fini. Se, nelle intenzioni dell'evangelista, Pilato fosse stato già al corrente dell'arresto, ed anzi ad esso partecipe, avrebbero anche poco senso gli strenui tentativi di difendere Gesù che l'evangelista stesso gli attribuisce nel corso del processo, in questo d'accordo con i sinottici. L'iniziativa, stando ai testi, fu del Sinedrio, anzi, di Anna e Caifa, i quali poi passarono la mano ai Romani.

Naturalmente, se ammettessimo la divinità di Gesù e la necessità della sua crocifissione, la discussione sarebbe puramente accademica: le scritture *dovevano* compiersi e quindi tutti, Giuda, Anna, Caifa, Erode, Pilato e Gesù stesso, erano semplici strumenti, burattini nelle mani di Dio, che doveva sacrificare il proprio figlio a sé stesso[5]. La mia ovvia precisazione nasce dal fatto che era questo, comunque, il punto di vista del protagonista. La sua ferma intenzione di farsi arrestare, già rilevabile dai passi precedenti, emerge infatti, nella narrazione di Giovanni, anche in questa circostanza. E stavolta neanche Giovanni rinuncia a segni soprannaturali cui, al solito, nessuno dei presenti fa caso. È il momento dell'arrivo delle guardie del Sinedrio:

> Gesù allora, conoscendo tutto quello che gli doveva accadere, si fece innanzi e disse loro: «Chi cercate?» Gli risposero: «Gesù, il Nazareno». Disse loro Gesù: «Sono io!». Vi era là con loro anche Giuda, il traditore.

---

[5] Ogni volta che torno su questo concetto non posso fare a meno di provare una sensazione mista di irritazione, sbalordimento e rifiuto. Sarà che a me ripugna ogni e qualsiasi forma di violenza, che sia fisica o morale, ma questa storia del sacrificio proprio non riesco a digerirla.

Appena disse «Sono io» *indietreggiarono e caddero a terra*. Domandò loro di nuovo: «Chi cercate?» Risposero: «Gesù, il Nazareno». Gesù replicò: «Vi ho detto che sono io. Se dunque cercate me, lasciate che questi se ne vadano».[6]

Quale esoterico significato vorrà attribuire, l'evangelista, alla caduta collettiva, che a me sembra inutile e grottesca? Un segno della collera divina verso i persecutori del suo figliolo? Ma loro non c'entrano: si stanno solo compiendo le sue scritture. A quel segno di collera, comunque, Giuda e gli altri non prestano la benché minima attenzione, visto che si rialzano e tornano tranquillamente alla carica.

Di Giuda e della spada di uno dei discepoli (secondo Giovanni quel discepolo è Pietro), che viene sfoderata per tagliare un orecchio a uno dei presenti, abbiamo già parlato; passiamo dunque al seguito. Gesù, sempre secondo Giovanni, prima di essere condotto via, si rivolge a Pietro:

> «Rimetti la tua spada nel fodero; non devo forse bere il calice che il Padre mi ha dato?».[7]

È, questo, un modo pieno di sottintesi con il quale Giovanni allude alle profezie. Molto meno larvata, al solito, è l'indicazione che fornisce Matteo:

> Pensi forse che io non possa pregare il Padre mio, che mi darebbe subito più di dieci legioni di angeli? Ma come allora si adempirebbero le scritture, secondo le quali così deve avvenire?[8]

Poi redarguisce i suoi catturatori, che non lo hanno arrestato quando insegnava nel tempio e nelle sinagoghe, ed ora lo vengono a prendere con spade e bastoni, e aggiunge:

> «Ma tutto questo è avvenuto perché si adempissero le Scritture dei profeti».[9]

---

[6] Gv 18,4-8. Il corsivo è mio.
[7] Gv 18, 11
[8] Mt 26,53
[9] Mt 26,56

Come ho già avuto modo di rilevare, il punto di visto laico è diverso: Gesù conosce le scritture, è convinto di essere il Messia, ed ha quindi provocato il proprio arresto per far coincidere fino in fondo la propria figura con quella, appunto, del Messia o, meglio, con la sua personale visione della figura del Messia.

Matteo e Marco raccontano che a questo punto i discepoli, presi da una specie di sgomento, corrono a nascondersi:

> Tutti, allora, abbandonandolo, fuggirono[10]

Di questa fuga non parlano Luca e Giovanni. È, questo della fuga, un particolare che mi trova poco d'accordo, essendo contraddittorio rispetto al precedente comportamento dei discepoli. Ho già accennato al fatto che ritengo improbabile la presenza di soldati Romani al momento dell'arresto di Gesù; questa mia tesi trova ora un'ulteriore conferma nel mancato arresto di Pietro e degli altri apostoli i quali, l'abbiamo visto, erano armati: e lo erano tutti stando a Luca secondo il quale, alla vista delle guardie, i discepoli provano a far muro per difendere il Maestro:

> Allora quelli che eran con lui, vedendo ciò che stava per accadere, dissero: «Signore, dobbiamo colpire con la spada?».[11]

C'è poi il taglio dell'orecchio del servo del Sinedrio, e Gesù che interviene, imperioso: «Lasciate, basta così!».

Come già ho rilevato, i soldati di Roma non ci avrebbero pensato su due volte: quello che aveva sfoderato la spada l'avrebbero infilzato sul posto, gli altri li avrebbero disarmati e portati via con il loro Maestro; e invece non succede niente.

Non succede niente perché le guardie del Sinedrio sanno quanto gli zeloti siano esaltati, sanno che sono Galilei, e sanno anche che Gesù il Nazareno e i suoi discepoli sono appunto Galilei: quindi, niente di più facile che siano zeloti. E infatti alcuni di loro (quelli armati?) lo sono; e la loro prima reazione è piuttosto bellicosa. Si fermano solo perché così intima il Maestro, ma

---

[10] Mc 14,50
[11] Lc 22,49

possiamo immaginare con che ferocia osservino quegli sgherri che lo legano: altro che fuggiti e dispersi.

E così Gesù viene portato via.

Marco racconta di un misterioso giovinetto vestito di un lenzuolo e nient'altro, sbucato da chissà dove, che segue il gruppo; le guardie, che non si sono curate degli apostoli armati, lui cercano invece di prenderlo: gli afferrano il lenzuolo, per bloccarlo, ma lui si divincola, abbandona il telo e scappa via nudo. Gesù, stranamente, non interviene, per lui, come aveva fatto per impedire che le guardie arrestassero gli altri. Secondo la CEI il giovinetto altri non sarebbe che lo stesso Marco, che però non era nel numero dei dodici; e salvo errori alla cena, e successivamente al Getsemani, con Gesù c'erano solo loro. E poi, aveva senso che un ragazzino dormisse nudo[12] in una notte fredda, in mezzo a un uliveto, coperto solo da un lenzuolo?

Stendiamo dunque un pietoso velo – anzi, un lenzuolo - su questo dettaglio superfluo e contraddittorio, e torniamo al filo principale della narrazione per rilevare che una prima smentita alla fuga dei discepoli, o di parte di loro, la forniscono gli stessi Matteo e Marco:

> Or quelli che avevano arrestato Gesù, lo condussero dal sommo sacerdote Caifa, presso il quale si erano riuniti gli scribi e gli anziani. Pietro intanto lo aveva seguito da lontano fino al palazzo del sommo sacerdote; ed entrato anche lui, si pose a sedere tra i servi, per vedere la conclusione.[13]

Marco dice che Pietro si ferma *giù nel cortile* dove per tre volte, come da predizione, rinnega il suo Maestro. Come ho già accennato, in seguito si sarà caricato di rimorsi, ed avrà rivestito di realtà e dettagli una frase buttata là da Gesù durante la cena. È comunque molto bello, sul piano narrativo, lo svolgimento di quest'episodio nel racconto di Luca (che così si riscatta per l'angelo del Getsemani):

---

[12] Ipotesi tanto più improbabile conoscendo il rigore quasi morboso con il quale la morale ebraica difende il concetto del pudore: la nudità, maschile o femminile, è considerata altamente peccaminosa dalla Torah.

[13] Mt 26,57-58

Vedutolo seduto presso la fiamma, una serva fissandolo disse: «Anche questi era con lui». Ma egli negò dicendo: «Donna, non lo conosco!». Poco dopo un altro lo vide e disse: «Anche tu sei dei loro!». Ma Pietro rispose: «No, non lo sono!». Passata circa un'ora, un altro insisteva: «In verità, anche questo era con lui; è anche lui un galileo». Ma Pietro disse: «O uomo, non so quello che dici». E in quell'istante, mentre ancora parlava, un gallo cantò. Allora il Signore, voltatosi, guardò Pietro, e Pietro si ricordò delle parole che il Signore gli aveva detto: «Prima che il gallo canti, oggi mi rinnegherai tre volte». E uscito, pianse amaramente.[14]

Da notare l'indifferenza degli astanti alla presenza di Gesù, legato e in stato di arresto, e il fatto che Pietro venga riconosciuto *in quanto Galileo,* probabilmente dall'accento: in quei tempi, arrestare Galilei doveva essere una faccenda all'ordine del giorno; abbiamo già visto perché.

Con Pietro, secondo Giovanni, c'è anche un altro discepolo, conosciuto al palazzo, ed è grazie alla sua mediazione che egli riesce ad introdursi nel cortile.

2. *Gesù, Anna e Caifa*

Le contraddizioni fra gli evangelisti a proposito di quel che accade fra Gesù e i sommi sacerdoti dimostrano chiaramente che nessuno dei quattro dispone di informazioni di prima mano al riguardo. Matteo e Marco pongono Gesù, immediatamente dopo l'arresto, subito di fronte all'intero Sinedrio presieduto da Caifa, e vedono nascere la decisione di consegnarlo a Pilato in una seconda sessione, al mattino; secondo Luca, invece, il Maestro rimane fino all'alba nel cortile, aspettando che si riunisca il consiglio degli anziani del popolo, con i sommi sacerdoti e gli scribi. Secondo i tre, in definitiva, pur se con qualche sfumatura di differenza nella cronologia e nel numero delle udienze, tutto il Sinedrio è presente all'interrogatorio di Gesù.

Giovanni racconta questo interrogatorio in modo diverso e, secondo me, più convincente. Non tutto il Sinedrio, infatti, era

---

[14] Lc 22, 56-62

venduto a Roma. Nel suo seno si trovavano simpatizzanti di Gesù (Giuseppe di Arimatea, ad esempio, e Nicodemo; e potevano essercene degli altri). Ma a parte questo, la stragrande maggioranza degli Ebrei si sarebbe ben guardata dal rivolgersi a Pilato, men che meno per una questione di carattere squisitamente interno, riguardante la legge mosaica: sarebbe stato come ammettere il suo potere, e quindi il potere di Cesare, e chinarglisi davanti. Piuttosto che commettere una simile enormità, *che era bestemmia essa stessa*, avrebbero liberato il peggiore dei delinquenti. Pur se bestemmiatore, Gesù era uno di loro: Romani o no, lo avrebbero lapidato. Ma da Pilato, mai!

Una conferma indiretta del fatto che non tutto il Sinedrio era presente agli interrogatori condotti da Anna e Caifa la si può trovare negli Atti degli apostoli, là dove il già ricordato Gamaliele suggerisce agli altri dottori della Legge di lasciar perdere Pietro e gli altri seguaci di Gesù:

> Per quanto riguarda il caso presente, ecco ciò che vi dico: non occupatevi di questi uomini e lasciateli andare. Se infatti questa dottrina o questa attività è di origine umana, verrà distrutta; ma se essa viene da Dio, non riuscirete a sconfiggerli; non vi accada di trovarvi a combattere contro Dio![15]

Questo discorso non può venire da uno che un paio di mesi prima ha preso parte all'interrogatorio di Gesù ed ha condiviso la decisione di condannarlo per bestemmia. Il fatto stesso che vengano espressi simili concetti evidenzia chiaramente che il Sinedrio, nel suo complesso, non aveva partecipato alle decisioni dei suoi capi. Anche ammesso, infatti, che il solo Gamaliele fosse stato assente fra la notte di quel giovedì e il successivo venerdì, nel tempo successivamente trascorso egli avrebbe sicuramente appreso dagli altri del Sinedrio di quel processo e di quella condanna così fortemente da essi voluta, e non si sarebbe quindi espresso in quel modo, nella circostanza che abbiamo visto, parlando dei seguaci del condannato.

---

[15] At 5, 38-39

Luca smentisce dunque sé stesso, negli Atti, e dà ragione a Giovanni, secondo il quale Gesù viene sbrigativamente interrogato solo dai due massimi rappresentanti del Sinedrio, il sommo sacerdote Caifa e suo suocero Anna. L'intera sequenza riguarda solo loro, Anna e Caifa: il che è assolutamente logico. Caifa è sommo sacerdote da anni, grazie alla benevolenza che ha sicuramente comprato da Pilato e dal suo predecessore (con i governatori ed i procuratori di Roma, nelle provincie, l'unico modo di acquisire benevolenza era *pagare*); Anna è suo suocero e lo ha preceduto nella carica: ha quindi gli stessi identici interessi. In quanto Ebreo, non metterà piede in casa di Pilato per non contaminarsi; ma in quanto collaborazionista, insieme al genero vuole far vedere a Pilato quanto è solerte nello stroncare le insurrezioni di quei *ladroni* di Galilei. Insurrezioni che, d'altra parte, preoccupano sinceramente i due, che si sforzano di salvaguardare, per quanto possono, l'integrità del tempio e il loro popolo: come abbiamo visto, è lo stesso Giovanni a riferire queste loro preoccupazioni.

Dal punto di vista ebraico, la copertura giuridica dell'accusa c'è tutta: Gesù, durante l'interrogatorio, ribadisce di ritenersi re dei Giudei e Figlio di Dio e quindi, secondo Anna e Caifa, bestemmia orribilmente. Anche la coscienza, così, è salva.

Il popolo ebraico non c'entra: Gesù è stato consegnato alla giustizia di Roma, per motivi politici, dai potenti locali di turno: gente messa e tenuta al suo posto da Roma. Quindi, se un responsabile morale c'è per la morte di Gesù, quel responsabile è Roma; ma questo gli evangelisti non possono dirlo. Per i fanatici visionari come l'autore dell'Apocalisse, l'imperatore di Roma era satana[16]; ma per i più pragmatici estensori dei vangeli egli

---

[16] L'autore dell'Apocalisse ce l'aveva con Nerone, autore della prima vera persecuzione contro i cristiani, che come è noto accusò di aver incendiato Roma; i cristiani ribaltarono l'accusa e la Storia, che dà sempre ragione ai vincitori, ha dato ragione a loro. Ma all'epoca i cristiani erano perdenti, e si consolavano come sempre fanno i perdenti: inventando miti. I Romani, ai tempi di Porsenna, l'avevano fatto con Muzio Scevola; gli Americani, dopo l'umiliazione subita in Libano ad opera degli integralisti islamici ispirati dall'Iran, hanno realizzato il film *Delta Force*, nel quale la realtà sto-

era invece un interlocutore dal quale non si poteva prescindere[17]: la necessità di diffondere il messaggio imponeva che Roma smettesse di guardare con sospetto alla nuova religione e che il suo fondatore non fosse più da essa considerato un criminale[18], né i suoi seguaci dei nemici dell'ordine Romano. Di conseguenza, Gesù doveva risultare un oppositore dei *perfidi giudei*[19] e Roma doveva apparire estranea alla morte di Gesù e, anzi, interessata a tentarne fino all'ultimo il salvataggio. Gesù, tuttavia, era morto sulla croce, patibolo di Roma, in base ad una sentenza di un giudice di Roma; la narrazione evangelica della Passione è stata costruita in modo da sanare questa evidente incongruenza. Col risultato, inevitabilmente, di crearne delle altre.

3. *Ponzio Pilato*

A onta dei disperati sforzi profusi dagli evangelisti per fare di Pilato un amico di Gesù, che si prodiga per salvarlo e alla fine lo condanna suo malgrado, l'opinione che la storia si è fatta di questo personaggio è caratterizzata dal disprezzo.
Pilato è diventato, per antonomasia, il vigliacchetto che si chiama fuori dalle responsabilità, quello che *si lava le mani* delle

---

rica è stata completamente ribaltata; per non dire del ripugnante *Berretti verdi*, nel quale un ormai attempato John Wayne esalta la presenza dell'esercito USA nella guerra del Viet-Nam, spacciando una fallimentare operazione colonialista per un'eroica e generosa azione umanitaria. Una visione originale – e realistica – del rapporto fra Nerone e i cristiani la si può trovare in *Nerone – Duemila anni di calunnie*, di Massimo Fini, Mondadori, 1993. Fini non esclude che i cristiani, smaniosi di accelerare i tempi della fine del mondo, abbiano entusiasticamente aiutato un incendio che, come tanti altri, si era sviluppato spontaneamente in qualche *insula* dei quartieri popolari di Roma.
[17] Questa semplice considerazione conduce all'inevitabile conclusione che il Vangelo di Giovanni e il libro dell'Apocalisse sono stati scritti da persone diverse e non, come vuole la tradizione, entrambi dall'apostolo Giovanni.
[18] Così lo definisce, ad esempio, Tito Livio, quando narra dell'incendio di Roma e dell'accusa rivolta da Nerone ai cristiani di esserne essi gli autori.
[19] Ho già citato, in corsivo, questa orrenda definizione. Così la liturgia del venerdì santo definiva gli Ebrei – tutti gli Ebrei - prima del Concilio Vaticano Secondo.

conseguenze di un evento che, tuttavia, avrebbe dovuto e potuto condurre ad una diversa conclusione; e *pilatesco* è l'aggettivo riservato ai comportamenti di questo tipo.

Questo giudizio è la risultante vettoriale di due forze contrapposte, che entrambe tirano la toga di Pilato dalla propria parte finendo, poveretto, col lasciarlo in mutande: di qua c'è la probabile verità storica, che ho già enunciato nel capitolo precedente, secondo la quale Pilato non ci pensò due volte a mandare al supplizio quel Galileo; di là la verità dei vangeli, che lo vogliono affascinato dal personaggio, anche perché condizionato da un profetico sogno di sua moglie:

> Mentre egli sedeva in tribunale, sua moglie gli mandò a dire: «Non avere a che fare con quel giusto; perché oggi fui molto turbata in sogno, per causa sua».[20]

Diamo per scontato che Matteo disponesse di informatori all'interno dell'entourage di Pilato e concediamo, per sopra misura, che questo episodio sia storico[21]. Cominciamo dunque dall'esame dell'aneddoto, che ci porta a discutere della condizione della donna nel mondo Romano. È una digressione necessaria, in quanto si tratta di stabilire se nell'esercizio delle sue funzioni un alto funzionario dell'apparato imperiale si sarebbe lasciato influenzare dalle parole della moglie.

La condizione della donna, nel mondo antico, era tutt'altro che invidiabile. Se si esamina la vita dei grandi uomini del tempo[22] si scopre che le mogli avevano per i Romani - non diversi, in questo, dagli altri loro contemporanei - una funzione quasi esclusivamente riproduttiva: esse erano le fattrici dei loro figli. Catone Uticense prestò la moglie incinta all'amico Ortensio, per consentirgli di avere dei figli, salvo poi riprendersela quando ella ebbe assolto a quella funzione.

---

[20] Mt 27,19

[21] Il dubbio è fondato sul fatto che, risiedendo a Cesarea, la moglie di Pilato non poteva sapere nulla di Gesù, che a Cesarea non risulta che sia mai andato.

[22] È emblematico, oltre che triste, che pochissime vite di grandi donne ci siano purtroppo giunte, oltre che da quello, da molti altri tempi, sia precedenti che successivi.

Nelle famiglie più importanti le donne, allora come ora, svolgevano anche il ruolo di cerniera per stabilire alleanze: così Cesare suggellò i suoi accordi con Pompeo dandogli in moglie la figlia Giulia e Tiberio dovette divorziare da Ipsania, che amava, per sposare Giulia, impostagli dal di lei padre Augusto. Cesare stesso passò con disinvoltura da Cossuzia a Cornelia, secondo la convenienza del momento.

Lo stato di inferiorità della donna Romana, rispetto all'uomo, è sottolineato dal fatto che anche le più nobili avevano di regola un solo nome, generalmente quello della casata: le già citate figlie di *Gaio Giulio Cesare* e di *Cesare Ottaviano Augusto* si chiamavano entrambe, semplicemente, *Giulia*.

Le donne non potevano mettere piede nel Senato; non mangiavano, come gli uomini, semisdraiate sul triclinio, ma semplicemente sedute; e quando appartenevano ad una famiglia per bene non circolavano per strada se non in carrozza o in portantina, con le cortine chiuse.

Non ci si deve lasciar ingannare dalle svenevolezze di Catullo per la sua Lesbia: un uomo Romano – a maggior ragione se rivestiva cariche pubbliche - si sarebbe coperto di ridicolo, se avesse esibito in pubblico la propria tenerezza per sua moglie: è quello che accadde a Pompeo che si era perdutamente innamorato di Giulia, la figlia di Cesare, e che forse per questo perse parte del prestigio di cui godeva presso i suoi soldati.

Mai dunque, almeno a quel tempo, un vero *Civis Romanus*, men che meno un rappresentante dell'imperatore, si sarebbe lasciato condizionare dalle paure di una donna[23]: un tal uomo non solo non avrebbe dato retta alle paure della moglie, ma le avrebbe anche impedito di ficcare il naso negli affari di Stato. L'episodio del sogno, quindi, è certamente una favola, inventata per dare forza alla tesi dell'Evangelista, che – lo ripeto – fa di tutto per creare un legame positivo fra la nuova religione e l'Imperatore.

---

[23] Si narra che Cesare, il giorno in cui fu ucciso, rifiutò di dare ascolto alla moglie che, proprio a causa di un sogno, lo scongiurava di restare in casa.

Ponzio Pilato era un duro: appena arrivato, nel 26, aveva comunicato ai Giudei, in modo inequivocabile e per loro offensivo e blasfemo, quel che pensava della loro religione, disponendo a Gerusalemme delle immagini sacre imperiali e facendo coniare monete recanti simboli religiosi romani; e in seguito aveva prelevato parte del tesoro del Tempio per finanziare la costruzione di un acquedotto. Quando, nel 36, fu rimosso dall'incarico, gli fu imputato un eccesso di crudeltà verso i suoi amministrati[24].

Appare improbabile, alla luce dei suoi precedenti, che Pilato abbia potuto arrendersi alle pretese del Sinedrio perché timoroso di essere denunciato all'imperatore per scarso zelo: Pilato crocifisse Gesù perché lo ritenne un nemico dell'imperatore, senza nessun bisogno di pressioni da parte dei Giudei. Riesce dunque difficile immaginare che egli potesse intenerirsi per la sorte di Gesù. Anche perché il dialogo serrato fra i due che ci è riportato dal vangelo di Giovanni non poté avere luogo: se uno scambio di battute ci fu, Pilato dovette servirsi di un interprete.

Qualcuno pretende che Gesù, a Nazareth, avesse studiato il greco, oltre alle scritture, ed ovviamente i vangeli sottintendono che conoscesse il latino, lingua nella quale si suppone che dialogasse con Pilato, salvo che lo facesse, appunto, in greco. Tale supposizione si basa sul fatto che in tutti i vangeli Gesù è definito *Rabbi*, cioè *Maestro*: un titolo che gli Ebrei davano solo ai loro intellettuali. Ma un intellettuale, all'epoca, per un Ebreo era un esperto di Torah: la conoscenza delle lingue straniere non era necessaria per acquisire il titolo. Gli Ebrei dell'epoca, al contrario, non diversamente dai più integralisti loro correligionari contemporanei, disprezzavano e snobbavano ogni forma di cultura che non fosse direttamente riconducibile alla Torah.

Giovanni, ad ogni modo, narrando un episodio che precede la Passione, smentisce tutte queste ipotesi:

---

[24] Pilato aveva ottenuto l'impiego grazie a Seiano, il famigerato capo del Pretorio di Tiberio, del quale era cliente. Probabilmente, se non fosse caduto Seiano, Pilato avrebbe potuto tranquillamente continuare a taglieggiare e tiranneggiare i Giudei per molti altri anni.

Quando ormai si era a metà della festa, Gesù salì al tempio e vi insegnava. I Giudei ne erano stupiti e dicevano: «Come mai costui conosce le Scritture, senza avere studiato?».[25]

Ma pur ammettendo che Gesù possedesse una profonda conoscenza delle Scritture, cosa già difficile se si tiene conto del suo stato sociale di figlio di un semplice carpentiere, è decisamente difficile arrivare a credere che conoscesse anche il greco o il latino, e ancor meno entrambe queste lingue. Chi poteva avere il benché minimo interesse, a Nazareth, di studiare il greco o il latino? Nazareth era un minuscolo villaggio di contadini impegnatissimi a tirare a campare, malati di una povertà cronica ed ed ereditaria; figurarsi se avevano il tempo e la voglia di pensare alle lingue straniere.

Era quindi impossibile che Gesù possedesse del greco o del latino una conoscenza tanto fluida e approfondita da poter discutere da pari a pari con Pilato che, Romano di classe equestre, di sicuro conosceva il greco a menadito: il greco era la lingua degli intellettuali e dei raffinati e, per chi aveva ambizioni politiche, conoscerlo era indispensabile.

È Giovanni, dicevamo, a narrare il dialogo più intenso fra i due. Matteo e Marco, infatti, liquidano l'intera faccenda con poche battute: Pilato, secondo loro, si limita a stupirsi dell'ostinato silenzio dell'accusato che rifiuta di difendersi, a proporre la sua liberazione e a registrare la preferenza della folla per Barabba. E infine, ribadito che non gli sembra che abbia fatto niente di male, a lavarsene le mani. Entrambi precisano che prima fa fustigare Gesù, senza precisare perché. Gli stessi Matteo e Marco, inoltre, non dicono granché dei capi d'accusa che il Sinedrio porta a Pilato contro Gesù, salvo quello di essersi definito re dei Giudei; e non dicono nulla neppure a proposito del passaggio presso Erode, ignoto anche a Giovanni e, di fatto, del tutto inutile: l'unico a parlarne è Luca. Giovanni, lo abbiamo già visto, è quanto mai vago, anche lui, circa i motivi per i quali i Giudei dicono a Pilato di voler vedere Gesù sulla croce: *Se non fosse un*

---

[25] Gv 7, 14-15.

malfattore, non te lo avremmo consegnato, gli dicono. È Luca a porsi lo scrupolo di spiegare meglio tanto livore, e di renderlo giustificabile agli occhi di un Romano:

> Tutta l'assemblea si alzò, lo condussero da Pilato e cominciarono ad accusarlo: «Abbiamo trovato costui che sobillava il nostro popolo, impediva di dare tributi a Cesare e affermava di essere il Cristo re».[26]

Come già ho accennato all'inizio del capitolo, fino a questo momento, stando ai vangeli, Pilato non sapeva nulla di Gesù. E, secondo Luca, ad accendere il suo interesse è soltanto l'accusa riguardante la pretesa maestà del prigioniero:

> Pilato lo interrogò: «Sei tu il re dei Giudei?» Ed egli rispose: «Tu lo dici».[27]

Nella narrazione di Giovanni la domanda di Pilato, la stessa, non nasce sulla base di un'esplicita accusa dei Giudei, che ancora non ne hanno fatto menzione:

> Pilato allora rientrò nel pretorio, fece chiamare Gesù e gli disse: «Tu sei il re dei Giudei?». Gesù gli rispose: «Dici questo da te oppure altri te l'hanno detto sul mio conto?».[28]

Evidentemente l'accusa era sottintesa: per definizione, i sommi sacerdoti ritenevano malfattore, agli occhi di Pilato, un millantatore, un sobillatore delle folle che, spacciandosi per re, avrebbe istigato la gente contro Roma.

4. *Barabba*

Soffermiamoci su un dettaglio della narrazione di Marco:

> Per la festa egli [Pilato] era solito rilasciare un carcerato a loro richiesta. Un tale chiamato Barabba si trovava in carcere insieme ai ribelli che nel tumulto avevano commesso un omicidio. La folla, accorsa, cominciò a chiedere ciò che sempre egli le concedeva.[29]

---

[26] Lc 23,1-2
[27] Lc 23, 3
[28] Gv 18,33-34
[29] Mc 15,6-8

Ma Barabba, secondo Matteo, non è semplicemente *un tale*:

> Avevano in quel tempo un prigioniero famoso, detto Barabba. Quindi, mentre si trovavano riuniti, Pilato disse loro: chi volete che vi rilasci: Barabba o Gesù chiamato il Cristo? Sapeva infatti che glielo avevano consegnato per invidia.[30]

In effetti, già il nome Bar-Abba (*figlio del Padre,* se non addirittura *figlio di Dio*) implica una nobiltà un tantino superiore a quella di un semplice delinquente ordinario.
Vediamo cosa ne dice Luca:

> Rilasciò colui che era stato messo in carcere per sommossa e omicidio e che essi richiedevano, e abbandonò Gesù alla loro volontà.[31]

Sommossa e omicidio: probabilmente, era uno degli autori degli scontri al Tempio soffocati nel sangue qualche giorno prima. Un patriota, insomma. Giovanni, che sbrigativamente definisce Barabba un brigante, la racconta così:

> «Vi è tra voi l'usanza che io vi liberi uno per la Pasqua: volete dunque che io vi liberi il re dei Giudei?». Allora essi gridarono *di nuovo*: «Non costui, ma Barabba!». Barabba era un brigante.[32]

Di nuovo? Questo grido, questo *non costui, ma Barabba!* Giovanni ce lo fa sentire solo adesso; ma allora cosa vuol dire *di nuovo*? Vuol dire – e lo si può dedurre anche dal racconto di Marco - che *la folla c'era già da prima*, e già da prima invocava la liberazione di Barabba. In conclusione: se folla c'è, essa è venuta per amore di Barabba, e non in odio a Gesù.
Barabba è, probabilmente, uno di quei Galilei il cui sangue Pilato aveva mescolato con quello dei loro sacrifici: un rivoluzionario nazionalista, un eroe. Non è l'unico che invece di essere ucciso sul posto sia stato arrestato: ci sono anche gli altri, quelli che troveranno la morte ai lati di Gesù: i *ladroni*. Barabba è famoso, secondo Matteo. Marco e Luca lo definiscono un ribelle e un autore di sommosse. Se non sapessimo del gravissimo gesto

---

[30] Mt 27,16-18
[31] Lc 23,25
[32] Gv 18,39-30. Il corsivo è mio.

che Gesù ha compiuto aggredendo i mercanti del Tempio, potremmo perfino arrivare a immaginare – con un'ardita congettura - che lo stesso Gesù sia stato arrestato proprio in previsione del fatto che, su richiesta della folla, Barabba sarebbe stato liberato. Egli sarebbe così servito da esempio morendo al posto dell'altro: Galileo per Galileo, sobillatore per sobillatore, capopopolo per capopopolo. Se folla c'era: perché il racconto di Giovanni parla solo di sommi sacerdoti e guardie.

5. *La croce.*

Pilato, dunque, nel racconto del solo Matteo[33], con un gesto passato alla storia come simbolo di opportunismo e viltà, se *ne lava le mani*. Ma, al solito, è necessario esaminare meglio l'episodio. Secondo Matteo lo fa per scaricare la colpa sui Giudei, i quali, afferma, la invocano su di sé e i propri figli[34].

Ma se le sarà poi lavate per davvero, Pilato, le mani? In realtà erano i giudici ebrei che, al termine di un processo, si lavavano sempre le mani, per significare che non era l'uomo ad aver emesso la sentenza, ma il magistrato. Ma allora perché Pilato lo fa, se lo fa?

Prima di rispondere, caliamoci nel tempo e nella situazione: già qualche giorno prima una banda di galilei, guidata da Barabba, aveva provocato tumulti nel tempio. Era la Pasqua, c'era una folla di pellegrini, e il rischio di ulteriori tumulti era elevato: leggendo Giuseppe Flavio si apprende che regolarmente, a Gerusalemme, i grandi assembramenti di popolo ne provocavano. Pilato, in base a un ragionamento pragmatico, o se volete cinico,

---

[33] Per la precisione, Mt 27,24. Matteo è anche l'unico a riferire la frase incriminata: «E tutto il popolo rispose: "il suo sangue ricada sopra di noi e sopra i nostri figli"».

[34] L'antisemitismo, tristemente, nasce proprio qui, dall'astio dei primi cristiani che, anche nel raccontare la storia del loro messia, fanno di tutto per gettare fango sui loro ex confratelli. È da passaggi *evangelici* come questo che nasce l'accusa di deicidio all'intero popolo ebraico, tanto assurda quanto la pretesa che esso fosse tutto, in quel momento, sotto quel balcone.

aveva tutto l'interesse a evitare altri tumulti: questo tizio, apprende, è Galileo, si spaccia per re e già ha provocato un incidente al Tempio: dunque, si dice, potrebbe tornare alla carica, e provocare morti e feriti, anche e soprattutto fra i *milites* della guardia romana. Ammettiamo che Pilato fosse combattuto, e perfino dispiaciuto; ma la *raison d'état* aveva la preminenza sulle considerazioni umanitarie, che comunque non erano poi così rilevanti nella sua mente. Condanna dunque Gesù di Nazareth, afferma E.P. Sanders, con una più che plausibile motivazione politica:

> Perché Pilato ordinò l'esecuzione di Gesù? Perché il sommo sacerdote lo raccomandò e gli fornì un'accusa efficace: Gesù si proclamava re dei Giudei. Pilato capì che Gesù era un sedicente re senza esercito, e quindi non fece alcuno sforzo per scovarne e mandarne a morte i seguaci. Probabilmente lo considerava un fanatico religioso, il cui fanatismo era diventato così estremo da diventare una minaccia alla legge e all'ordine[35].

Il lavacro delle mani è un messaggio di Matteo, l'evangelista più ebreo, ai suoi lettori ebrei: Pilato condanna *il giusto*, dice, ma solo perché costretto: abbiamo già visto quanti sforzi facciano, gli evangelisti, per tenere Pilato fuori dalle responsabilità per la morte del loro messia, anche alterandone la figura storica, quando lo dipingono come un pavido che si lascia condizionare dalle urla d'una folla che probabilmente neanche c'era. Consultiamo ancora Sanders:

> Gesù comparve davanti a Pilato e fu mandato a morte quasi immediatamente, senza altri testimoni e senza procedimento giudiziario. Le storie diffuse a proposito della riluttanza e la debolezza di volontà di Pilato si spiegano nella maniera migliore come propaganda cristiana: sono una specie di scusante per l'azione di Pilato tesa a ridurre il conflitto fra il movimento cristiano e le autorità romane[36].

Pilato, insomma, quella lavata di mani non se la fece proprio. Non sono naturalmente il solo ad avere questa opinione:

---

[35] E.P. Sanders: Op. Cit., pag. 277.
[36] Ibid, pag. 278.

Mentre dunque l'espressione «il suo sangue ricada su di noi» suona del tutto ovvia sulla bocca di un ebreo e il suo significato è chiaro e univoco, le precedenti parole di Pilato, ma soprattutto la lavanda delle mani, appaiono così tipicamente ebraiche e così poco romane che non è possibile attribuirle plausibilmente a lui. Era diritto biblico che, «se nel paese di cui il Signore tuo Dio sta per darti il possesso, si troverà un uomo ucciso, disteso nella campagna, senza che si sappia chi l'ha ucciso», gli anziani della città più vicina dovevano «lavarsi le mani» su una giovenca dicendo: «Le nostre mani non hanno sparso questo sangue e i nostri occhi non l'hanno visto spargere. Signore, perdona al tuo popolo Israele, che tu hai redento e non lasciar sussistere un sangue innocente in mezzo al tuo popolo Israele [...] Così tu toglierai da te il sangue innocente, perché avrai fatto ciò che è retto agli occhi del Signore (Dtn. 21.1-9)[37].

Insomma l'evangelista diceva ai suoi lettori, usando il loro linguaggio e soprattutto la loro simbologia, di cui Pilato non aveva la più pallida idea e cognizione, che la colpa della morte di Gesù non ricade sul Procuratore ma sugli Ebrei, che all'epoca della stesura del testo erano i più fieri oppositori della nuova confessione.

La CEI, nella sua nota di commento, sposa naturalmente la tesi dell'evangelista:

Il gesto indicava *tradizionalmente* che non si intendeva assumere la responsabilità. La motivazione della condanna di Gesù era, infatti, giudaica e Pilato non poteva intromettersi in questioni religiose che spettavano al Sinedrio.[38]

La motivazione addotta dalla CEI è contraddetta dalla natura della pena e dalla stessa scritta: *Gesù Nazareno Re dei Giudei*, che Pilato fa affiggere sulla croce, e che i Giudei gli contestano: dal punto di vista di Pilato la condanna è di natura politica, non religiosa, tanto è vero che alle rimostranze risponde: *Quel che ho scritto ho scritto.*

---

[37] Chaim Cohn: *Processo e morte di Gesù. Un punto di vista ebraico*, pag. 312. Einaudi, Torino, 2000.
[38] Nota di commento a Gv 27,24. Il corsivo è mio. Con un simile commento, la CEI non fa che ribadire, ancora oggi, che la morte di Gesù l'hanno voluta gli Ebrei, implicitamente ribadendo la vetusta accusa di deicidio.

Né va dimenticato che i compagni di sventura di Gesù sono due *ladroni*: cioè, nel senso che i Romani davano al termine, due ribelli, probabilmente zeloti e anche loro originari della Galilea. Torniamo a quei tristi momenti.

Non sorprende che la soldataglia si sia divertita a schernire Gesù sputandogli addosso, incoronandolo di spine e percuotendolo. La storia è purtroppo ricca di scene del genere. La tortura esercitata per gioco è un esercizio del tutto normale, per chi è abituato ad uccidere. Negli Stati Uniti, davanti ai carceri in cui vengono eseguite sentenze di morte, è *normale* che i fautori di questa barbarie inneggino all'esecuzione dei condannati ed innalzino cartelli che li irridono, inutilmente fronteggiati dai meno numerosi ma più civili difensori della dignità degli uomini, anche i più abietti, e del loro diritto di vivere; e non dimentichiamo le nefandezze che i militari americani commisero a Baghdad, nel carcere di Abu Ghraib, durante l'occupazione dell'Iraq.

Gesù viene dunque condotto sul Golgota. Gli viene offerto, ma rifiuta, del vino misto a fiele - ma non per deriderlo: ha la funzione di stordirlo ed attenuare il dolore - e viene infine infisso alla croce.

L'iconografia ha fissato del Gesù crocifisso un'immagine che, per quanto sanguinosa, è lontana dalla realtà agghiacciante delle vere crocifissioni romane.

Sulla base di recenti ritrovamenti archeologici, risulta che il condannato, completamente nudo, fosse appoggiato contro la croce in piedi, a braccia aperte; poi, da ciascun lato, il chiodo era infisso fra l'ulna e il radio, in prossimità del polso. Gli venivano quindi sollevate le gambe, piegandole da un lato e portando i piedi sotto le natiche, ed un terzo chiodo era infisso attraverso i due talloni; il corpo del suppliziato veniva a pesare sulle braccia. Il condannato doveva trovarsi ad altezza d'uomo, e non in alto, a circa tre metri di altezza, come indicano la tradizione e altre fonti: una croce così alta implicava un inutile dispendio di tempo ed energie e i Romani erano tipi pratici, molto attenti alla razionalità anche in queste cose.

Di sicuro i chiodi non erano fissati sulle palme delle mani: il peso del corpo avrebbe provocato l'immediata lacerazione degli arti e la caduta in avanti del condannato[39]. La morte sopraggiungeva generalmente per soffocamento in quanto i condannati, così appesi alle braccia, non erano in grado di sollevarsi abbastanza da dilatare il torace e respirare. A volte però, per prolungare la loro agonia, sulla croce veniva piazzata una specie di sedile: in questo caso la morte poteva sopraggiungere anche dopo diversi giorni. Quando si decideva che avevano sofferto abbastanza, le gambe dei crocifissi venivano fracassate; il corpo piombava allora verso il basso e sopraggiungeva il soffocamento.

Sulla base di nuovi reperti archeologici è stata avanzata una nuova ipotesi, secondo la quale la croce avrebbe avuto la forma a X della croce di Sant'Andrea che in sostanza, sovvertendo due millenni di iconografia della crocifissione, sarebbe l'unico vero strumento che i Romani, dopo averlo importato dalla Mesopotamia e perfezionato, avrebbero usato per questa forma di giustizia: era un tipo di croce pratico, facile da rizzare, a suo modo efficiente e soprattutto garantiva una morte lenta e dolorosa del suppliziato. Lo stupore di Pilato per la morte rapida di Gesù sarebbe così più comprensibile; anche la crocifissione a testa in giù di Pietro diventa più credibile se si immagina che sia stata utilizzata una croce di questa forma; essa inoltre poteva essere più leggera, e quindi anche il trasporto da parte del condannato (già fustigato e presumibilmente stremato) fino in cima al Golgota diventerebbe più plausibile[40].

---

[39] Per quanto a me noto, i destinatari delle stimmate hanno sempre ricevuto queste ferite sulle parti del corpo che *essi stessi* ritenevano corrispondessero a quelle dove Gesù era stato crocifisso: il palmo delle mani, appunto, e il collo del piede, perché là li collocava la tradizione. Si fa spazio l'idea, concedendo che non fossero autoinflitte, che si trattasse in realtà di disturbi psicosomatici e non di un segno dell'amore (si fa per dire) del Cristo per i suoi adoratori.

[40] Il monogramma che, si è sempre ritenuto, sovrappone due lettere greche, *X* e *P* (*chi e rho*), in rappresentanza delle iniziali della parola greca *Christos*, sarebbe allora la rappresentazione stilizzata di un uomo crocifisso. In questo caso, effettivamente, i chiodi avrebbero potuto essere infissi nelle mani ma passando dal dorso, e non dal palmo; i piedi, invece, sarebbero stati comunque inchiodati attraverso il tallone, cia-

Riesce difficile ammettere che Gesù, in queste condizioni, potesse parlare e addirittura gridare quell'*Eloì Eloì lema sabactani?* che gli mette in bocca Marco, salvo che fosse stato sistemato su quel sedile, che rendeva meno insopportabile la postura e permetteva allo sventurato di respirare meglio.

Questa ipotesi è suffragata dallo stupore di Pilato, che evidentemente se ne intende, quando viene a sapere da un centurione che Gesù è morto praticamente subito dopo la crocifissione: si aspettava che la sua agonia durasse più a lungo, grazie al sedile, ma lui invece non era riuscito a resistere che pochi minuti.

6. *La morte*

> Da mezzogiorno fino alle tre del pomeriggio si fece buio su tutta la terra.[41]

Così Matteo. La notizia è riferita anche da Marco e Luca, ma non da Giovanni, che con le favolette va d'accordo meno dei sinottici, i quali non s'accontentano di questa spaventosa ed interminabile eclisse: ecco cos'altro accadde secondo Matteo:

> Ed ecco il velo del tempio si squarciò in due da cima a fondo, la terra si scosse, le rocce si spezzarono, i sepolcri si aprirono e molti corpi di santi morti risuscitarono. E uscendo dai sepolcri, dopo la sua resurrezione, entrarono nelle città santa e apparvero a molti. Il centurione e quelli che con lui facevano la guardia a Gesù, sentito il terremoto e visto quel che succedeva, furono presi da grande timore e dicevano: «Davvero costui era Figlio di Dio!».[42]

Marco si accontenta di fenomeni molto meno mirabolanti:

> Il velo del tempio si squarciò in due, dall'alto in basso. Allora il centurione che gli stava di fronte, vistolo spirare in quel modo, disse: «Veramente quest'uomo era Figlio di Dio!»[43]

---

scuno con un diverso chiodo. È ragionevole supporre che a seconda delle circostanze e del materiale disponibile, fosse usato l'uno o l'altro dei modi di praticare la crocifissione.

[41] Mt 27,45
[42] Mt 27, 51-54
[43] Mc 15, 38-39

Soffermiamoci sul centurione. La versione di Marco, sfrondata dell'esagerazione apologetica, si avvicina di più a quello che può davvero essere accaduto. E cioè che il centurione può aver formulato una qualche espressione di ammirazione, vedendo la dignità con la quale Gesù aveva affrontato la più infame delle condanne ed aveva saputo morire. O forse, ironicamente, voleva dire: *Ha avuto proprio fortuna, a morire subito*. Di sicuro non poteva avere nessun motivo di riconoscere in lui un figlio di Dio solo per il modo in cui era morto. Ed ecco la versione di Luca:

> Era verso mezzogiorno, quando il sole si eclissò e si fece buio su tutta la terra fino alle tre del pomeriggio. Il velo del tempio si squarciò nel mezzo. Gesù, gridando a gran voce, disse: «Padre, nelle tue mani consegno il mio spirito». Detto questo spirò. Visto ciò che era accaduto, il centurione glorificava Dio: «Veramente quest'uomo era giusto». Tutte le folle che erano accorse a questo spettacolo, ripensando a quanto era accaduto, se ne tornavano percuotendosi il petto.[44]

Non vedo in cosa il dire *Veramente quest'uomo era giusto* significhi glorificare Dio. Questa frase, piuttosto, conferma che il centurione ha espresso apprezzamento per il coraggio del condannato. Al pentimento delle folle, che quasi certamente non c'erano, ci credo poco: stona con l'indifferenza di Gerusalemme verso gli eventi successivi narrati dagli stessi evangelisti.
I Sinottici concordano sulla rottura del velo. Ci dice la CEI che

> Il velo divideva le parti più riservate del tempio, il Santo e il Santo dei santi. Il suo squarciarsi indica la fine dell'antica economia religiosa: cfr. Eb 10,20.[45]

Ma chi glielo avrà detto, a Matteo, Marco e Luca, che il velo si è squarciato, *e proprio in quel momento*? Nel Santo, e nel Santo dei santi, poteva entrare una sola persona: il sommo sacerdote, e cioè Caifa, e neanche tutti i giorni ma solo in particolari festività. Non mi risulta che la Parasceve (la vigilia della Pasqua) rien-

---

[44] Lc 23, 44-48
[45] Nota a Mt 27,51. La lettera agli Ebrei non aggiunge niente, sul piano della veridicità storica, al racconto dei Sinottici.

trasse fra quelle occasioni. Ma anche ammesso che lo fosse,
Dobbiamo allora supporre che:

a) Caifa, incurante della misteriosa e interminabile oscurità che
   era calata su Gerusalemme, se n'è andato per motivi suoi nel
   Santo o nel Santo dei santi, e là si è trovato nel momento
   preciso in cui Gesù è morto; ha visto rompersi il velo ed ha
   preso nota dell'ora;

b) Qualcuno del suo entourage è contemporaneamente sul Golgota, con l'incarico (ma perché?) di registrare l'ora della
   morte di Gesù e riferirgliela (soprassediamo sul fatto che gli
   orologi non erano stati ancora inventati);

c) Caifa, rilevata l'incredibile coincidenza, invece di rendersi
   conto di aver davvero ucciso il Messia, decide di continuare
   a trattare l'episodio come un normale caso di bestemmia con
   aggravanti politiche; e poi,

d) invece di tenersi la notizia per sé, si tira la zappa sui piedi e
   racconta in giro che il velo si è rotto, tanto che la notizia arriva, finalmente, alle orecchie dei Nostri. Strano, se si pensa
   alla cura con la quale nasconderà, due giorni dopo, la notizia
   della risurrezione del condannato.

Questa sequenza di eventi è l'unica che giustifichi le affermazioni degli evangelisti a proposito del velo nel Tempio. Ma è
tanto improbabile e assurda che mi induce a definire l'intero e-
pisodio con una sola parola, di cinque sole lettere: *falso*.

Il suo scopo, lo dice la CEI stessa, è semplicemente di marcare
un passaggio. È stato quindi inventato, ad uso degli Ebrei, per
convertirli e convincerli che si doveva, oramai, voltare pagina.

Veniamo agli altri fenomeni che accompagnano l'agonia e la
morte di Gesù. Sorvoliamo sui resuscitati che, secondo Matteo,
se ne vanno a spasso per Gerusalemme: su questa clamorosa
panzana perfino Messori e Walker fanno cadere un fragoroso silenzio[46]; occupiamoci, allora, del terremoto, delle rocce che si

---

[46] Walker dà per certo che il velo nel Tempio si sia squarciato senza chiedersi, come
abbiamo fatto noi, da quale fonte gli evangelisti abbiano attinto la notizia.

spaccano e delle tre ore di oscurità che sarebbero scese almeno su Gerusalemme se non, come dice Luca, su tutta la terra.

Chi altri ne parla, tra le fonti dell'epoca? Nessuno. Eppure i Romani ci andavano matti, per fatti del genere. Plinio il Vecchio arrivò a farsi ammazzare dal Vesuvio, nel 79, per vedere da vicino il portento d'eruzione che aveva distrutto Pompei ed Ercolano. Ovidio ebbe una fortuna immensa con le sue *Metamorfosi*, una collezione di eventi altrettanto mirabolanti, e non minore ne ebbe Lucrezio col suo *De Natura*. Ma nessuno dice niente di niente sugli eventi, così portentosi, che quel venerdì si verificarono a Gerusalemme (lasciamo perdere Luca): Nemmeno Flavio Giuseppe, storico ebreo romanizzato, nato subito dopo la morte di Gesù, autore di importantissimi testi sulla storia Ebraica, che pure fa un accenno a Gesù nelle sue *Antichità Giudaiche*[47].

Per forza: quegli eventi non ci sono stati. Tant'è vero che Giovanni, quello degli evangelisti che si preoccupa meno del lato magico dell'intera storia, non ne parla affatto.

Torniamo, dunque, a occuparci di cose serie.

La morte di Gesù, dice Giovanni, è registrata da alcuni soldati Romani, incaricati di finire i condannati rompendo loro le gambe. Il racconto, realistico nella sua crudezza, dice che la morte del Nazareno viene confermata da un colpo di lancia al costato, dal quale fuoriescono sangue e acqua. I soldati, abituati a siffatti test clinici, si convincono del già avvenuto decesso. Cos'è suc-

---

[47] «Verso questo tempo visse Gesù, uomo saggio [,se pur conviene chiamarlo uomo]: infatti egli compiva opere straordinarie, ammaestrava gli uomini che con gioia accolgono la verità, e convinse molti giudei e greci. [Egli era il Messia.] E dopo che Pilato, dietro accusa dei maggiori responsabili del nostro popolo, lo condannò alla croce, non vennero meno coloro che fin dall'inizio lo amarono. [Infatti apparve loro il terzo giorno di nuovo vivo, avendo i divini profeti detto queste cose su di lui e moltissime altre meraviglie.] E ancora fino a oggi non è scomparsa la tribù dei cristiani che da lui prende nome». Traggo la citazione da E.P. Sanders, *Gesù la verità storica*, Mondadori, 1996 (note al cap. V, pag. 302), usando la sua stessa avvertenza: inserisco cioè fra parentesi le parti della citazione che sono sicuramente frutto dell'interpolazione di qualche pio copista. Sanders avverte, inoltre, che anche l'autenticità di altre frasi è dubbia, e che non si può escludere che i copisti abbiano rimosso qualcosa che non era coerente con la loro fede.

cesso? Niente di misterioso: il liquido sanguigno rimasto nel cuore dopo la morte ha subìto un processo di precipitazione e separazione: è un normale evento chimico-fisico.

Disarmante il commento della CEI:

> Il sangue indica il sacrificio di Cristo; l'acqua il dono dello Spirito (7,39); oppure Gv si riferisce all'eucaristia (6,55) e al battesimo.[48]

Questa è semplicemente una forzatura. Giovanni vuole solo risparmiare al Maestro l'ultimo insulto, la rottura delle gambe. Anche perché, altrimenti, risulterebbe non compiuta l'ennesima profezia: *Non gli sarà spezzato alcun osso*[49]. Giovanni non può riferirsi all'eucaristia perché per lui, l'abbiamo visto, l'eucaristia non esiste.

7. *La sepoltura*

Giuseppe di Arimatea, discepolo di Gesù (occulto, secondo Giovanni, *per timore dei Giudei*[50]), ottiene da Pilato il corpo del Maestro e, assistito da Nicodemo, provvede alla sepoltura. E non bada a spese: si porta appresso ben cento libbre di mirra e aloe, qualcosa come 35 chilogrammi di unguenti e balsami: avranno avuto una carretta, per trasportare tutto quel materiale; per non parlare delle bende. Il sepolcro è molto vicino al Golgota. È quasi il tramonto e i due generosi personaggi non possono rischiare di allontanarsi troppo: una volta iniziato il sabato, non

---

[48] Nota a Gv 19,34. In Gv 6,55 (ne abbiamo già accennato al capitolo precedente) a mio modesto avviso Gesù, che amava parlare per metafore e parabole, si riferisce al proprio insegnamento, e non alla consumazione fisica del proprio corpo e sangue.

[49] Gv 19,36. La profezia riguarda l'agnello pasquale, ed è ripresa da Sal 34,20, Es 12,46 e Nm 9,12.

[50] Evidentemente Giovanni si riferisce ai Giudei importanti: è di loro che Giuseppe ha paura. Di questa strana affiliazione di Giuseppe e Nicodemo fra i discepoli di Gesù abbiamo già parlato. Essi devono essere fra i pochi Farisei presenti in un Sinedrio dominato dai Sadducei, ma Gesù dei Farisei dice peste e corna; come mai accetta che quei due facciano i discepoli, vigliaccamente, solo di notte e di nascosto e non impone loro di rinnegare la loro ipocrita setta? Come mai non prescrive anche a loro, che sono ricchi, di vendere ciò che hanno e darlo ai poveri? Come mai non critica la loro viltà?

potrebbero poi percorrere più di duemila passi, e rischierebbero di dover restare ventiquattrore nei paraggi.

> Essi presero allora il corpo di Gesù e lo avvolsero in bende insieme con oli aromatici, com'è usanza per i Giudei. Ora, nel luogo dove era stato crocifisso, vi era un giardino e nel giardino un sepolcro nuovo, nel quale nessuno era stato ancora deposto. Là dunque deposero Gesù, a motivo della Parasceve dei Giudei, poiché quel sepolcro era vicino.[51]

Questa è la versione di Giovanni. Secondo Matteo la scelta dipende invece dal fatto che Giuseppe, quella tomba, l'ha fatta scavare per sé. Strana idea davvero, osservo, per un personaggio ricco e influente, probabile membro del Sinedrio, farsi scavare la tomba a due passi dal Golgota, il posto più immondo di Gerusalemme, che a mio parere non era secondo nemmeno alla Geenna, che comunque era lì accanto. Sul Golgota i Romani esercitavano il loro maledetto potere di mettere a morte, sulla croce, i figli di Abramo: nessun vero Ebreo poteva guardare verso quel colle senza provare un moto di disgusto e di odio. Ma Giuseppe di Arimatea, da vero originale, a dar retta a Matteo si fa scavare la tomba proprio là[52].

Al solito, c'è un'evidente discrasia fra Giovanni e gli altri tre evangelisti. Il primo, infatti, lascia capire che Giuseppe e Nicodemo provvedono immediatamente, e senza economie, a tutte le incombenze relative alla sepoltura, ivi inclusi la pulizia della salma, la copertura con le bende e il trattamento con quel po' po' di unguenti. È solo la scelta del sepolcro ad essere condizionata dall'imminenza del sabato. Gli altri tre parlano invece di una sepoltura frettolosa e temporanea, e accennano alle donne di Gesù che, da lontano, seguono i movimenti di quei gran signori per vedere dove portano il corpo; tanto che, all'alba della domenica, saranno poi loro, attrezzate con olii e unguenti, a recarsi

---

[51] Gv 19,40-42
[52] Non sarà che quell'improbabile tomba serve a giustificare il fatto che il corpo di Gesù, in realtà, dal Golgota non si è allontanato perché è finito nella Geenna, la discarica, subendo il destino riservato al cadavere di tutti i condannati?

sul posto per provvedere a quelle cure che secondo Giovanni, invece, sono state già prestate al corpo martoriato del loro Maestro da Giuseppe e Nicodemo.

LA RISURREZIONE

1. *Giovanni*

Quella che Giovanni dedica alla Risurrezione è, per quanto bre-
vissima, tra le pagine più belle dei vangeli: tanto bella che mi
riesce difficile scherzarci su. Allo stesso modo evito di scherzare
su tutto ciò che è bello, in tutti i campi della creatività umana:
non scherzo sul *Bal du Moulin de la Galette* di Renoir, sugli ultimi concerti e sinfonie di Mozart, su Bach, Leopardi, Michelangelo, sul V Canto dell'*Inferno* e così via. Ci sono cose che,
da un punto di vista estetico, si godono e basta.
Sul piano letterario, quindi, nulla da dire: la pagina che Giovanni dedica alla Risurrezione è commovente, poetica e costruita
davvero con maestria. Credo che valga la pena di riportarla inte-
gralmente:

> Nel giorno dopo il sabato, Maria di Magdala si recò al sepolcro di buon
> mattino, quand'era ancora buio, e vide che la pietra era stata ribaltata dal
> sepolcro. Corse allora e andò da Simon Pietro e dall'altro discepolo, quel-
> lo che Gesù amava, e disse loro: «Hanno portato via il Signore dal sepol-
> cro e non sappiamo dove l'hanno posto!». Uscì allora Simon Pietro in-
> sieme all'altro discepolo, e si recarono al sepolcro. Correvano insieme
> tutti e due, ma l'altro discepolo corse più veloce di Pietro e giunse per
> primo al sepolcro. Chinatosi, vide le bende per terra, ma non entrò. Giun-
> se intanto anche Simon Pietro che lo seguiva ed entrò nel sepolcro e vide
> le bende per terra, e il sudario, che gli era stato posto sul capo, non per
> terra con le bende, ma piegato in un luogo a parte. Allora entrò anche
> l'altro discepolo, che era giunto per primo al sepolcro, e vide e credette.
> Non avevano infatti ancora compreso la Scrittura, che egli cioè doveva ri-
> suscitare dai morti. I discepoli intanto se ne tornarono di nuovo a casa.
> Maria invece stava all'esterno vicino al sepolcro e piangeva. Mentre
> piangeva, si chinò verso il sepolcro e vide due angeli in bianche vesti, se-
> duti l'uno dalla parte del capo e l'altro dei piedi, dove era stato posto il
> corpo di Gesù. Ed essi le dissero: «Donna, perché piangi?». Rispose loro:
> «Hanno portato via il mio Signore e non so dove lo hanno posto». Detto

questo, si voltò indietro e vide Gesù che stava lì in piedi; ma non sapeva che era Gesù. Le disse Gesù: «Donna, perché piangi? Chi cerchi?». Essa, pensando che fosse il custode del giardino, gli disse: «Signore, se l'hai portato via tu, dimmi dove lo hai posto ed io andrò a prenderlo». Gesù le disse: «Maria!». Essa allora, voltatasi verso di lui, gli disse in ebraico: «Rabbunì!» che significa: Maestro![1]

Il passo è incalzante, rende perfettamente l'idea di dolore, lacrime, di corse concitate, d'incredulità iniziale, e infine della gioia infinita di Maria Maddalena. Solo le donne sanno piangere così, perché solo loro sanno amare così.

Ci sono in questo passo, da un punto di vista drammaturgico, due momenti particolarmente ben congegnati: il primo riguarda Giovanni che arriva al sepolcro, si china, vede le bende ma non entra, perché aspetta che arrivi anche Pietro, poi entra anche lui, vede e crede; il secondo, ancora più intenso, è quello successivo di Maria, del suo dolore, del suo implorare quello sconosciuto che le dica dove hanno messo il suo Maestro.

E.P. Sanders ritiene che Maria Maddalena fosse un'ottuagenaria, ben lontana dalla donna bella e misteriosa, forse un'ex peccatrice, che la tradizione ha voluto identificare col suo personaggio[2]. Per una volta, da scrittore, preferisco la tradizione alla probabile realtà storica. Nella Maddalena di questo magico momento del vangelo di Giovanni voglio vedere una donna bella e innamorata, disperata davanti alla tomba dell'uomo che ha amato e che crede di aver perduto per sempre. E quando lo vede, mi piace pensare che se lo trovi davanti in controluce, dopo aver fissato a lungo il sepolcro attraverso l'imboccatura stretta, bassa e oscura, per cui, voltandosi, è quasi accecata dalla luce del sole che splende alle spalle del nuovo arrivato; così, attraverso il velo delle lacrime, vede solo un'ombra circonfusa di luce e non può riconoscere il suo Maestro finché non le parla. Qui l'estensore

---

[1] Gv 20, 1-16

[2] Secondo altre tradizioni, Maria era addirittura la moglie di Gesù. Che Gesù fosse sposato, d'altra parte, sembra abbastanza ovvio: il celibato non aveva nessun valore nella cultura ebraica, che al contrario esaltava la paternità tanto quanto esaltava la maternità.

del vangelo è stato davvero bravo, lo ripeto, sul piano letterario, poetico e drammaturgico. E lo leggo volentieri, commovendomi anch'io. Chi scrive per commuovere, però, non bada troppo ai dettagli, perché quello che conta è l'effetto. Altrettanto fa Giovanni: il suo bel racconto commuove, ma ad un esame logico presenta parecchie incongruenze; esaminiamole.

Giovanni entra, vede e crede. Poi, con Pietro, se ne va mentre Maria Maddalena resta all'esterno, vicino al sepolcro, e piange sconsolata. Perché i due se ne vanno senza dirle niente, pur sapendo che è così disperata? È impossibile che non la vedano, dato che il sepolcro non ha altre uscite: devono per forza passarle davanti. Lei, di sicuro, è di fronte all'entrata: tant'è vero che, partiti i due, si china e vede all'interno i due angeli (che ai discepoli, chissà perché, non hanno voluto mostrarsi). Per sconvolti che siano, anzi, proprio in quanto sconvolti, Pietro e Giovanni non possono non prendere Maria con sé. Stanno tornando a casa, devono dire la grande notizia agli altri, anche alla madre del Maestro: come possono non portare con sé l'unica altra persona *che ha visto*? Possibile che siano a tal punto misogini da non tenere in nessun conto la testimonianza di una che per giunta fa parte delle finanziatrici del gruppo? Lascia perplessi, anche, il fatto che Maria continui a non capire quello che è successo nonostante gli angeli, e nonostante quello che essi le dicono. Non si chiede neppure da dove siano emersi quei due, che prima non c'erano. Il racconto è poetico ma illogico, e decisamente non credibile.

Fin qui Giovanni. Vediamo ora cosa dicono i sinottici.

2. Matteo

Matteo aggiunge a Maria anche *l'altra Maria*. Secondo lui, dunque, non è la sola Maddalena ad andare al sepolcro, come dice Giovanni: sono in due ad andarci. Matteo dice, inoltre, che all'arrivo delle donne si verifica un gran terremoto, ma è l'unico a citare questo sisma; la pietra, che in Giovanni è già scostata, secondo lui viene rimossa giusto in quel momento da un angelo, che scende dal cielo e vi si siede sopra. Matteo è anche l'unico a dire che presso il sepolcro staziona una guardia militare. Le guardie, dice, alla vista dell'angelo sono colte da terrore e tramortite. Beh, è inevitabile, visto il suo aspetto:

> il suo aspetto era come la folgore e il suo vestito bianco come la neve[3]

L'angelo rassicura le due donne, che invece non si spaventano. Le fa entrare nel sepolcro e le invita ad informare i discepoli:

> Presto, andate a dire ai suoi discepoli: È risuscitato dai morti, e ora vi precede in Galilea; là lo vedrete. Ecco, io ve l'ho detto[4].

Subito dopo, Gesù appare alle due e ribadisce che vedrà i discepoli in Galilea. Ma allora che bisogno c'era dell'angelo?
Torniamo un attimo da Giovanni: Lui fa incontrare Gesù e i discepoli la sera stessa, da qualche parte a Gerusalemme o nei dintorni, ma non in Galilea:

> La sera di quello stesso giorno, il primo dopo il sabato, mentre erano chiuse le porte del luogo dove si trovavano i discepoli per timore dei Giudei, venne Gesù, si fermò in mezzo a loro e disse: «Pace a voi!».[5]

Tommaso in quell'occasione non c'è; sempre secondo Giovanni, una seconda apparizione di Gesù ha luogo successivamente, otto giorni dopo, nella stessa casa; ed è allora che si verifica il famoso episodio di Tommaso che stavolta c'è, tocca e crede. Quindi, per otto giorni, nessuno pensa di andare in Galilea.
Merita una parola in più la questione delle guardie.
Le guardie sono là, secondo Matteo, in quanto i Sacerdoti del Sinedrio hanno chiesto a Pilato che il sepolcro venga sorvegliato: Gesù aveva profetizzato la propria risurrezione e loro temono che i discepoli trafughino il corpo per poi dire in giro che il Maestro è risorto per davvero. La risposta di Pilato è sibillina: *avete*

---

[3] Mt 28,3
[4] Mt 28,7. Chissà perché quell' "ecco, io ve l'ho detto": sembra quasi che l'angelo abbia assolto ad una missione scocciante, e sia contento di essersene sbrigato.
[5] Gv 20,19

la vostra guardia. Può significare *E va bene*, e quindi guardia di soldati Romani, oppure *Usate le guardie vostre*, e quindi guardie soltanto del Sinedrio. Matteo non fornisce ulteriori precisazioni al riguardo; vedremo fra poco perché.

Fra terremoto e angelo terrificante, come abbiamo visto, le guardie sono tramortite. Quando si riprendono, esse corrono dai sacerdoti, i quali dànno loro del denaro per tacere quello che hanno visto e dire anzi che il corpo è stato rubato. Incredibile pervicacia dei sacerdoti, sorprendente avidità delle guardie.

Chiunque, alla luce degli avvenimenti, si sarebbe detto che stava davvero succedendo qualcosa di enorme, di definitivo: anche il più ottuso dei membri del Sinedrio, anche il più cretino dei guardiani. Questi sacerdoti (e le loro guardie) l'altro ieri hanno visto oscurarsi il cielo, tremare la terra, spaccarsi le rocce, lacerarsi il velo nel Tempio e risorgere i morti; oggi c'è un nuovo terremoto, e le guardie vedono e raccontano di un prodigioso a-prirsi del sepolcro, e di un terribile angelo che scende dal cielo e si siede sulla pietra. Eppure niente: al Sinedrio si preoccupano solo di nascondere tutto e subornare le guardie; le quali, come niente fosse, intascano la mazzetta e non ci pensano più.

Le guardie devono essere Ebree, se sono andate dai sacerdoti e non da Pilato. Matteo vuole aggiungere forse credibilità al suo racconto, lasciando intendere che ci sia una guardia e che essa sia Romana, ma si tradisce: un soldato Romano non si sarebbe mai sognato di andare da chiunque altro che dal suo centurione; e non sarebbe stato così facile, poi, mettere il tutto a tacere.

Le guardie, dunque, in cambio di qualche spicciolo si lasciano convincere a mentire. Ed è proprio sulla base della falsa testimonianza delle guardie, conclude Matteo, che gli Ebrei hanno sempre creduto non che Gesù fosse risorto, ma che ci fosse stato un semplice furto di cadavere.

Questa è un'ulteriore prova del fatto che le guardie, sempre ammettendo che ci fossero, non erano Romane. Riesce infatti difficile immaginare che il Sinedrio chiami a testimone della sua verità, presso il suo popolo, dei soldati Romani: sarebbe il modo migliore per ottenere esattamente il contrario di ciò che vuole. Il popolo, infatti, che odia i Romani, interpreterebbe alla rovescia quella testimonianza: se loro dicono così, penserebbe, si vede che invece è risorto davvero.

Inoltre, evidentemente, Matteo non sa nulla di quel che racconta Luca, negli Atti, a proposito degli apostoli (incluso lo stesso Matteo!) i quali, subito dopo l'ascensione di Gesù al cielo, parlano tutte le lingue, convertono sul posto ebrei e gentili a migliaia, e nel nome del Maestro compiono prodigi e miracoli: miracoli tanto portentosi che la gente spera che, se non essi stessi, almeno la loro ombra tocchi i malati che vengono portati a loro da ogni angolo di Israele.

Centinaia di testimoni oculari di simili portenti contro un pugno di guardie del Sinedrio: gli Ebrei, quanto mai coriacei, dànno credito alle seconde, e non ai primi! La spiegazione di questa assurdità sta nel fatto che Matteo, il realizzatore di profezie, scrive per gli Ebrei ed ha bisogno di trovare una spiegazione per un fatto oggettivo e incontestabile: gli Ebrei non credono che Gesù sia risorto; ed erano là, all'epoca dei fatti. I portenti di Luca, invece, sono stati scritti altrove, senza preoccuparsi troppo degli Ebrei. Forse il contrasto stridente con Matteo, a questo riguardo, vuol dire qualcosa: per esempio, che tutti quei miracoli raccontati negli Atti degli apostoli non si sono mai verificati.

3. Marco

Torniamo ora indietro, al mattino di domenica, e all'arrivo delle due Marie davanti al sepolcro. A loro, Marco aggiunge anche Salome:

> Di buon mattino, il primo giorno dopo il sabato, vennero al sepolcro al levar del sole. Esse dicevano tra loro: «Chi ci rotolerà via il masso dall'ingresso del sepolcro?». Ma, guardando, videro che il masso era già stato rotolato via, benché fosse molto grande.[6]

---

[6] Mc 16,2-5

In contrasto con Matteo, e d'accordo in questo con Giovanni, Marco non ci dà, dunque, notizia di terremoti: il masso che chiudeva il sepolcro è stato già rimosso quando le donne arrivano. Non c'è l'angelo che scende dal cielo: secondo Marco c'è solo un giovane, vestito di bianco, già seduto nel sepolcro. Le tre si spaventano ma il giovane le tranquillizza e annuncia loro la risurrezione. Marco conferma Giovanni anche quanto al fatto che la prima a vedere Gesù risorto è Maria Maddalena, ma lo smentisce quanto alla corsa che lei fa, prima di incontrare il Maestro, per avvisare i discepoli e anche con riguardo alla visita di Pietro e Giovanni al sepolcro: lei va, sì, dai discepoli, ma dopo aver visto, oltre al sepolcro aperto, anche il giovane; racconta, ma non le credono.

Marco non fa cenno ad appuntamenti in Galilea. Nel suo racconto, prima d'apparire anche a tutti gli altri il risorto s'incontra con due anonimi discepoli. In quest'ultima occasione li rimprovera per non aver creduto né a Maddalena né ai quei primi due discepoli che l'hanno incontrato. Difficile che costoro fossero Pietro e Giovanni: l'uno era il loro capo, l'altro il prediletto del Maestro: avrebbero avuto maggior credito. Anche qui, nessun cenno alle guardie.

4. *Luca*

Anche Luca fa andare al sepolcro tre donne, ma dice che con le due Marie c'era Giovanna, non Salome. Anche secondo lui, al loro arrivo la pietra è già spostata e non c'è terremoto. Le tre sono disorientate ma appaiono loro due uomini in veste sfolgorante che le informano della risurrezione, avvenuta così come Gesù l'aveva profetizzata. Esse corrono perciò ad avvisare i discepoli, che non danno loro credito; Pietro (da solo) corre al sepolcro e, chinatosi, vede solo le bende. L'impressione che si ha è che non entri: anche Giovanni, nell'omonimo vangelo, si china, prima di entrare, e vede le bende. Evidentemente erano a terra, e siccome

276 G. R. Festa - Il Vangelo secondo me

l'accesso al sepolcro doveva essere molto basso, per scrutare dentro bisognava chinarsi; quindi la prima cosa che si vedeva, molto logicamente, era il pavimento. Gesù, secondo Luca, non appare a nessuna delle tre donne, in contrasto con quanto dicono gli altri evangelisti.

In Luca si può vedere una conferma parziale del racconto di Marco per quanto riguarda l'incontro con due dei discepoli prima che Gesù veda tutti gli altri. Possiamo soprassedere sul fatto che Marco dice che andavano in campagna, mentre per Luca andavano ad Emmaus, località mai identificata: chissà che ci andavano a fare. Uno di loro si chiama Cleopa, e non sarà più nominato in seguito; l'altro resta anonimo. Nessun accenno alle guardie nemmeno qui.

5. Che ne è di Giuseppe di Arimatea e di Nicodemo?

I vangeli sono zeppi di personaggi che compaiono quando servono per poi sparire, lasciando un vuoto ingombrante, quando non servono più.

Non tutto il Sinedrio è ostile a Gesù: due suoi membri almeno, Nicodemo e Giuseppe di Arimatea, sono dalla sua parte. Giuseppe di Arimatea, secondo Luca, dichiara apertamente e nobilmente la propria simpatia per Gesù proprio nel momento della disgrazia[7]. Dopo la morte del Maestro, non ha infatti paura di mettersi contro il Sinedrio: chiede il corpo a Pilato e, ottenutolo, assistito da Nicodemo lo cosparge di unguenti[8] e lo fa collocare nel proprio sepolcro. Un personaggio davvero fuori dall'ordinario, questo Giuseppe: quell'uomo crocifisso era immondo sia per i Romani, in quanto sovversivo, che per i Giudei, in quanto bestemmiatore. Manifestare così apertamente la propria simpatia per quell'uomo a Gerusalemme, alla vigilia della pasqua, signi-

---

[7] Giovanni invece (19,38), come abbiamo visto nel capitolo precedente, lo vuole *discepolo occulto, per tema dei Giudei*.
[8] Gv 29,39

ficava avere una personalità spiccata e una spregiudicatezza incredibili, a maggior ragione per un Fariseo, esponente di quella stessa setta che, stando ai vangeli, più insistentemente aveva preteso la condanna di Gesù.

Che fine ha fatto? Quando le guardie di Matteo informano il Sinedrio (che deve aver avvertito la scossa tellurica) dell'apparizione dell'angelo e tutto il resto, dov'è? Perché tace, e con lui Nicodemo? Sarebbe logico che dicesse ai suoi colleghi: «Avete visto? Quando Gesù è morto c'è stato un terremoto, si è spaccato il velo del Tempio, si è oscurato il cielo, sono risuscitati i morti; e stamattina c'è stato un altro terremoto, e i soldati ci raccontano che Gesù se n'è andato da solo, eccetera. Ma la volete piantare di insistere? Lo volete capire, o no, che sta veramente per venire la fine del mondo?». Io avrei detto qualcosa del genere, al posto di Giuseppe. E invece, niente.

Domenica mattina, le donne (una, due o tre?) vanno al sepolcro, ma da sole. Giuseppe non c'è.

Gli Apocrifi cercano di colmare questa lacuna trasformando Giuseppe di Arimatea in un personaggio centrale della loro narrazione, coinvolto perfino nel momento della morte di Maria. Dopo la risurrezione di Cristo lo vedono catturato dal Sinedrio, rinchiuso e sigillato in una cella, dalla quale esce miracolosamente[9], e poi testimone di un'apparizione di Gesù.

Ma gli Apocrifi non fanno testo. A fare testo è che né i vangeli canonici né gli Atti degli apostoli dicono più nulla di Giuseppe, e di Nicodemo, dopo la sepoltura di Gesù. Malignamente, si potrebbe dire che essi servivano all'evangelista per fornire un sepolcro a Gesù ma diventavano scomodi dopo, in quanto avrebbero incrinato la granitica unità di intenti del Sinedrio nel nascondere tutto e subornare le guardie; e quindi era opportuno che sparissero. Ancora più malignamente, si potrebbe arrivare a dire che Giuseppe e Nicodemo non sono mai esistiti e, quindi, non è esistito neanche il sepolcro.

---

[9] È più o meno quello che Luca fa accadere a Pietro negli Atti degli apostoli. Luca è altrettanto fiabesco quanto l'Apocrifo ma lui, ci assicura la Chiesa, dice la verità.

6. Esegesi dell'esegeta

Nel suo *Dicono che è risorto*[10], Messori non rileva neanche una delle discrepanze che abbiamo appena esaminato. Ammette contraddizioni solo fra i vangeli da una parte e Paolo di Tarso dall'altra e con disinvoltura cerca di volgere queste contraddizioni a supporto delle proprie tesi. Egli rileva, infatti, che Paolo di Tarso cede al suo maschilismo nella prima lettera ai Corinzi, quando narra che il Risorto si mostrò dapprima a Pietro e agli apostoli, poi a cinquecento fratelli e poi ancora ad altri discepoli, senza accennare (come affermano invece tre evangelisti su quattro) che a vederlo per prime sono state le (una, due o tre?) donne che, la mattina del terzo giorno, erano andate al sepolcro.

Messori afferma testualmente, a questo proposito, che il Vangelo *si pone di traverso* alla Lettera di Paolo. Non vedo perché l'affermazione non possa essere rovesciata. Paolo ha senz'altro scritto le sue lettere, se non prima, negli stessi anni in cui furono stesi i Vangeli: non si vede perché gli uni debbano godere di maggiore credibilità delle altre. E comunque, quale che sia il testo scritto per primo, l'uno smentisce gli altri, e tutti sono inseriti nel Nuovo Testamento; dovrebbero dunque essere ugualmente ispirati, e veritieri. *Ed univoci*.

Ma restiamo sulla linea di pensiero di Messori, secondo il quale Paolo di Tarso, *l'Apostolo delle Genti*, il vero padre del cristianesimo tanto spesso citato nella *Liturgia della Parola*, prova disagio all'idea che il Gesù risorto si sia mostrato a degli *esseri inferiori*, a delle donne, prima che agli apostoli. Messori afferma,

---

[10] Il libro ha un sottotitolo: *Un'indagine sul sepolcro vuoto*, che è fuorviante. Un'indagine scientifica *cerca* la verità dei fatti, mentre Messori, come ho riferito nell'Introduzione, quella verità *è certo di averla*: già ce l'ha in tasca, prima ancora di scrivere la prima parola del libro. Un'indagine, inoltre, cerca una molteplicità di testimonianze. Messori dà per buona una testimonianza sola, quella dei vangeli, della quale fa un'esegesi, un'analisi filologica molto dettagliata (secondo me, come vedremo, anche forzata), che tuttavia ha ben poco di indagatorio, visto che prende qui e là gli elementi che gli occorrono per confermare la propria tesi, trascurando quelli ad essa contrari. A mio avviso avrebbe dovuto scegliere un altro sottotitolo. Oso suggerirgliene uno: "e vi spiego perché sono convinto che dicano bene".

in soldoni, che Paolo la verità se l'aggiusta[11] pur di estromettere le donne dal momento fondante della Chiesa[12] e coinvolgervi invece, a suo giudizio più correttamente, i maschi[13]. Ma omette di rilevare che immediatamente dopo, nella stessa lettera, Paolo afferma che Gesù è poi apparso anche a lui stesso. L'apostolo mente anche qui? Quando, dunque, è illuminato da Dio e quando, invece, non è che un normale rappresentante della cultura del suo tempo? Questi sono interrogativi, evidentemente, cui solo la *christliche Weltanschauung* è in grado di offrire *la* risposta. Un povero pamphlettista ateo (così, temo, mi definirebbe il Nostro) non può che giungere alla conclusione che forse *tutta* quell'opera non è che un semplice parto di menti umane.

7. *la Sindone*

> In ogni caso, un "lenzuolo", sindón, fece parte del "segno" di Giona, fece parte di ciò – visto il quale - «il discepolo che Gesù amava vide e credette». Da qui lo straordinario interesse di credenti e non, per quell'"oggetto" di Torino *che è al contempo reliquia* e motivo di accanita ricerca scientifica. E che – come abbiamo visto nella nostra analisi dei testi evangelici – *non è ai margini, ma è nel cuore stesso della fede*. Non è una "curiosità", ma la *parte essenziale di una prova di verità della Risurrezione annunciata da Gesù stesso*[14].

Così Messori il quale ignora, o più probabilmente ama ignorare, che quella sua *prova di verità*, quella *reliquia*, è un falso.

---

[11] Op. cit., pag. 44. La citazione è da I Cor, 15,3-8. Viene da dire: senti chi parla!
[12] È in questo esibirsi del Cristo risorto, vera e propria *teofania* (cioè apparizione di Dio) che, seguendo Paolo di Tarso, Messori vede l'atto istitutivo della Chiesa, e non, ad esempio, nell'episodio della nomina di Simone a *prima pietra* dell'Istituzione, occasione nella quale Gesù gli cambia nome e lo fa diventare *Cefa*, cioè Pietro.
[13] Messori dichiara candidamente che c'è in Paolo di Tarso una forte componente di *ginofobia* (paura o diffidenza nei confronti delle donne); lo stesso Messori, a sua volta, sembra però vittima di una certa *misoginia* (odio verso le donne) quando, per screditare la Ranke Heinemann (che idea: una donna teologa!), ammicca verso il lettore ed accenna con pessimo gusto, fingendo di respingerlo (op. cit., pag. 272), al ribrezzo che suscitava, negli Ebrei, l'ipotesi che la Torah venisse diffusa fra le donne. Evidentemente gli ultimi duemila anni, negli ambienti veterocattolici, sono trascorsi invano.
[14] Op. Cit., pag. 146. I corsivi sono miei.

La Sindone è stata datata sia mediante un'analisi iconografica che con strumenti scientifici[15] ed entrambe le datazioni sono giunte concordemente a collocarne la produzione alla metà del XIV secolo. L'immagine, inoltre, è stata riprodotta, dimostrando che nella sua esistenza non c'è assolutamente niente di soprannaturale: con buona pace della *prova* di Giona[16], un banale ferro da stiro produce impronte analoghe[17].

Quanto all'interesse dei non credenti, esso si chiama, più correttamente, *curiosità*. Una curiosità che è destata proprio dalla pretesa che la Sindone sia *reliquia*. Il non credente si accosta ad ogni fenomeno senza pregiudiziali reverenze e timori. Rispetto sì; ma niente di più. La curiosità del non credente è rivolta al fenomeno ed alle sue conseguenze: al fenomeno per individuarne le caratteristiche, scoprirne i meccanismi e decifrarlo. Alle sue

---

[15] Si tratta della datazione con il metodo del *Carbonio 14*. Il carbonio 14 (C14) è un isotopo del carbonio il cui nucleo possiede due neutroni in più del normale (sei protoni più otto neutroni, ciò che dà un peso atomico uguale a 14; il carbonio, di regola, ha un peso atomico pari a 12) ed è blandamente radioattivo. Esso è presente nell'atmosfera in quantità costanti, e viene assorbito dagli organismi (i vegetali direttamente, gli animali alimentandosi di vegetali o altri animali) durante la loro vita: in questo modo, finché un organismo vive, il rapporto C12/C14 al suo interno è identico a quello dell'atmosfera. Con la morte l'assorbimento cessa ed il C14 presente nei tessuti comincia a decadere, trasformandosi in C12, ad un ritmo che si chiama *tempo di decadimento* ed è costante e diverso per ogni elemento radioattivo esistente in natura. È quindi possibile, analizzando il rapporto C12/C14 in un qualsiasi residuo biologico (e il lino ha origine biologica) stabilire quando esso ha cessato di assorbire C14; in definitiva, calcolarne l'età. L'analisi iconografica, da parte sua, ha accertato che *il volto sindonico* ha le stesse caratteristiche (conformazione complessiva, altezza della fronte, forma del naso, taglio della barba, eccetera) che gli artisti tendevano ad attribuire ai volti maschili di statue e bassorilievi nel XIV secolo.

[16] Il riferimento è a Mt 12,38-40: ai Farisei che gli chiedono un segno del Cielo, per dimostrare che egli è veramente il Messia, Gesù risponde che essi non meritano segni del Cielo, ma solo, appunto, *il segno di Giona*. Giona è il profeta che, secondo la Bibbia, rimase per tre giorni nel ventre di un pesce e fu poi depositato sulla riva del mare. Gesù, dunque, intendeva dire che il segno sarebbe stato la sua risurrezione dopo tre giorni dalla morte. A questo proposito, vedi il capitolo *L'immagine di Gesù*.

[17] La Sindone è stata riprodotta posando un telo di lino su un bassorilievo in bronzo, riproducente le fattezze di un uomo, riscaldato a circa 230° di temperatura. Per ogni approfondimento in merito rimando all'impeccabile opera del Prof. Vittorio Pesce Delfino: *E l'uomo creò la Sindone*, Dedalo Edizioni, seconda edizione, ottobre 2000.

conseguenze, in questo specifico caso, in quanto esse sono, a loro volta, fenomeno antropologico.

Sulla smania religiosa verso le reliquie, e la sua aneddotica, si potrebbero scrivere diecine di volumi che getterebbero un raggio di luce, non so se più mesto o comico, sugli aspetti grotteschi e macabri che nei secoli hanno accompagnato lo sviluppo della religione cristiana in generale e cattolica in particolare[18].

Un'altra riflessione è purtroppo opportuna, circa la fisionomia dell'uomo della Sindone. Devo premettere che è tutt'altro che gradevole; tuttavia, la ritengo doverosa perché la verità, oltre che nuda, di solito – ahimè - è anche brutta. È una riflessione che, *ad abundantiam*, dimostra la scarsa probabilità che quell'impronta, lungi dal trarre origine dal corpo e dal volto di Gesù, possa in ogni caso appartenere a un uomo morto sulla croce nelle circostanze descritte dai vangeli.

Tutti noi, pensando al povero Gesù, lo immaginiamo sanguinante, sudato, impastato di polvere e sudore mentre, col progredire del giorno, il caldo si fa sempre più intenso e lui sale faticosamente, su per la china del calvario, fino al luogo del supplizio. Alle mosche, però, non pensiamo mai[19], anche perché i vangeli non ne fanno cenno.

Eppure le mosche infestavano a nugoli ogni angolo di Gerusalemme, e non solo di Gerusalemme, in tempi in cui il concetto di igiene – sociale, se non personale – era molto relativo.

---

[18] Di sindoni, in secoli passati, ce ne sono state a diecine; molteplici sono stati i prepuzi di Gesù conservati in svariate chiese; In Calabria si conserva un capello della Madonna; con i pezzi di "vera croce" che circolano ed hanno circolato, si potrebbero costruire palazzi interi. Un ultimo particolare che mi piace citare, sull'argomento, riguarda il cardinal Bellarmino di galileiana memoria: essendo morto in odor di santità, il popolino ne esigeva reliquie; il cadavere fu pertanto fatto letteralmente a pezzi, e distribuito fra i pii fedeli.

[19] Questa riflessione mi è stata ispirata dalla lettura di *Il Maestro e Margherita*, il bellissimo romanzo nel quale Michail Bulgakov ricostruisce una Passione e morte di Gesù molto diversa da quella evangelica. Al di là dei tratti probabilmente discutibili di quella ricostruzione, comunque splendida sul piano letterario, il riferimento alle mosche è estremamente realistico. E trovo strano che nessun commentatore – per quanto a mia conoscenza – ne abbia fatto oggetto di riflessione ed analisi.

L'Ebreo medio era certamente pulito, in quanto certe pratiche igieniche erano imposte dalla Legge, o almeno dalla tradizione, e pulite erano le case, e forse anche le strade. Beninteso, parliamo del livello di pulizia (e igiene) possibile in un paese arido in tempi in cui l'acqua corrente non esisteva.

Ma i quartieri degli stranieri? E gli alloggiamenti della soldataglia? Il circondario? E le discariche, come la già citata valle della Geenna, che Gesù stesso citava come metafora del regno di Belzebù? Guarda caso *Belzebù*, in ebraico, vuol dire proprio "Signore delle mosche".

Poi c'era un continuo va e vieni di greggi, bestie da soma e cavalli, con il conseguente rilascio di orine e letame; abbondavano stalle, scuderie, pollai. E i frigoriferi non c'erano, nelle botteghe. E che dire, ancora, dei mercati all'aperto, i punti di scambio più diffusi, soprattutto per i prodotti alimentari? Se, ancora, diamo un'occhiata al Tempio, troviamo che anche là la situazione non doveva essere allegra, con tutti quegli animali in attesa di essere venduti e, una volta venduti, macellati per esigenze rituali: per quanto in fretta gli inservienti ripulissero gli altari, non doveva esserci di che scherzare, col sangue che colava, le scorie; e immaginiamo cosa dovesse esserci nelle prigioni.

Insomma c'era sicuramente, dappertutto, un gran ronzare, sciamare, svolazzare di mosche. E non mosche qualunque. Chi almeno una volta si è trovato nei dintorni di stalle o scuderie sa quanto sappiano essere insistenti, importuni e insopportabili i tafani che di quei luoghi e dei loro ospiti sono compagni ineludibili. E quali enfiagioni provochino, sulla pelle, quando dispensano le loro dolorose punture. Le immagini dei re dell'epoca, con i servi che agitano su di loro grandi flabelli, illustrano proprio il modo in cui, più che rinfrescarsi, chi poteva cercava di tenere lontane le mosche.

Torniamo al nostro povero crocifisso. L'oleografica immagine che ne abbiamo: sofferente, certo, ma senza altro essere alato, intorno, che qualche angelo piangente, temo necessiti di una revisione: intorno a Gesù aleggiavano mosche, non angeli. Grosse, sudice, fittissime e spietate mosche gli formavano addosso, probabilmente, quasi un brulicante e tormentoso vestito attratto dalle piaghe, dal sudore, dal sangue e dal sudiciume di cui il corpo era coperto. Il poveretto già poteva scacciarle a fatica mentre ascendeva al Golgota, con la croce sulle spalle; ma proprio non poté più far nulla una volta che, nudo, fu affisso sulla croce.

Il tormento e il dolore fisico che provocavano mi inducono a dire che le piaghe di Gesù, in realtà, erano sei e non cinque, perché alle altre[20] vanno aggiunte le innumerevoli punture inferte dalle mosche. Ma al di là di questo, bisogna riflettere anche sulle conseguenze di quelle punture sui lineamenti del suo volto.

Chissà com'era conciato. Già la corona di spine, se gliel'hanno incalzata sulla fronte, doveva aver provocato tumefazioni e gonfiori; immaginiamoci dunque come erano ridotte le guance, il mento, le labbra, il naso, il collo, la gola e l'intero corpo, dopo che per ore una nera e ripugnante nuvola di mosche, mosconi e tafani ci aveva brulicato e banchettato sopra: dopo un simile trattamento, un volto doveva semplicemente diventare irriconoscibile, e la pelle del corpo una grumosa massa di tumefazioni.

L'immagine sindonica non porta segno alcuno di tutto questo, come ovviamente nessun segno, né di punture né di presenza di mosche, figura nell'iconografia ufficiale del Crocifisso. Per quanto riguarda la Sindone, mi si può obiettare che al momento della resurrezione i gonfiori e le tumefazioni dovute agli insetti (oltre che alla corona di spine) sono miracolosamente guariti.

E perché quelli sì, e le altre ferite no? Troverei strana questa guarigione selettiva, che lascia intatte le piaghe *ufficiali* e fa sparire solo quelle *politicamente ed esteticamente scorrette*.

La realtà è che l'immagine sindonica riproduce il volto e il corpo del Cristo rispettandone un'immagine convenzionale: un'immagine che, ovviamente, accetta le ferite descritte dai

---

[20] Le piaghe *canoniche* sono quelle provocate dai chiodi sulle mani e sui piedi e quella dovuta alla lancia nel costato di Gesù. C'è anche una preghiera (a mio gusto ripugnante) intesa a far dichiarare a fedeli in qualche modo sadici che essi *devotamente adorano* ognuna di quelle piaghe.

vangeli ma non può tenere conto di quelle, che l'immaginario collettivo ha rimosso, che pure non potevano non caratterizzare il viso di un uomo crocifisso.

8. *Eis ena topon*

Messori dedica ben tre pagine all'esame di queste tre paroline greche, che letteralmente vogliono dire *in un posto*, riferite all'*originale*[21] in greco del versetto 7 in Gv 20.

Come abbiamo visto Pietro e Giovanni, avvisati dalla Maddalena della scomparsa del corpo, corrono al sepolcro. Giovanni, più veloce, arriva per primo. Rileggiamo lo specifico passaggio:

> Chinatosi, vide le bende per terra, ma non entrò. Giunse intanto anche Simon Pietro che lo seguiva ed entrò nel sepolcro e vide le bende per terra, e il sudario, che gli era stato posto sul capo, non per terra con le bende, ma piegato *in un luogo a parte*. Allora entrò anche l'altro discepolo, che era giunto per primo al sepolcro, e vide e credette[22].

In corsivo la traduzione CEI delle parole in questione. Distillandole fino a far dir loro quel che gli piace[23], Messori ne rilegge il significato come *in una posizione unica*, dove a sua volta, *unica* sta per *incredibile, mai vista prima*: in definitiva *miracolosa*.

Insomma il Nostro si convince, e cerca di convincere anche noi, che l'apostolo Giovanni credette dopo aver visto – oltre alla Sindone - che il sudario era rimasto, con una forma a cupoletta, nella posizione in cui si trovava quando copriva il volto del Maestro morto: è per questo che Giovanni *vide e credette*.

---

[21] Ho messo in corsivo la parola "originale" perché nutro fieri dubbi sull'ipotesi che effettivamente Giovanni, o chi per esso, abbia redatto in greco il suo racconto.

[22] Gv 20, 5-8

[23] In questo, come in altri casi, Messori tratta un po' da somari gli esperti della CEI, la cui traduzione dal greco egli contesta *apertis verbis*. Messori fa sua (salvo far notare che anch'egli dimentica qualcosa) la traduzione di tale don Persili, un biblista che per me, profano, è un Carneade; ma che di sicuro nell'ambiente, o almeno per Messori, deve essere un'autorità.

Infatti, sempre secondo il Nostro, le bende non erano a terra, ma *distese in piano*: erano, insomma, sulla pietra tombale, non sul pavimento del sepolcro, e a causa di una simile prodigiosa evidenza Giovanni si convinse: il Maestro era risorto. Il Giovanni messoriano avrebbe rilevato, in sostanza, che Gesù era uscito dalle bende sepolcrali *passandoci attraverso*, svuotandole così del proprio corpo e addirittura facendo restare il sudario sollevato in modo bizzarro, intriso com'era di aloe e mirra.

Messori non rileva, e questo è ben più bizzarro, che Giovanni afferma chiaramente che c'erano da una parte delle bende e dall'altra il sudario, *eis ena topon*. Basterebbe questo solo dettaglio per smontare la sua costruzione fantastica, dato che la Sindone di Torino è stata fabbricata immaginando che ci fosse un unico lenzuolo, non delle bende per il corpo e un sudario per il volto del Cristo: sulla base del racconto di Giovanni, sarebbe stato impossibile che l'immagine del telo di Torino fosse completa perché il volto, coperto dal sudario, non avrebbe potuto stamparvisi.

In ogni modo, l'approccio di Messori è a dir poco bizzarro. Secondo lui, per credere, Giovanni aveva bisogno *di questo*.

Secondo me, stando al testo dei vangeli, bastava semplicemente la tomba vuota. Il discepolo sapeva infatti che: a) Gesù era il Messia; b) aveva fatto resuscitare diverse persone nel corso della sua attività profetica, incluso un già putrescente Lazzaro; c) aveva previsto la propria morte; d) aveva detto, citando Giona, che sarebbe risorto dopo tre giorni; e) era morto; f) era stato messo in quel sepolcro; g) il sepolcro era sorvegliato dalle guardie del Sinedrio; h) il corpo non c'era più; i) nessuno dei discepoli lo aveva trafugato; l) era il terzo giorno dopo la sua morte.

Alla luce di queste considerazioni, che poteva aver rimuginato durante il tragitto per raggiungere il luogo della sepoltura (*ma com'è possibile? Noi eravamo scappati e ce ne stavamo nascosti, noi non siamo stati! E c'erano pure le guardie; ma allora...?*), il Giovanni della narrazione non aveva certo bisogno di

esaminare la posizione delle bende e del sudario, e di prodigi da
fachiro, per credere alla risurrezione.

Il problema, secondo me, è di Messori.

È *lui* che per credere alla risurrezione deve fare tutti quegli arzi-
gogoli ed ha bisogno di un *supporto magico*, di *fatti miracolosi
aggiuntivi,* che sorreggano la sua zoppicante fede nell'evento. In
conclusione, il Messori che si fa forte della *christlische Weltanschauung* dimostra, stando a quel che scrive, di esserne sprovvi-
sto: anche lui, proprio come me, per credere in qualche cosa ha
bisogno di prove concrete. Non avendone, le fabbrica.

9. *Ma allora, che fine ha fatto il corpo?*

Concediamo che effettivamente un membro del Sinedrio abbia
ottenuto da Pilato di poter seppellire nel proprio sepolcro il corpo di Gesù. Concediamo anche che un personaggio così importante si fosse fatto costruire il sepolcro a due passi dal Golgota,
un luogo maledetto nei pressi della Geenna, dove si gettavano
anche i cadaveri dei condannati a morte.

Gesù dunque, concediamolo, è stato deposto in quel sepolcro. Al
mattino del terzo giorno, la o le donne vanno appunto al sepolcro, e lo trovano aperto (o si apre sull'istante). Ed è vuoto: il
corpo di Gesù non c'è. Ci sono solo i lini, sparsi sul pavimento,
e il sudario, piegato *eis ena topon*.

Peter Walker si interroga sul *cui prodest* della sparizione di quel
corpo. Concordo con lui quando dice che non può essere stato il
Sinedrio a sottrarlo, e certamente neanche i Romani.

Walker esclude anche che possano essere stati i discepoli, sicuramente i più probabili indiziati. I discepoli, dice, erano spaventati, confusi e tremebondi, nascosti da qualche parte a Gerusalemme o nei dintorni, ed erano lontani le mille miglia dal pensare di trafugare il cadavere del Maestro. Quindi, conclude, poiché
i discepoli non erano in grado di rubare il corpo – fra l'altro,
Matteo dice che c'era anche una guardia armata davanti al se-

polcro – e gli altri non avevano interesse a farlo, il corpo non è stato sottratto: *ergo*, è vero che Gesù è resuscitato.

Ma è poi certo tutto questo?

Abbiamo già rilevato che i seguaci di Gesù non erano così candidi, spaventati e sprovveduti come piace pensare a Walker e a tutti i tradizionali esegeti dei testi evangelici. Facciamo solo qualche esempio: Simone lo Zelota, in quanto zelota, odiava i Romani e seguiva un'ideologia che non disdegnava il ricorso alla violenza; Matteo era un ex pubblicano, cioè un appaltatore del servizio di incasso delle imposte per conto dei Romani: una categoria che scrupoli e rimorsi non sapeva proprio dove stessero di casa. Lo stesso Pietro, stando a Giovanni, sa usare le armi e, stando a quanto racconta Luca negli Atti degli apostoli, è autoritario ed inflessibile, e non poco spietato.

Non sarei dunque sorpreso se, a dispetto di quanto pensano i difensori della loro innocenza, fossero stati proprio alcuni tra i seguaci di Gesù a trafugarne il corpo.

Ma ammettiamo la loro buona fede e concediamo che i trafugatori non fossero tra gli apostoli: Gesù di discepoli ne aveva avuti abbastanza da poterne inviare settantadue in giro per Israele a predicare. Tra questi, che per la massima parte erano Galilei, un buon numero, se non tutti, sicuramente erano zeloti. Il Maestro aveva profetizzato la propria morte e insieme a quella anche la risurrezione. La realizzazione della seconda parte della profezia, pensavano gli Zeloti, avrebbe potuto dare al loro movimento una nuova spinta.

Quanto alla guardia armata, ci sono molte più argomentazioni a sfavore che non a favore della sua effettiva presenza davanti al sepolcro. A Matteo, l'abbiamo già rilevato, preme il coinvolgimento di una guardia Romana: non per farle condividere le responsabilità dei Giudei, ma perché conferisca maggiore credibilità al racconto. Racconto che tuttavia, come abbiamo visto, smentisce esso stesso la presenza di soldati Romani nel momento in cui fa correre le guardie al Sinedrio anziché al palazzo del Procuratore. La guardia, ammesso che davvero ci fosse, era composta dunque solo di soldati Ebrei. Ma, argomenta Matteo, Romana o no la guardia c'era, e dapprincipio ha detto la verità; è stato il sommo sacerdote a subornarla e a convincerla a raccontare che il corpo è stato rubato.

Ma se così è, chi glielo ha detto tutto questo a Matteo? Come fa, lui, a sapere che le guardie sono state subornate? Se ha una fonte autorevole e credibile (Giuseppe di Arimatea, per esempio, o Nicodemo) perché non la cita?

Deludiamo dunque Walker e Messori e, per ricostruire gli eventi che si sono verificati al momento della sparizione del corpo di Gesù, immaginiamo una scena diversa.

Nel cuore della notte, fra sabato e domenica, un nutrito gruppo di discepoli di Gesù si reca al sepolcro e circonda i guardiani. L'azione viene effettuata da Galilei zeloti ai quali conviene che gli apostoli, per primi, credano davvero alla risurrezione del Maestro: bisogna continuare a richiamare le folle, ad agitarle contro gli scribi, i sadducei e i farisei, odiati rappresentanti delle classi ricche e potenti, alleate o comunque asservite ai Romani, dai cui ranghi sono espressi i sommi sacerdoti, pupazzi nelle mani degli occupanti stranieri.

I guardiani, al sepolcro, non sono certo un esercito: una diecina di persone al massimo. Sono annoiati e svogliati: fare la guardia a un morto (un crocifisso, poi!) non rientra certo fra le cose più eccitanti che possano loro capitare. È la seconda notte di guardia, e durante la prima non è successo assolutamente niente. Quasi tutti dormono, a montare la guardia sono al massimo un paio di loro.

Arrivano gli Zeloti. I soldati di guardia sono colti di sorpresa, forse alle spalle, e vengono storditi; gli altri si prendono una bella botta in testa, senza neanche avere il tempo di svegliarsi.

Gli assalitori spostano la pietra tombale e liberano il corpo del Maestro dai bendaggi, che lasciano là in terra. Il sudario, che posava sul volto del Maestro, viene piegato con più cura, ed è lasciato là, insieme alle bende, per meglio accreditare l'ipotesi della risurrezione: un resuscitato non si porta appresso quella roba. Il corpo, naturalmente, viene portato via.

Le guardie, al risveglio, sono preoccupate. Hanno mancato alla consegna e le aspetta un bel guaio. Vanno da Anna e Caifa e raccontano quello che è successo. Costoro si vedono costretti a mettere la cosa a tacere, per non fare una figuraccia con i Romani e, ovviamente, per non alimentare l'idea che il Nazareno sia effettivamente risorto.

Per dare una mano a Matteo si potrebbe anche ipotizzare che gli assalitori avessero un complice fra le guardie. Se Gesù aveva al suo seguito la moglie dell'amministratore di Erode, poteva ben avere qualche simpatizzante anche fra le guardie del Sinedrio.

Dunque, il complice potrebbe aver poi raccontato ai suoi colleghi, che non hanno visto niente, che c'è stato un terremoto e un angelo terribile è sceso dal cielo; anzi, no: c'è stata una luce accecante, la pietra s'è spostata da sola e il morto è uscito dal sepolcro; anzi, no: sono apparsi due uomini vestiti di bianco, e...

La sua presenza avrebbe facilitato le cose al commando notturno e dato credito alla notizia della risurrezione; poi, convinto dalla mazzetta, avrebbe taciuto anche lui.

Sono soltanto ipotesi, naturalmente: come quelle che fanno Walker e Messori. La differenza è che le mie non hanno bisogno di angeli, visioni, terremoti e altri miracoli ed effetti speciali per stare in piedi.

Le mie ipotesi, in due parole, *sono plausibili*.

10. *Le apparizioni successive e la mia inevitabile conclusione*

C'è un'enorme, evidente contraddizione fra la parte finale del vangelo di Luca e la parte iniziale dei suoi Atti degli apostoli. Secondo il capitolo 24 del vangelo, infatti, Gesù sale in cielo *lo stesso giorno della risurrezione*: egli appare a due discepoli in cammino verso Emmaus, cena con loro, la sera stessa appare agli apostoli, poi esce con loro verso Betania ed è elevato in cielo. Ma non è questo che si legge nei primi versetti degli Atti:

> Nel mio primo libro ho già trattato, o Teofilo, di tutto quello che Gesù fece e insegnò dal principio fino al giorno in cui, dopo aver dato istruzioni agli apostoli che si era scelti nello Spirito Santo, egli fu assunto in cielo. Egli si mostrò ad essi vivo, dopo la sua passione, con molte prove, *apparendo loro per quaranta giorni e parlando del regno di Dio.*[24]

I difensori della credibilità storica di queste scritture mi perdoneranno, spero, se faccio loro notare che, se è difficile mandar giù le innumerevoli contraddizioni fra i quattro vangeli, è onestamente impossibile farlo quando uno degli autori si contraddice da solo, e in un modo così eclatante.

Se inoltre si torna, nel vangelo di Giovanni, al momento dell'incontro della Maddalena col Cristo risuscitato, vi si trova un versetto controverso:

> Essa allora, voltatasi verso di lui, gli disse in ebraico: «Rabbuni!» che significa: Maestro! Gesù le disse: «*Non mi trattenere*, perché non sono ancora salito al Padre; ma va' dai miei fratelli e di' loro: io salgo al Padre mio e Padre vostro, Dio mio e Dio vostro».[25]

Non mi trattenere è la traduzione adottata dalla Chiesa cattolica del latino *Noli me tangere*, che nella Bibbia di Re Giacomo è tradotto letteralmente *Touch me not*. La versione greca, μὴ μου ἅπτου, mi pare più vicina al divieto di toccare che non all'invito a non trattenere: c'è il verbo ἅπτομαι che per secoli, a partire dalla versione ufficiale in latino, è stato reso, appunto, come *toccare*. L'invito a non trattenere, in effetti, è molto recente.

D'altra parte, il senso della frase appare più logico nell'antica traduzione che non in quella più recente.

Se si avanza un'ipotesi maligna, legata alla mia ricostruzione degli eventi della notte fra il sabato e la domenica, allora si può immaginare che il presunto Gesù sia qualcuno incaricato dai ladri del corpo d'interpretarne il personaggio e che si è ben guardato dall'apparire subito agli apostoli: ha preferito farlo con la

---

[24] At 1, 1-3
[25] Gv. 20, 16-17. Il corsivo è mio.

povera, piangente e soprattutto obbediente Maddalena, che accetta la sua motivazione immotivata senza reagire.

Le successive apparizioni di Gesù (che stando alle parole che rivolge alla Maddalena non dovrebbero proprio esserci), se si resta in questa ricostruzione malvagia e arbitraria, possono ben essere, come la prima, il frutto di un astuto raggiro a spese delle donne e degli apostoli: bisognava che essi credessero alla risurrezione.

D'altra parte, essi di crederci avevano un bisogno e una voglia disperati: non deve essere stato difficile far loro credere che l'attore incaricato di sostituire Gesù fosse davvero lui. Si capisce bene, dal racconto di Luca, che le apparizioni si verificano di sera, quando non c'è troppa luce.

Per il seguito, bisogna sempre tener conto dell'effetto, di cui ho parlato già a proposito dei miracoli e delle profezie, del tempo, della tradizione orale, dell'entusiasmo e della pia intenzione degli autori di questi testi di convincere i loro lettori.

L'entusiasmo non ha loro permesso, peraltro, di rilevare un'altra contraddizione eclatante che appare evidente quando non si ha, purtroppo, il dono della fede, ma si ha quello dell'analisi e dello spirito critico. Gesù, litigando coi Farisei, aveva detto che il segno che gli chiedevano sarebbe stato quello di Giona: una chiara allusione alla propria risurrezione il terzo giorno dopo la morte. Dopo una siffatta dichiarazione sarebbe stato logico che apparisse, appunto dopo la risurrezione, proprio a questi Farisei per dimostrare loro di essere effettivamente ciò che diceva di essere: «Ecco il segno che volevate» avrebbe dovuto dire, apparendo in una luce radiosa e, perché no, con l'accompagnamento in sottofondo dell'*Alleluia* di Haendel in anteprima mondiale. I Farisei si sarebbero sicuramente pentiti, la Verità avrebbe brillato su Gerusalemme e si sarebbe diffusa dovunque nel mondo; la storia avrebbe preso una direzione del tutto nuova e la felicità, la bontà e la giustizia avrebbero regnato per sempre sulla terra.

E invece no: si mostra di nascosto, solamente a qualche donna e ai discepoli, un giorno qua un giorno là, o forse durante un giorno soltanto. Lo vedono solo loro: è logico che una morte tanto dolorosa quanto spettacolare, conto tenuto delle sue finalità, sia seguita da una risurrezione a tal punto nascosta e segreta?

Queste contraddizioni e assurdità, e le altre che ho messo in evidenza in questo libro, mostrano che i vangeli non sono, mi scuso se mi ripeto, un'opera coerente e storicamente affidabile. Sono raccolte di racconti trasmessi a lungo oralmente, modificati a ogni passaggio da malintesi, eccessi di zelo, interpretazioni discordanti, poi finalmente messi per iscritto, dapprima in aramaico a cura di scrivani improvvisati, e poi tradotti in greco, ciò che ha provocato ulteriori malintesi e alterazioni.

In conclusione, c'è più coerenza nella Teogonia di Esiodo, che racconta la genesi degli dèi olimpici, che nella Bibbia in generale e nel Nuovo Testamento in particolare. E anche nel Corano, che deve molto del suo contenuto alla Bibbia e al Nuovo Testamento.

Beninteso, nessuno ha il diritto di impedire a chicchessia di credere alla Bibbia, al Nuovo Testamento, al Corano o perfino alla Teogonia.

Ciò che conta, in effetti, è che si smetta di pensare che, nel nome di una pretesa verità, si abbia il diritto di imporre a chicchessia di credere, o di non credere, in una qualunque cosa.

APPENDICI

CRONOLOGIA DELLA VITA DI GESÙ

I problemi, con la vita di Gesù di Nazareth, nascono già quando si tratta di stabilire se egli sia o meno un personaggio storico. Tale certezza non appartiene a tutti: il fatto che sia citato da alcuni autori della antichità, fra i quali Tacito e Giuseppe Flavio, non può, secondo alcuni studiosi (fra i quali Bertrand Russell e Michel Onfray, autore del già citato *Trattato di Ateologia*) essere assunto a prova della sua esistenza. Tacito, ad esempio, scriveva un'ottantina d'anni dopo la presunta data di nascita di Gesù, quando il mito già si era diffuso; inoltre le versioni di questi classici che ci sono pervenute (ne abbiamo già parlato a proposito di Giuseppe Flavio) sono state oggetto di rimaneggiamento e rielaborazione da parte dei copisti medievali, per i quali era più importante magnificare la figura del loro Salvatore che non rispettare l'autenticità dei testi.

Anche ammettendo comunque che Gesù sia realmente esistito, la ricostruzione di una cronologia esatta della sua vita, partendo dai testi neotestamentari, non è possibile.

L'indifferenza degli autori di tali testi e degli antichi storici da un lato, e dall'altro le approssimazioni e la confusione dovuti all'uso simultaneo di calendari giudaici e romani, rendono difficoltosa la ricostruzione di una cronologia della vita di Gesù e il fatto che le narrazioni di Matteo e Luca siano fra loro discordanti costituisce un problema aggiuntivo. Si può tracciare solo una cronologia approssimativa, partendo da dati peraltro contraddittori. I migliori punti di riferimento sono quelli relativi ai fatti storici citati nei testi.

Secondo Matteo, Gesù nacque verso la fine del regno di Erode il Grande: pertanto prima del 4 E.v., anno della morte di questo ultimo. Luca[1] dice però che Gesù nacque al tempo del censimento, quando Quirino era governatore della Siria. Tale censimento ebbe effettivamente luogo, ma nel 6-7 E.v. Poiché tale censimento si verificò successivamente alla morte di Erode, e non concorda con una possibile data del battesimo di Gesù, si deve ritenere improbabile che sia questo il censimento al quale l'evangelista fa riferimento. L'unica ipotesi plausibile è che, sotto un altro governatore, vi sia stato un censimento precedente. Una simile ipotesi trova un labile sostegno in un'iscrizione, conservata nel Museo Laterano, secondo la quale un governatore, il cui nome non è citato, governò due volte la Siria. È stata avanzata l'ipotesi che costui potrebbe essere stato, appunto, Quirino, e che in un momento precedente, in base al calendario romano, nell'ambito di una serie di censimenti, uno potrebbe essersi tenuto nell'8 a.C. Sulla base di tali ipotesi, e del racconto di Matteo e Luca, un'approssimativa data di nascita di Gesù potrebbe essere collocata fra il 7 e il 6 p.E.v.

Luca afferma anche[2] che la predicazione di Gesù iniziò quando egli aveva circa trent'anni. Ciò però non quadrerebbe con il periodo durante il quale Ponzio Pilato fu procuratore (dal 26 al 36 E.v.), per cui l'età citata potrebbe semplicemente indicare l'epoca in cui Gesù raggiunse la maturità.

Per quanto riguarda il battesimo di Gesù, ancora Luca riferisce diverse date: il quindicesimo anno di Tiberio (dunque il 29 E.v. circa, se ci si riferisce alla sua accessione come coimperatore con Augusto); mentre Ponzio Pilato era in carica (dunque, come abbiamo già detto, fra il 26 e il 36); mentre Erode Antipa ed Erode Filippo erano tetrarchi (rispettivamente, dal 4 p.E.v. al 39 E.v. e dal 4 p.E.v.. al 37 E.v.). Queste indicazioni inducono a collocare il battesimo di Gesù, e l'inizio della sua predicazione, fra il 27 e il 28 E.v.

La predicazione di Gesù può essere durata un periodo di tempo oscillante fra un anno, come indicato dai vangeli sinottici

---

[1] Lc 2,1-2
[2] Lc 3,23

(Matteo, Marco e Luca) e circa tre anni, come indicato da Giovanni, sulla base di diversi cicli di mietitura e festività; in definitiva, dunque, essa potrebbe essere durata circa due anni. Poiché Gesù fu crocifisso prima del 36, e la sua predicazione iniziò intorno al 27 o al 28 E.v., egli sarebbe dunque stato crocifisso verso il 30 E.v.

IL PROBLEMA DELLE TRADUZIONI

Per realizzare una traduzione, ovviamente, è necessaria una fonte, un testo originale. Ma quando ci riferiamo ai testi *sacri* cristiani, esistono davvero degli originali? O non sarà che in questo caso parlare di *testi originali* è fuorviante?

Prima di essere fissati nella loro versione greca ufficiale, i vangeli sono stati trasmessi oralmente e poi copiati a mano, non sempre da copisti colti ed esperti, partendo da codici in aramaico disponibili in una varietà di versioni e spesso discordanti fra loro. Come Bart D. Ehrman rileva nel suo *Gesù non l'ha mai detto*[3], non solo errori inevitabili ma anche innumerevoli interpolazioni e aggiustamenti furono inseriti nei testi, che ogni pio amanuense emendava e rettificava secondo le presunzioni e le opinioni sue o della sua setta. Secondo alcuni analisti, perfino il famoso incipit del vangelo di Giovanni, i versetti da 1 a 5 del primo capitolo, sarebbero un'aggiunta apocrifa.

Perplessità sorgono anche, fra l'altro, circa l'intero corpus della Bibbia a causa della strana scelta di Dio che, illogicamente e irrazionalmente, per comunicare all'umanità la buona novella scelse non solo un'epoca di inesistente cultura scientifica, ma anche una nazione e una lingua che perfino duemila anni fa erano marginali sulla scena del mondo: *Israel in 4 B.C. had no mass communication* (Israele, nel 4 A.C., non aveva sistemi di comunicazione di massa), dice un redivivo e angelico Giuda Iscariota alla fine dell'opera rock *Jesus Christ Superstar*.

Le rivelazioni religiose sono inevitabilmente legate al tempo e al luogo – in altri termini: alla cultura – che le producono, il che lancia una luce di dubbio sul loro preteso valore universale. Il problema non riguarda la sola Bibbia: anche nel Corano ci sono

---

[3] Mondadori, Milano, 2005

serie incoerenze, per esempio nel divieto di riprodurre fattezze umane in pittura, scultura o ogni altro modo. Maometto, naturalmente, non sapeva nulla della futura invenzione della fotografia, del cinema, della televisione e di Internet, che anche nei paesi di più rigorosa osservanza musulmana (solo i talebani afghani li avevano proibiti tutti) sono utilizzati normalmente: perfino gli altrimenti rigidi membri dell'ISIS hanno fatto uso con entusiasmo di immagini umane, nei loro disgustosi e sanguinosi video di propaganda.

La storia dimostra che un messaggio davvero universale è semplicemente impossibile da concepire. Altri esempi sono il paragone di Gesù sia a un buon pastore che a un agnello sacrificale e la separazione degli agnelli dai capretti che egli promette per il giorno del giudizio: quando i missionari delle varie confessioni cristiane giunsero nelle isole del Pacifico del Sud, dovettero rimuovere dalla loro predicazione queste metafore: esse non significavano nulla per le popolazioni indigene che non avevano mai visto agnelli, capretti e ovini di qualunque tipo, e di conseguenza non sapevano niente neanche di pastori.

Le traduzioni possono condurre a malintesi e alterazioni, intenzionali o no, e sono sempre un compromesso fra culture, strutture mentali e tempi diversi, tanto che è decisamente impossibile, per un traduttore, dire nella sua lingua esattamente la stessa cosa che dice il testo tradotto[4]. Alcuni esempi, che riguardano la sostanza del cristianesimo, possono aiutare a capire questo punto.

Nel libro di Isaia, capitolo 7, versetto 14, troviamo una famosa affermazione:

> Pertanto il Signore stesso vi darà un segno. Ecco: *la vergine concepirà* e partorirà un figlio, che chiamerà Emanuele.

Il corsivo è mio. Nella lingua ebraica c'è una parola che significa *vergine*, ed è *betulah*; ma la parola nell'originale ebraico del versetto è *almah*, che significa *giovane donna*, senza alcun rife-

---

[4] Cfr. Umberto Eco: *Dire quasi la stessa cosa*. Bompiani, Milano, 2003.

rimento alla verginità. Fu la traduzione in greco dei Settanta[5] a interpretare la parola *almah* come *parthenos*, che in effetti significa *vergine*. L'intero culto della *vergine* Maria madre di Gesù di Nazareth, basato su questa affermazione, è pertanto il frutto di un errore di traduzione, non sapremo mai se intenzionale o accidentale.

Un altro esempio, piuttosto divertente, di discrepanza fra l'originale e la versione tradotta di un testo biblico appare, ancora nell'Antico Testamento, quando Abramo decide che bisogna trovare una moglie per Isacco:

> Allora Abramo disse al suo servo, il più anziano della sua casa, che aveva potere su tutti i suoi beni: «*Metti la mano sotto la mia coscia* e ti farò giurare per il Signore, Dio del cielo e Dio della Terra, che non prenderai per mio figlio una moglie tra le figlie dei Cananei, in mezzo ai quali abito, ma che andrai al mio paese, nella mia patria, a scegliere una moglie per mio figlio Isacco»[6]

Ero bambino, la prima volta che lessi questo passaggio, e rimasi perplesso per via di quella strana richiesta di Abramo: perché il servitore doveva mettere la mano sotto la coscia del padrone, prima di giurare? Trovai la risposta molti anni dopo. I traduttori dall'ebraico erano imbarazzati dalla procedura reale, che prevedeva che il giurante prendesse in mano i genitali dell'altro. Era una formula solenne, perché l'organo della riproduzione era considerato una parte sacra dei corpi maschili, in tempi in cui avere molti figli significava essere benedetti da Dio; ma era difficile da proporre a gente diversa, in un mondo diverso e in diverse epoche, in cui appariva decisamente oscena. Così per renderla, per quanto bizzarra, almeno accettabile ai lettori del loro

---

[5] Secondo una tradizione dovuta a un documento del II Secolo p.E.v., il re egizio Tolomeo II Filadelfo (che regnò dal 285 al 246 p.E.v.) chiese alle autorità ebraiche del Tempio di Gerusalemme una traduzione in greco della Bibbia per la neo istituita biblioteca di Alessandria. Il sommo sacerdote Eleazar incaricò della bisogna 72 studiosi Ebrei (6 scribi per ogni tribù di Israele), che si recarono ad Alessandria e completarono l'opera in 72 giorni. Il loro numero fu arrotondato a 70 dalla tradizione.

[6] Gen. 24,2-4. Il corsivo è mio. La stessa procedura si legge anche in Gen. 47,29.

mondo né ebraico né nomade, i traduttori decisero di alterare il testo.

Errori e fraintendimenti si possono trovare anche nei vangeli che, se pure le versioni più antiche ne sono disponibili in greco, come già ho rilevato furono molto probabilmente trasmessi oralmente finché furono annotati in aramaico da coloro che per primi li stesero per iscritto. Un chiaro esempio si può trovare nella frase famosa:

> Ve lo ripeto: è più facile che un cammello passi per la cruna di un ago, che un ricco entri nel regno dei cieli»[7]

Frase che è ormai un proverbio, famoso quanto inefficace, ma è pure molto probabilmente il frutto di una lettura errata o fraintesa della parola *canapo*, che in aramaico somiglia molto a *cammello*, quando dall'originale questo passaggio del vangelo fu tradotto in greco.

Oltre agli errori negli *originali* in greco, ulteriori problemi nacquero quando questi *originali* furono tradotti nelle lingue moderne e ulteriori filtri e adattamenti furono aggiunti a quelli che già c'erano.

Queste traduzioni sono, piuttosto, interpretazioni dei testi e spesso differiscono clamorosamente le une dalle altre. Lo si può chiaramente rilevare dando un'occhiata al versetto 25 nel capitolo 1 del vangelo di Matteo. I versetti precedenti raccontano che Giuseppe è stato avvertito da un angelo, in sogno, di non divorziare da Maria anche se è incinta e lui non l'ha mai toccata.

La versione ufficiale in italiano della Chiesa cattolica del versetto recita: "La quale, *senza che egli la conoscesse*, partorì un figlio, che egli chiamò Gesù". Il corsivo è mio.

La versione in inglese di Re Giacomo, invece, dice: "*And [Joseph] knew her not till she had brought forth her firstborn son:* and he called his name Jesus": ossia, per la parte che ho riportato in corsivo: "E [Giuseppe] non la conobbe finché non ebbe partorito il suo figlio primogenito".

---

[7] Mt. 19,24.

Spiazzante, e buffo, è che un'altra edizione cattolica[8] della Bibbia che ho nella mia biblioteca, debitamente autorizzata dall'imprimatur ecclesiastico, più vicina alla versione di Re Giacomo, recita: "E non la conobbe finché diede alla luce un figlio; e gli pose nome Gesù".
Anche la versione ufficiale dei vescovi cattolici americani è molto vicina alla versione di Re Giacomo: *"He had no relations with her until she bore a son,* and he named him Jesus", vale a dire: "Non ebbe rapporti con lei finché fu in attesa di un figlio, e lo chiamò Gesù". Una nota di questa versione, tuttavia, precisa:

> L'evangelista si preoccupa di sottolineare che Giuseppe non fu responsabile del concepimento di Gesù. La parola greca tradotta con "finché" non implica un normale comportamento coniugale dopo la nascita di Gesù, e non lo esclude"[9]

I vescovi americani sembrano scegliere una posizione intermedia riguardo al problema dei rapporti sessuali di Giuseppe con sua moglie: non c'è cenno, nella loro versione, al fatto che Gesù fosse *il primogenito* o *l'unico figlio* della coppia. Tutte le versioni cattoliche omettono la definizione del bambino come primogenito (che in effetti non appare nel testo greco che ho visionato) e lasciano intendere che Giuseppe non conobbe mai Maria carnalmente, mentre sia la versione di Re Giacomo che quella cattolica non ufficiale implicano che ciò accadde normalmente dopo la nascita del bambino. La versione di Re Giacomo, in più, cita Gesù come *il suo [di Maria] figlio primogenito*, sottintendendo chiaramente che altri figli vennero in seguito. Appare evidente che ci siano stati adattamenti intesi a far dire alla voce di Dio le parole più calzanti con le attese delle parti interessate.
Piuttosto bizzarro, per una divina verità che si suppone unica, adamantina e ispirata.

---

[8] UTET, Torino, 1963, tradotta e commentata da Enrico Galbiati, Angelo Penna e Piero Rossano; Nuovo Testamento a cura di Piero Rossano. Imprimatur del Canonico V. Rossi, Vicario Generale, Torino, 4 aprile 1963.
[9] United States Conference of Catholic Bishops – The New American Bible, Revised Edition, released on March 9, 2011.

LE IMPERFEZIONI DELLA PERFEZIONE

C'è qualcosa di intrigante, se non divertente, nella definizione
che la Chiesa cattolica propone del suo Dio, che mi fu insegnata
da bambino:

> Dio è l'essere perfettissimo, creatore e signore del cielo e della terra.

Già questo superlativo dà da pensare, visto che introduce una
sorta di graduatoria delle perfezioni, alcune delle quali, lascia
intendere, possono essere più perfette di altre. A parte questo, la
perfezione è ovviamente il primo e il più importante degli attri-
buti che la Chiesa attribuisce a Dio, sulla quale Anselmo di Ao-
sta e Cartesio insistettero molto e sulla quale fondarono la loro
"dimostrazione" della sua esistenza, il cosiddetto *argomento on-
tologico*, che Bertrand Russell ha smontato nel secolo scorso.
La perfezione è infatti la base di tutte le altre caratteristiche di
Dio: egli è anche infinito, vale a dire perfetto nell'estensione,
onnisciente, ossia perfetto nella conoscenza; eterno, o perfetto
nella durata, e perfettamente buono e benevolente.
L'Enciclopedia Cattolica aggiunge anche che è immutabile e naturalmente, fra altre qualità, unico.
Il problema, con questo elenco di perfezioni, è che esse sono
fonte di contraddizioni e, di fatto, di imperfezioni.
I primi problemi sorgono per la presenza, in Dio, di una volontà
e di una capacità di agire, che contraddicono l'immutabilità che,
lo ammette anche l'Enciclopedia Cattolica, gli è necessaria per
essere perfetto, dato che un atto di volontà implica un mutamento, e ciò che cambia non può essere perfetto.
Facciamo un esempio: la forma della sfera è perfetta se tutti i
punti della sua superficie si trovano alla stessa distanza dal centro, altrimenti la forma non è perfetta. Un mutamento di quella
distanza, in qualsiasi punto, altererebbe quella perfezione e la

sfera non sarebbe più tale. Trasferiamo l'esempio su Dio: proprio Aristotele, sul quale si fonda buona parte della teologia tomistica, asserisce che Dio non può avere una volontà: è perfetto, e quindi immutabile. Un atto di volontà implicherebbe *un mutamento* nella sua mente, e quindi mancanza di perfezione. Sarebbe come se, sulla sfera del nostro esempio, si formasse una protuberanza. Dio, secondo Aristotele, è paragonabile al sole, che agisce sulle piante solo indirettamente, facendole crescere verso di lui. Analogamente, dice lo Stagirita[10], Dio attrae il mondo verso di sé fungendo per esso da modello di perfezione. Il mondo, naturalmente, non raggiungerà mai quella perfezione; ma questo suo desiderarla lo fa muovere ed evolvere[11]. Per Aristotele, dunque, se Dio è perfetto non può avere una volontà; e se non è perfetto non è Dio.

Ma se è perfetto, e non ha una volontà, allora non può aver deciso di creare il mondo, di farsi uomo eccetera.

Un'altra delle divine perfezioni riguarda l'onniscienza. Dio conosce tutto: la sua consapevolezza – ci dicono i teologi – è assoluta e priva di qualsiasi lacuna. Ma questa onniscienza confligge con l'infinità, perché se Dio è infinito allora non può conoscersi completamente: se così fosse, ciò significherebbe che ha trovato i propri limiti, e perciò che non è infinito. D'altra parte, però, se non si conosce completamente allora non è onnisciente, e addio a un altro aspetto della sua perfezione.

Un ulteriore limite all'infinità di Dio è la sua perfetta bontà che, teoricamente, non gli consente di essere cattivo[12]: in Dio, dicono

---

[10] Altro modo di chiamare Aristotele, nato appunto a Stagira, nella Grecia settentrionale.

[11] Da qui nasce tutta una serie di concetti che sono entrati anche nel linguaggio comune, affiancandosi a quelli di *sostanza* e *accidente*, come quelli di *potenza* e *atto*. Ad esempio, una ghianda ha in sé, *in potenza*, una quercia colossale, anche se, *in atto*, è solo, appunto, una piccola ghianda. L'evoluzione di ogni cosa terrestre dalla più bieca imperfezione verso il massimo grado possibile di perfezione è dunque un costante ridursi della *potenza* e un altrettanto costante aumentare dell'*atto*. Va da sé che Dio, secondo Aristotele, è soltanto *atto*, e niente *potenza*.

[12] Dico *teoricamente* perché un'occhiata all'Antico Testamento mostra che Dio, o almeno il Dio di Israele, può essere parecchio spietato e sanguinario.

tutte le teologie, non esiste il male. Ma Egli è infinito, insegnano quelle stesse teologie, e per essere infinito deve essere ovunque, non solo fisicamente ma anche moralmente: dev'essere dunque anche in ogni evento compresi i terremoti, gli tsunami, gli assassinii, le guerre, gli stupri, i pensieri di ogni tipo, i furti, gli insulti e così via: la sua assenza da questi fenomeni smentirebbe la sua infinità. Dio non può, insomma, essere *altro* dal mondo: è, come minimo, *anche* nel mondo. In conclusione, per essere infinito Dio deve essere anche nella violenza e nella malvagità o, piuttosto, egli deve essere *anche* violento e malvagio, il che contraddice la sua proclamata perfetta bontà.

Ci sono problemi anche con l'onnipotenza di Dio che confligge prima di tutto col suo essere eterno, che vuol dire che non può morire: se ci sono cose che non può fare, non importa quali queste cose siano, allora non è onnipotente. Un dio intenzionato a suicidarsi può suonare un tantino assurdo ma un potere davvero infinito non può avere limiti, nemmeno nelle assurdità. Se Dio non può uccidersi, allora non è onnipotente.

Anche la creazione del mondo, con le sue imperfezioni, è una delle dimostrazioni dell'impossibilità dell'onnipotenza di Dio: egli infatti *non può creare un mondo perfetto*: se fosse vero il contrario, ciò provocherebbe l'esistenza di un'altra entità perfetta, mentre la perfezione non può appartenere che a lui. Per creare qualcosa di perfetto, Dio dovrebbe creare un altro Dio. Di conseguenza, se davvero egli, a dispetto della sua immutabilità, avesse potenzialità creatrici, qualunque cosa creasse essa si dovrebbe inesorabilmente collocare un gradino al di sotto di lui: per Dio è impossibile creare la perfezione.

Quanto al cristianesimo, e soprattutto al cattolicesimo, da una parte la teologia cattolica e il catechismo confermano che Dio è incorporeo, infinito e onnipotente e, soprattutto, perfetto; d'altro canto, tuttavia, essi dichiarano che egli è *Padre* in una delle sue persone, e *Figlio* in un'altra.

Un essere perfetto, tuttavia, non può essere ristretto in caratteristiche che ne riducono la perfezione: non può essere caldo o freddo, secco o umido, oscuro o luminoso e via di seguito, fino a concludere che non può essere nemmeno maschio o femmina: essendo perfetto, è sia caldo che freddo, secco e umido, oscuro e luminoso, *e sia maschio che femmina*. Oppure, non è né l'uno né l'altra: è semplicemente *ineffabile*, indescrivibile.

Eppure quella stessa teologia e quello stesso catechismo dichiarano che Dio è capace di generare, di generare un figlio maschio (egli stesso un dio, uno col padre ma con una sua propria personalità), e di farlo materializzare in una femmina umana alla fine di una regolare gravidanza.

Il Dio cristiano, dicono, è maschio: due volte maschio, essendo al contempo padre e figlio di sé stesso.

La risposta tipica dei catechisti a tutte queste domande (generalmente accompagnata da un compatito scuotere del capo e da un sorrisetto indulgente[13]) è che noi uomini, limitati e imperfetti, non possiamo comprendere le imperscrutabili vie della volontà e della natura divina. Questa risposta non è altro, a mio avviso, che una scappatoia, una scusa per non dover ammettere di avere - loro – creato un castello concettuale consolatorio sul piano esistenziale ma contraddittorio ed irrazionale sul piano logico.

Un castello che già faticava a stare in piedi quando ancora le conoscenze scientifiche erano limitate e si poteva ragionare in termini antropocentrici, mettendo cioè l'uomo al centro dell'universo, e che – salvo prova contraria - ha finito col diventare del tutto inconsistente al giorno d'oggi.

---

[13] Nel caso di Messori, invece, da uno sprezzante "il solito pamphlet di un ateo o di un ex credente"

DOTTORI E MISTICI

1. *I dottori*

I santi della Chiesa cattolica possono essere classificati in due ben distinte categorie: da una parte gli intellettuali, i dottori, dall'altra i mistici.

San Tommaso d'Aquino, massimo intellettuale fra i padri della Chiesa, era tutt'altro che un mistico. Era una buona forchetta, era decisamente grasso, e la sua elevazione all'onore degli altari è dovuta non tanto alle sue qualità ascetiche quanto alla sua *Summa Theologica*, con la quale ha messo d'accordo il sistema filosofico aristotelico-platonico e la teologia cattolica. Indossò il saio non tanto per vocazione religiosa quanto perché era di indole intellettuale, e a quel tempo non c'erano molte alternative: la condizione sociale era ereditaria, ed ereditarie erano le professioni. Perfino tra le classi elevate le possibilità di scelta si limitavano alla spada e alla tonsura; così, chi aveva ambizioni intellettuali non aveva altra opzione che la carriera ecclesiastica.

Si può affermare con sicurezza che almeno fino al XII secolo, quando nacquero le prime università, non esisteva in Europa altra scuola di pensiero e di cultura che quella ecclesiastica. E gli unici intellettuali che esistessero, in pratica, erano appunto ecclesiastici[14]. Sulla base delle conoscenze dell'epoca, anche presso le università, comunque, teologia, filosofia e scienza si identificavano le une nelle altre, perché le basi della cultura erano il ragionamento astratto fondato sulle regole del sillogismo aristo-

---

[14] Di questo stato di cose è rimasta traccia nella parola *clerk*, che in inglese significa *impiegato*, e che trae origine dal latino *clericus*, cioè chierico (da cui, in italiano, *clero* e derivati). Le cancellerie e le segreterie, dei nobili e degli imperatori, utilizzavano appunto dei chierici come impiegati, in quanto solo nei conventi si trovava personale che fosse in grado di leggere e scrivere ed in possesso di una cultura adeguata a svolgere simili mansioni.

telico e la Bibbia. Oltre che obbligatorio, era quindi assolutamente normale, per un intellettuale, accettare il sistema tolemaico, datare la creazione del mondo a pochi millenni prima di Cristo e partire da questi assunti per ogni tipo di speculazione e indagine. I migliori cervelli dell'epoca, di conseguenza, non avevano in pratica altro argomento sul quale dibattere, ed altra materia da approfondire, che la teologia; e se pure si avventuravano in altri campi, come l'astronomia o la medicina, dovevano sempre e comunque prendere le mosse da concetti di base imposti dalla tradizione, e non da un'indagine sperimentale. Ma essi erano comunque degli intellettuali, abituati a ragionare in modo rigoroso e poco propensi ad abbandonarsi ai moti del cuore. Questa struttura mentale, in quanto intellettuali, l'avevano di conseguenza anche santi come Tommaso d'Aquino e, prima di lui, Agostino d'Ippona e Ambrogio, vescovo di Milano.

Di cosa si sarebbero occupati, questi pensatori, se fossero nati in un'altra epoca e avessero avuto a disposizione un diverso, più documentato e più articolato sistema culturale? È una domanda tanto oziosa quanto quella che ci si pone chiedendosi che musica avrebbe composto Mozart se fosse nato nel ventesimo secolo. Tuttavia, è legittimo ipotizzare che probabilmente avrebbero potuto raggiungere conclusioni del tutto diverse da quelle consentite dal mondo in cui vissero. E forse, invece di scrivere la *Summa*, Tommaso d'Aquino avrebbe scritto un trattato di fisica o, addirittura, avrebbe abbracciato il materialismo storico di Marx, dimostrandone la verità e infallibilità.

2. I mistici

Di tutt'altra pasta erano i mistici, fra i quali sono annoverate tutte le grandi sante, da Chiara a Rita da Cascia a Teresa del Bambin Gesù. Alle donne, almeno fino al rinascimento, fu infatti precluso l'accesso al *Trivio* ed al *Quadrivio*[15]: l'unica formazione cui potessero ambire, oltre l'apprendimento dei doveri domestici, era una modesta alfabetizzazione.

Di estrazione frequentemente popolana, i mistici erano tendenzialmente a digiuno di conoscenze filosofiche e scientifiche, se non del tutto analfabeti, e praticavano un'ascesi spesso feroce. Erano loro, di regola, ad avere visioni, trasporti, stimmate.

Questa suddivisione tra intellettuali e mistici, che riguarda comunque individui rivolti verso lo stesso orizzonte ideologico, pone in evidenza che, pur condividendo lo stesso credo, la preminenza dell'aspetto culturale su quello sentimentale attenuava, se non faceva svanire del tutto, la componente mistica e visionaria dal contesto delle esperienze degli interessati.

Altrettanto rilevante è che nei santi l'importanza e la frequenza delle esperienze che oggi definiremmo *paranormali* è in stretta relazione con l'intensità del misticismo dei soggetti. Nel caso delle donne, poi, il misticismo assumeva spesso i connotati di una sublimazione in chiave religiosa della loro sessualità repressa, aggravata dall'anoressia e dalla rinuncia al sonno[16]. Se, dunque, si sostituisce la parola *visione* con *allucinazione*, non si è affatto lontani dalla realtà.

L'anoressia è oggi considerata una turba psicologica, e come tale viene curata; quanto alle esaltazioni mistiche, perfino la Chiesa le guarda ormai con sospetto, se non con imbarazzo, e preferisce che i suoi seguaci vivano la propria religiosità con una sobrietà e un buon senso che oggi definiremmo piccolo borghesi.

---

[15] Le arti del Trivio erano quelle più specificamente umanistiche e includevano la Grammatica, la Dialettica e la Retorica; quelle del Quadrivio, più "tecniche", erano invece l'Aritmetica, la Musica, la Geometria e l'Astronomia. Una suddivisione che, in Italia, ha segnato anche la riforma Gentile, con i licei classico e scientifico.

[16] Il misticismo femminile era anche, spesso, una forma di ribellione, più o meno conscia, contro le norme sociali del tempo che vedevano le donne relegate esclusivamente nel ruolo di mogli, di uomini che venivano loro imposti dalle famiglie e dai quali, nella gran maggioranza dei casi, erano di fatto trattate alla stregua di serve. Per la donna medievale il convento rappresentava, paradossalmente, l'unico modo di operare una scelta autonoma anziché subire un destino fissato da altri.

E così, respinti dalla Chiesa, molti mistici, che comunque qualcosa di soprannaturale hanno bisogno di vedere, si orientano oggi verso altri lidi e invece della Madonna incontrano extraterrestri. Dal canto loro, le ragazze insicure e nevrotiche continuano a diventare anoressiche, ma senza più associare queste turbe psicosomatiche autodistruttive ad un malinteso spirito di sacrificio.

3. Teologi contro mistici

Gli intellettuali, nella Chiesa, sono al servizio della conservazione: essi legittimano la gerarchia fornendole una struttura codificata di norme e una base concettuale, e comportandosi in modo diametralmente opposto rispetto ai mistici. I mistici, viceversa, in linea di massima sono ingenui e sinceri e tendono a stravolgere la struttura del sistema concettuale costruito dagli intellettuali: Savonarola doveva morire sul rogo, perché disturbava troppo; esattamente come Giordano Bruno, intellettuale, sì, ma prima sognatore, e fra' Dolcino, e Valdo.

Francesco d'Assisi, il cui messaggio è incredibilmente simile a quello di Valdo, riesce ad evitare la condanna, da parte del "sistema" accettandone il magistero; ciò non toglie che i suoi seguaci più sinceri, pochi anni dopo la sua scomparsa, diventino oggetto di persecuzione, esattamente come gli altri nemici dell'organizzazione ecclesiale.

La storia della lotta alle eresie, fino a Lutero, si configura in definitiva come una battaglia fra l'approccio pauperistico al cristianesimo, ispirato alla Chiesa delle origini e tendenzialmente anarcoide, e la gerarchia della Chiesa istituzionale, per la quale la gestione del potere è elemento strutturale della propria ragion d'essere e l'alleanza con le coesistenti strutture di potere è conseguentemente essenziale[17].

---

[17] In questo quadro si colloca la condanna, da parte del Vaticano, della cosiddetta *Teologia della Liberazione*, propugnata in Sud America da alcuni coraggiosi esponenti del basso clero. La Teologia della Liberazione giustificava la rivolta delle masse di

Gli intellettuali della Chiesa, come tutti gli intellettuali, preferiscono i voli della mente a quelli del cuore. A ben vedere, in conclusione, la stessa Santa Inquisizione non era che un reparto d'assalto nella guerra che contrapponeva i paladini dell'ordine costituito al disordine dei sognatori[18], ed il rassicurante rigore degli schemi ormai consolidati del *sistema* agli ingenui, che sono sempre rivoluzionari o almeno imbarazzanti: il tedesco Ratzinger contro l'africano Milingo.

---

diseredati contro le oligarchie plutocratiche al potere, alleate delle gerarchie ecclesiastiche.
Le lotte per le investiture e il lungo braccio di ferro fra la Chiesa e gli imperatori del Medio Evo riguardavano la necessità di stabilire quale delle due istituzioni dovesse avere la preminenza sull'altra, ma nessuna di esse mirava alla distruzione della rivale: voleva solo dominarla.

[18] A parte, naturalmente, l'intensa attività antisemita svolta dall'Inquisizione Spagnola della regina Isabella.

QUALCHE DOMANDA OZIOSA
(CON RISPOSTA FAZIOSA)

1. *Perché "Dio Padre" e non "Dea Madre"?*

Gli studi archeologici ed antropologici stanno facendo emergere segni evidenti dell'esistenza, in epoche remote, di alcune società a struttura matriarcale. Erano società fortemente legate alla venerazione della fertilità nelle quali le donne, proprio per la loro capacità di generare la vita, possedevano la preminenza politica e morale[19]. Erano localizzate comunque in ambiti geografici ristretti e furono ben presto soppiantate da strutture sociali patriarcali.

Perché le società umane, fatte salve queste eccezioni si sono strutturate tutte su base patriarcale?

La forza fisica, nei gruppi animali socialmente organizzati, è il fattore più rilevante per determinare, all'interno del gruppo, il rango dei singoli individui. Quanto più il gruppo deve agire concordemente per assicurare, ad esempio, il successo di una spedizione di caccia, tanto più è necessario che ciascun individuo sappia stare al suo posto. Una struttura gerarchicamente organizzata è quindi necessaria ai fini della sopravvivenza delle specie gregarie; e al vertice della struttura si trova inevitabilmente il soggetto più forte, che quasi sempre è un maschio. Questa forma di organizzazione sociale è diffusa tra i carnivori,

---

[19] Tracce di questa preminenza restano nella norma per la quale, fra gli Ebrei, lo status appunto di ebreo si eredita dalla madre, e non dal padre. La lettura di Omero mette inoltre in evidenza che è la regina a possedere la regalità, che attraverso di lei passa al suo sposo: per questo i proci invadono la casa di Ulisse, pretendendo che Penelope sposi uno di loro; e per questo Menelao, re acquisito di Sparta attraverso il matrimonio con Elena, ha bisogno di riportarsi a casa la moglie fuggiasca.

con alcune eccezioni[20], ed è la regola fra i primati. Le tribù di babbuini, scimmie nasute, scimpanzé e gorilla hanno un capo maschio, forte, carismatico e dotato di un'autorità che nessun membro del branco osa mettere in discussione, salvo che un altro maschio si ritenga più forte di lui e provi a sostituirlo.
Perché maschio e non femmina? Perché le femmine sono impacciate dalle cure parentali.
Quanto più complessa è la struttura sociale di una specie, tanto più lento è lo sviluppo dei piccoli e tanto maggiore e prolungato è il tempo che trascorre prima che essi diventino indipendenti ed autosufficienti. Il cucciolo d'uomo aveva (ed ha) bisogno di assistenza parentale per un periodo di tempo pari ad oltre un quinto della durata della sua vita media, il più lungo in assoluto in natura. Le femmine non potevano quindi far parte dei gruppi di cacciatori né potevano sviluppare la propria forza fisica e competere per il dominio del gruppo: le loro energie erano consacrate alla procreazione ed alla cura dei piccoli[21].
Questo bisogno di far riferimento ad un capo carismatico è dunque fortemente radicato anche nell'uomo, che a onta dei suoi progressi intellettuali è ancora, per dirla con Desmond Morris, una *scimmia*, per quanto *nuda*[22]. È un bisogno che può sopirsi, quando le condizioni di sicurezza del gruppo sono rassicuranti, ma torna a rafforzarsi in condizioni avverse; esso si è inoltre naturalmente esteso anche al nucleo familiare in quanto, come abbiamo visto, le femmine erano impegnate con la prole, ed era

---

[20] Le iene, per esempio, e i licaoni, vivono in società matriarcali.
[21] Le società matriarcali si sono probabilmente sviluppate in contesti nei quali un relativo benessere rendeva meno necessaria una forte carica di aggressività. Non a caso le legittime rivendicazioni di parità di diritti, nell'attuale società occidentale, hanno potuto essere avanzate dalle donne col progressivo affrancamento dal bisogno e dalla miseria che di questa società è l'aspetto più positivo.
[22] *La Scimmia Nuda* (Bompiani, 1980) è l'opera di Desmond Morris che ha diffuso, almeno nel grande pubblico, un nuovo approccio allo studio del comportamento umano, quello della antropologia comparata, basata sull'evoluzionismo darwiniano: questa disciplina vede l'uomo non come un essere a parte rispetto al resto della fauna terrestre, ma anzi come un primate fra gli altri, ai quali viene paragonato, trovando così la motivazione e l'origine di comportamenti individuali e sociali che in precedenza erano male interpretati o non compresi.

dunque il maschio a dover procacciare la carne ed assicurare la protezione della femmina e dei cuccioli.

In tempi remoti, e per un periodo di tempo tanto lungo da fissare nella struttura mentale della specie questo sistema di relazioni, i nostri antenati hanno vissuto in condizioni ed in ambienti che rendevano necessaria un'organizzazione sociale così strutturata. L'arco di tempo che trascorse in simili condizioni fu enormemente più lungo di quello che, in séguito, occorse allo scimmiesco australopiteco per trasformarsi in *homo sapiens*, maturare la consapevolezza individuale della propria esistenza e dell'inevitabilità della propria morte[23] e per operare la proiezione sulla natura del proprio finalismo antropomorfico.

Ma cosa vuol dire l'espressione *finalismo antropomorfico*? Lo spiega Konrad Lorenz:

> A molti appare inconcepibile che nell'universo possano esistere dei processi che non siano diretti alla realizzazione di un fine determinato. Dato che giudichiamo contrario ai *nostri* valori un agire umano privo di significato, ci disturba il fatto che possano esistere degli eventi naturali in se stessi del tutto privi di significato.[24]

L'uomo, dapprima in modo ingenuo e confuso, poi elaborando questi concetti in modo sempre più raffinato, ha immaginato che così come lui, per i suoi scopi (alimentari, sociali, eccetera) governava la vita degli animali che aveva addomesticato, modellava l'argilla, costruiva le capanne e accendeva fuochi, ci dovesse

---

[23] Non c'è stato, naturalmente, un momento preciso, perché questa consapevolezza è maturata gradualmente restando a lungo a livello inconscio prima di emergere in tutta la sua terribile e meravigliosa evidenza. Questo è il *momento,* rappresentato nella Bibbia dal morso al frutto dell'Albero della Conoscenza, in cui l'Uomo viene scacciato dal giardino dell'Eden: non sapere di esistere significa non sapere di dover morire, e quindi non avere – consciamente – paura della morte. Ciò che non si conosce non esiste e quindi la morte, finché l'umanità non ne ha preso coscienza, nella sua mente non esisteva. Pur orgoglioso della sua auto consapevolezza, l'Uomo conserva tuttavia la nostalgia del tempo – l'infanzia della specie – in cui non ne godeva, così come ogni adulto conserva la nostalgia della propria, spensierata, età infantile. Questo è il rimpianto allegoricamente rappresentato oltre che dal mito dell'eden, da quelli dell'età dell'oro e dello stato di natura.

[24] Konrad Lorenz: Il Declino dell'Uomo, cap. I, pag. 16. Mondadori, Oscar saggi, 1999. La definizione *finalismo antropomorfico* è mia.

essere *qualcuno* che, per motivi a lui sconosciuti, governava il mondo ed aveva modellato le montagne, faceva sorgere il sole, scatenava gli uragani, scagliava i fulmini, eccetera. Un *qualcuno* dotato di poteri immensi, ed immenso egli stesso: l'uomo, insomma, proiettava sulla natura la propria mentalità utilitaristica e finalistica: nacquero così gli dei antropomorfi. Non a caso, nelle religioni più antiche, gli dei si identificano con le forze della natura[25] e, praticamente in tutte, il primo uomo viene modellato nell'argilla.

Nell'evolvere dalla religione naturale a quella astratta, che riconduce tutta la creazione ad un'unica, onnipotente volontà, il fondo psicologico ancestrale, che ha necessariamente bisogno di un maschio a capo del gruppo, ha reso inevitabile che a tale ipotetica volontà venisse associata una personalità maschile.

Quella delle tribù di Israele, prima dell'insediamento in Palestina, era una società di pastori nomadi che si muovevano in un ambiente desertico e ostile, circondati da civiltà più evolute e nemiche[26]. Il grado di sicurezza, all'interno del gruppo e nel sentire di ciascun individuo, doveva essere decisamente basso. Il bisogno di un dio forte ed esclusivo, tale da rassicurare l'individuo e dare più coesione al gruppo, era quindi certamente molto sentito; e, per le ragioni che ho appena esposto, questo dio non poteva che essere maschio. Infatti, il Dio di Israele (esattamente come quello di Maometto) è un guerriero, detta delle leggi, elargisce premi e punizioni; bisogna pregarlo, calmarne la collera, chiedergli delle grazie: non è, in fondo, che l'ingigantimento a dimensioni sovrumane dell'immagine del capotribù.

Nessuno vede la contraddizione, comprensibile se si vede questa origine dell'immagine della divinità, fra un dio onnipotente, on-

---

[25] A questo stadio era ancora possibile che vi fossero divinità femminili, associate al culto della fecondità, anche nei contesti a struttura già originariamente patriarcale.

[26] Gli Egizi, agricoltori stanziali, disprezzavano e odiavano i pastori. A Giacobbe, infatti, non fu consentito di stabilirsi in Egitto, ma ai suoi confini orientali. Il rancore fra pastori ed agricoltori si riflette nel mito di Caino e Abele: il secondo, pastore, è detto dalla Bibbia buono e amato da Dio; l'altro, agricoltore, feroce e fratricida.

nisciente e amorevole verso il "suo" popolo, che bisogna tuttavia pregare per ottenerne delle grazie: questo dio sa tutto, e dunque anche le necessità del fedele ed i suoi meriti; dunque non dovrebbe logicamente esserci alcun bisogno di pregarlo. Ma il capo, anche se ha il potere di accontentarlo, ignora tutto il resto. Bisogna perciò pregarlo, e sperare.

Il fatto che, ancora oggi, le tre religioni monoteistiche continuino a insistere su un dio fornito se non di un sesso, certamente di una natura maschile, è evidentemente contrario ad ogni logica anche in senso teologico, stante l'asserita incorporeità di questo supremo ente; ma contro l'inconscio umano, e le sue esigenze, non c'è sottigliezza ontologica che tenga.

2. Perché il Paradiso è in cielo e l'Inferno è sottoterra?

Quando ha cominciato ad osservare il culto dei morti, l'umanità ha sentito il bisogno di sottrarre alle belve i corpi degli scomparsi. Questo si poteva fare in diversi modi: alcune popolazioni li cremavano, altre li issavano su piattaforme rette da pali, altre, e sono le più numerose, praticavano la sepoltura.

È più che probabile che la sepoltura sia stata, inizialmente, la sola forma di inumazione: poteva essere praticata in qualunque ambiente e non richiedeva particolari tecnologie. In più evitava la distruzione immediata del corpo: in questo modo si poteva fingere che il defunto "riposasse". Alla luce di quanto evidenziano gli scavi archeologici, si nota infatti che, col progredire delle culture, il corpo, che in origine veniva sepolto soltanto con qualche indumento addosso, riceveva via via cure sempre più raffinate, fino a giungere a forme estreme di elaborazione, come quelle praticate dagli Egizi, che giungevano a ritenere più importante il proprio cadavere che sé stessi vivi.

Il sottosuolo, quindi, diventava il luogo tipico dove giacevano i morti. Morti dei quali si continuava a serbare il ricordo, in particolare se erano stati capi o, comunque, personaggi che in qualche modo si erano messi in evidenza mentre erano vivi. Se ne raccontavano le gesta e, soprattutto, *tornavano* nei sogni. Tornavano, dal loro riposo sotterraneo, a parlare con i vivi. Logico che s'immaginasse che, in qualche modo, essi continuassero ad esistere, pur se non nello stesso modo in cui erano vivi *prima*. Da qui a immaginare un regno sotterraneo dei morti il passo era breve.

Questa fantasia soddisfaceva, per di più, anche il bisogno di trascendenza che l'umanità ha cominciato a provare quando ha preso coscienza di esistere, quando la parola *io* si è affacciata alla mente degli individui e, con essa, anche la consapevolezza che quell'*io* si sarebbe dissolto nel nulla al sopravvenire della morte.

Inizialmente la collocazione era indifferenziata: buoni o cattivi tutti si aggiravano, come ombre, nello stesso, oscuro, mondo sotterraneo. Così, nell'Odissea, Omero fa incontrare ad Ulisse, nel suo viaggio agli inferi, anche Achille; il quale, per quanto laggiù sia considerato il primo fra tutti, preferirebbe essere, piuttosto, l'ultimo fra i viventi.

Ma c'era il problema del buio.

La notte era buia davvero, agli albori della storia umana: non era come adesso. Oggi si parla, fra tante forme d'inquinamento, anche dell'inquinamento luminoso: di notte, ormai, dovunque si vada, si vede sempre, da qualche parte, lo scintillio di una città lontana, di un casolare, di un'insegna isolata. Ma non è sempre stato così. Basta andare indietro nel tempo di non molto, anche solo di un centinaio d'anni, forse meno, e si scopre che anche in Europa ampie distese di territorio erano immerse, di notte, nell'oscurità più profonda: niente lampioni per le strade, niente luce elettrica nelle case: la notte era un mare d'inchiostro.

Questa era la regola nel passato più remoto. Allora sì, che gli uomini sapevano cosa vuol veramente dire la parola *buio*! Era un buio totale, soprattutto quando il cielo era nuvoloso o ci si addentrava in un bosco o una foresta. Persino nelle città, ancora all'inizio dell'ottocento, aggirarsi di notte nelle strade significava affrontare un'oscurità pericolosa e piena di incognite.

Figurarsi in epoche preistoriche: il buio della notte trasformava ogni cosa, il mondo diventava misterioso e freddo, era pieno di pericoli e non ci si poteva muovere dal rifugio, fosse una capanna o il cerchio breve della luce di un falò: rumori, fruscii, urla di animali, ombre danzanti destavano nei nostri antenati mille timori. La notte era il regno di entità misteriose e nemiche la cui esistenza era confermata, nella memoria collettiva, dall'esperienza di tempi ancora più antichi, quando nel buio della notte si verificavano le aggressioni delle belve cacciatrici, i cui occhi comparivano sfavillanti e il cui brontolio si udiva per un istante ogni volta che, con un rantolo o un urlo di terrore, scompariva un cucciolo o un membro del gruppo più debole o isolato dagli altri. La paura del buio, insomma, è anche essa un frutto dell'evoluzione: quelli che la provavano e si nascondevano, riuscivano a sopravvivere e la trasmettevano ai propri discendenti; gli altri facevano una brutta fine, e non potevano riprodursi.

Analogamente, i conigli hanno paura degli spazi aperti e gli animali gregari hanno paura di restare isolati. Nell'uomo, questa paura ancestrale è stata elaborata dal successivo sviluppo culturale, e arricchita di miti e leggende: elfi, coboldi, gnomi, ninfe, draghi, satiri, fate, streghe, maghi, zombie e tutta una folla di esseri più o meno soprannaturali, sono stati considerati veri e reali, nelle varie civiltà che li hanno concepiti. Tutti questi esseri, non a caso, erano legati all'oscurità: essi non erano che la materializzazione in forma umana dei misteri legati al buio della notte, e delle paure che ne discendevano. Alle forze del male, come i vampiri, veniva attribuita una mortale insofferenza per la luce del sole. L'alba era vista come una benedizione, il sole era un amico: il cielo, inghiottito dalla notte, all'alba tornava a farsi azzurro e splendente ed il mondo, che era scomparso, tornava anch'esso dal limbo nel quale era sparito, con la sua consistenza ed i suoi colori.

Per millenni, prima ancora che l'umanità cominciasse a costruire un sistema di pensiero e che queste associazioni venissero elaborate consciamente, alla luce del giorno si associò dunque un senso di sicurezza e benessere, al buio della notte un senso di incertezza e timore.

Gli stessi processi mentali facevano sì che al concetto di *alto* si associasse, inevitabilmente, quello di *bene* e, di converso, al concetto di *basso* quello di *male*.

Un individuo sano, infatti, sta in piedi, mentre se è debole o malato, e soprattutto se è morto, giace sdraiato; la mente è nel capo, il punto più alto del corpo, mentre per svolgere le funzioni corporali meno nobili bisogna accucciarsi; e i piedi raccolgono il sudiciume del suolo. In basso, nella terra e nell'oscurità, giacciono i morti; in alto, nella luce, in cielo, c'è il sole.

Era inevitabile, in conclusione, che si finisse per immaginare che gli dèi benigni abitassero nel cielo, dove c'è luce, e quelli maligni nella notte, nell'oscurità e – visto che i cadaveri venivano generalmente seppelliti – nel sottosuolo. Un sottosuolo che era anche sinonimo di putrefazione, di decadenza e disfacimento, in contrasto con un cielo che appariva pulito e incorruttibile.

Anche quando, nel tempo, i sistemi di pensiero si fecero astratti e si svincolarono (almeno in apparenza) dalle circostanze materiali cui dovevano comunque la loro origine, le associazioni *giorno – luce – pulito - salire – alto – caldo - vita - bene* da una parte, e *notte – oscurità – sporco - scendere – basso – freddo – morte – male* dall'altra, sono rimaste inscindibili nella mente degli esseri umani.

3. *Davvero i cattolici sono monoteisti?*

Si deve distinguere, nel rispondere a questa domanda, fra teologia e catechismo da una parte e religiosità popolare dall'altra. In linea teorica, la prima dovrebbe orientare la seconda; sul piano pratico avviene che la seconda tende, insensibilmente, a condizionare la prima.

Abbiamo visto che in passato, quando i mezzi della ricerca scientifica erano troppo scarsi per offrire spiegazioni razionali ai fenomeni naturali, gli uomini tendevano a personalizzare questi fenomeni: Apollo era il dio del Sole, Diana della Luna, Giove del tuono e del cielo, Vulcano del fuoco, Nettuno del mare e così via, fino alle manifestazioni più minute della vita quotidiana: per esempio i Romani, vuoi per burla, vuoi per davvero, erano arrivati a concepire un dio Peto.

Solo le menti più contemplative, superata la fase del politeismo antropomorfo ma non quella del finalismo, arrivavano ad attribuire la spiegazione della propria esistenza, e dell'esistenza dell'universo, ad una Volontà prima, creatrice e ordinatrice di ogni cosa. Se il bisogno di trascendenza era dunque tipico, allora come ora, di tutti gli esseri umani, tuttavia la capacità di concepire un dio unico apparteneva solo ad una sparuta minoranza di intellettuali[27].

È facile obiettare a tale assunto rilevando che il popolo ebraico, già dagli albori della storia, era monoteista. L'altrettanto facile risposta è che il popolo ebraico, ammesso che lo fosse davvero, era monoteista *al suo interno*. Esso, cioè, aveva il proprio dio nazionale, il *Dio di Israele*; ma non trovava strano che anche gli altri popoli avessero, ciascuno, il proprio dio o i propri dei. Questo monoteismo era inoltre imposto, e ad imporlo era proprio la sparuta minoranza di intellettuali di cui parlavo: quella, guarda caso, che ne traeva legittimazione all'esercizio del potere. Gli Ebrei si tenevano stretto il proprio Dio ma senza troppo entusiasmo, come racconta il libro dell'Esodo: Mosè (l'intellettuale di turno, quello che impone il monoteismo nazionale e che nel suo nome esercita un potere assoluto su tutto il popolo) non fa in

---

[27] Anche un ateo, quando indaga sull'argomento, non si chiede se esistano o meno gli dèi, ma se esista o meno *una* causa prima, un'origine, fornita o meno di volontà propria, che abbia prodotto l'esistenza del mondo. L'ateo, come lo intendo io (vedi sopra), è – ahimè – un intellettuale.

tempo a voltare le spalle, che proprio Aronne, suo fratello e capo della religione di Stato, modella un vitello d'oro che l'intero popolo, con poche eccezioni, si affretta ad adorare. Giunti poi nella terra promessa, l'ordine è perentorio: divieto di contatto con i vicini, per evitare che gli dèi locali inquinino la vacillante fede di Israele nell'*unico Dio*:

> Stabilirò il tuo confine sul Mare Rosso fino al mare dei Filistei e dal deserto fino al fiume, perché ti consegnerò in mano gli abitanti del paese e li scaccerò dalla tua presenza. Ma tu non farai alleanza con loro e con i loro dèi; essi non abiteranno più nel tuo paese, altrimenti ti farebbero peccare contro di me, perché tu serviresti i loro dèi e ciò diventerebbe una trappola per te[28].

Il dio di Israele non rivendica dunque la propria unicità: al contrario è geloso e non vuole che il suo popolo adori gli dèi altrui. Ed ha ragione, visto che più tardi Israele cede alla tentazione:

> Israele si stabilì a Sittim e il popolo cominciò a trescare con le figlie di Moab. Esse invitarono il popolo ai sacrifici offerti ai loro dèi; il popolo mangiò e si prostrò davanti ai loro dèi. Israele aderì al culto di Baal-Peor e l'ira del Signore si accese contro Israele.[29]

Il monoteismo di Israele, quindi, pur se fissato dalla teologia, era tutt'altro che radicato nella mentalità del popolo, almeno ai tempi mosaici.

Il cristianesimo – e quindi il cattolicesimo - si rifà alla teologia ebraica e si proclama, pertanto, monoteista. Il Credo cattolico, quello del Concilio di Trento, inizia infatti con queste parole:

> Credo in *un solo Dio*, Creatore e Signore del cielo e della terra[30]

Un'affermazione che non lascia spazio a dubbi.

---

[28] Esodo 23, 31-33
[29] Numeri 25,1-3
[30] Il corsivo è mio. Questo avvio, in sé, è ben poco scientifico, in quanto crea una relazione cielo/terra che si basa sulla percezione della *terra* come di un qualcosa che ha pari dignità con il *cielo*, secondo una concezione del mondo che vede un cielo "sopra" e una terra "sotto". Gli estensori di questo Credo non avevano idea della differenza di dimensioni fra il "cielo" e la "terra", né del fatto che, nell'universo, gli stessi concetti di "sopra" e di "sotto" non hanno nessun senso.

Le cose si complicano quando si passa ad esaminare la natura di questo Dio e si scopre che è, sì, uno, ma si scompone in tre persone: un Padre che genera – fuori dal tempo – un Figlio, ed un flusso d'amore infinito che corre tra il Padre e il Figlio e che si personalizza nello Spirito Santo.

Questo guazzabuglio del triplice dio unico è la contestazione più pesante che l'Islam muove al Cristianesimo. L'Islam, infatti, è ferocemente monoteista, e rifiuta l'idea stessa che Dio possa generare o essere generato. Altrettanto netto è il rifiuto che l'Islam oppone all'idolatria: esso ha mutuato dall'Ebraismo il divieto assoluto di produrre immagini di qualunque sorta che pretendano di rappresentare Dio (Mosè e Maometto conoscevano la natura umana[31]) e, a scanso di equivoci, ha vietato ogni rappresentazione di figure umane[32]. Vedremo più avanti quale rapporto si possa configurare fra cattolicesimo e idolatria. Per quanto riguarda, invece, il poli- o monoteismo, si può notare che le fedi cristiane protestanti, in linea di massima, si fermano alla Trinità, mentre i cattolici vanno molto oltre. Fermo restando, infatti, che sul piano astrattamente ideologico e teologico restano monoteisti, essi hanno affiancato alla Trinità una molteplicità di soggetti, prima fra tutti la Vergine, costituita da individui che vengono definiti *santi*. A questi, e prima di questi, si affianca inoltre il culto di alcune parti anatomiche (il cuore, le piaghe e il sangue) di Gesù[33].

Alla moltiplicazione della Vergine in più Madonne, ed al suo status di quasi dea, abbiamo già accennato e non è il caso di ri-

---

[31] In fondo, un portafortuna o un talismano non sono altro che piccoli idoli, ai quali il possessore attribuisce il potere di influire sul proprio destino: il cornetto rosso è un dio tascabile.

[32] Scendendo a compromessi, inevitabilmente, con la televisione; ma gli integralisti più integralisti, i Talibani dell'Afghanistan, avevano vietato anche quella.

[33] Una forma di venerazione è accordata anche al cuore di Maria. Devo ammettere che, per quanti sforzi faccia per non giudicare le idee altrui, in questo specifico caso non posso non provare un tantino di disgusto per una forma di culto così macabra. La mia reazione, nello scoprire che esiste un ordine religioso di "Suore adoratrici del prezioisissimo sangue di Nostro Signore Gesù Cristo", è stata una spontanea esclamazione: *che schifo!*

petersi. Giova invece soffermarsi sui santi, che la devozione popolare ama in modo particolare.

I santi sono tali perché in vita si sono distinti nel vivere, difendere e diffondere la *Vera Fede*. Essi condividono con la Vergine la funzione di intercessori presso Dio a favore dei viventi; non sono quindi semidei, ma anime che la Chiesa ritiene sicuramente beate, accolte in Paradiso e capaci di orientare benevolmente il Creatore nei riguardi dell'umanità.

L'ovvia obiezione, a questo proposito, è che per mansioni del genere dovrebbe bastare Gesù, visto che proprio per questo si è fatto uomo. Ma spingendo il ragionamento ancora oltre, è legittimo chiedersi che bisogno abbia Dio di intercessioni, essendo onnisciente e quindi, conoscendo l'animo dell'orante, in grado di valutare autonomamente quanto costui sia sincero e quanto abbia davvero bisogno di ciò che chiede. Questo dio circondato da una folla di santi che lo tirano per la giacchetta, chiedendo favori per questo e per quello, non mi sembra poi neanche tanto dignitoso: fa pensare, piuttosto, ad un Presidente del Consiglio democristiano ed al suo Ufficio Raccomandazioni.

La dottrina ufficiale della Chiesa cattolica attribuisce ai santi un'ulteriore funzione, quella di esempi da imitare. Primi fra tutti, ovviamente, sono santi gli apostoli, e i martiri[34]. Fra le donne, è scontato, un titolo di merito particolare compete alle vergini. Il massimo della santità, per una donna, è dunque di essere, al contempo, vergine e martire. Una non vergine può aspirare alla santità, ma è meglio che sia vedova: è il caso delle madri di S. Agostino e dell'imperatore Costantino. Resta inteso che una non vergine, se è santa, lo è comunque un po' meno di una vergine. Meno male che le donne non aspirano tutte al massimo della santità, se no non starei qui a scrivere questo libro, e Giovanni Paolo II non avrebbe potuto elevare alla gloria degli altari l'esercito di nuovi santi che ha beatificato: l'umanità si sarebbe già estinta da un paio di millenni.

---

[34] La stessa parola *martire* trae origine da un termine greco che vuol dire "testimone".

Fino a qualche secolo fa il processo di elezione allo status di santo non era particolarmente complicato. In alcuni casi il processo non c'è proprio stato: nessuno ha esaminato l'opportunità di santificare, ad esempio, Paolo di Tarso, Simone detto Pietro, Tommaso, malgrado la sua incredulità, Giovanni Battista, Giuseppe sposo di Maria eccetera: questi sono santi *honoris causa*.

In seguito la Chiesa ha stabilito tutta una procedura, consistente in un vero e proprio processo: un processo durante il quale i promotori perorano la causa del candidato, un prelato (*l'avvocato del diavolo*) fa da avversario e alla fine, sentiti i testimoni, vagliata la veridicità dei miracoli compiuti su intercessione del candidato medesimo, e dopo un periodo di tempo di solito piuttosto lungo, si decide se *is de cuius santitate agitur* (un po' di *latinorum* non guasta mai) meriti la gloria degli altari.

Di solito i processi sono rigorosissimi, ma l'elezione di alcuni santi, di nomina più o meno recente, desta qualche sospetto di opportunismo politico, come nel caso di san Luigi dei Francesi (al secolo re Luigi IX) o san Carlomagno, o il neo beatificato papa Pio IX (il nemico giurato dell'unità d'Italia) o, come ha fatto notare Giordano Bruno Guerri, santa Maria Goretti. Ma sono sospetti ingiustificati, risponde la Curia, in quanto in queste cose la Chiesa è assistita dallo Spirito Santo e non sbaglia mai.

Dunque, i santi sono dei cattolici esemplari, che in cielo intercedono presso Dio a favore dell'umanità.

Il solito popolo ignorante, però, ha adattato la venerazione dei santi alle proprie esigenze. La Chiesa, che guarda materna ai bisogni del suo gregge, non ha osteggiato la tendenza dei fedeli a raccogliersi intorno ad un santo particolare, in gruppi più o meno omogenei che si formano in funzione della nazionalità, della cittadinanza, della professione e di tutta una serie di altre possibili motivazioni.

Ogni città, ogni mestiere, ogni attività, ogni momento della giornata ha il suo santo patrono o protettore. C'è un santo per invocare la pioggia ed uno per far guarire le verruche, uno per le donne sposate ed uno per le nubili, uno per gli allevatori di mucche ed uno per gli studenti di teologia. C'è un santo per l'Inghilterra (San Giorgio) ed uno per l'Italia (San Francesco); uno per Napoli (san Gennaro) ed uno per Padova (sant'Antonio), uno per il paese di qua del fiume, uno per quello di là, il rivale[35]. Ognuno può invocare il santo del quale porta il nome, quello che protegge la sua nazione, la sua città e la sua professione, oltre ad uno o più santi che può scegliere a proprio gusto, magari perché gli piace la faccia che ha la sua statua.

Non si può non notare la singolare la somiglianza fra questi "patroni" e gli specialistici dèi dell'antichità. Anche perché quanto più basso è il livello culturale del postulante, tanto maggiore è la tendenza a rivolgere la preghiera al santo, quando non proprio alla statua, senza stare a pensare che il santo stesso deve farsi semplice latore e caldeggiatore della richiesta presso Dio: "*San Genna', fa' 'o miracolo!*" implora il popolino napoletano.

La realtà è che la Chiesa ha dovuto concedere alla gente quello di cui essa ha realmente bisogno: un riferimento vicino e concreto, meno astratto e meno distante di quel perfettissimo Dio che, impegnato con l'universo intero, non può certo perdere il suo tempo appresso a un contadino che teme le gelate o ad un artigiano che non può permettersi d'ammalarsi. Un Dio, per giunta, che a poveri mezzadri o affittuari, oppressi dal proprietario del terreno, ricordava troppo da vicino "il padrone" (non a caso entrambi erano definiti *Il Signore*) per invogliare il pezzente a rivolgersi a lui. Per non parlare, come dicevamo, delle statue, delle reliquie e dei quadri "miracolosi".

E qui veniamo al problema dell'idolatria. La Chiesa ha un bel dire che

> Il culto cristiano delle immagini non è contrario al primo comandamento che proscrive gli idoli. In effetti, «l'onore reso ad un'immagine appartiene

---

[35] L'esempio non è scelto a caso. Mi riferisco agli stupendi racconti di Gabriele d'Annunzio, *Gli idolatri* e *L'eroe*, ne *Le Novelle della Pescara*: un esempio molto trucido, veristico sul piano letterario, ma vero su quello psicologico e storico, dell'approccio popolare al culto dei santi.

a chi vi è rappresentato», e «chi venera l'immagine, venera la realtà di chi in essa è riprodotto». L'onore tributato alle sacre immagini è una «venerazione rispettosa», non un'adorazione che conviene solo a Dio: «Gli atti di culto non sono rivolti alle immagini considerate in se stesse, ma in quanto servono a raffigurare il Dio incarnato. Ora, il moto che si volge all'immagine in quanto immagine, non si ferma su di essa, ma tende alla realtà che essa rappresenta».[36]

Questa affermazione è una foglia di fico intellettuale che pretende di nascondere una ben diversa realtà antropologica.

Quando si vede qualcuno, durante una processione, inginocchiarsi al passaggio di una statua di qualche Madonna o qualche santo, poi rialzarsi, baciare il mantello o la veste che la statua indossa ed appendervi una banconota, chiedendo una grazia, riesce difficile immaginare che costui veda in quella statua la semplice rappresentazione di un intermediario, l'immagine di una brava persona che porterà la sua preghiera al Signore. L'attaccamento di certi fedeli ad un certo santo - quando non al quadro, alla statua o alla reliquia di un certo santo - ha in realtà la stessa valenza dell'omaggio che il contadino precristiano rendeva al Priapo del suo campo, chiedendogli in cambio un buon raccolto.

4. *Cosa vuol dire essere atei (o agnostici)?*

Il catechismo della Chiesa cattolica, col suo solito approccio categorico ed apodittico, spara a zero, senza complimenti, sull'ateismo:

L'ateismo va annoverato fra le cose più gravi del nostro tempo.[37]

L'umanesimo ateo ritiene *falsamente* che l'uomo sia «fine a se stesso, unico artefice e demiurgo della propria storia». [38]

---

[36] *Catechismo della Chiesa Cattolica,* Parte terza, sezione seconda, capitolo primo, 2123.
[37] Ibid.
[38] Ibid., 2124. Il corsivo è mio.

Spesso l'ateismo si fonda su una *falsa* concezione dell'autonomia umana, spinta fino al rifiuto di ogni dipendenza nei confronti di Dio[39]

Non vedo in base a quali elementi oggettivi il catechista si arroghi il diritto di affermare che le sue opinioni sono giuste e quelle dell'ateo false. Potrei altrettanto validamente affermare, con Mao Tze Tung, che *la religione è l'oppio dei popoli*: questa affermazione, apodittica quanto le altre che ho appena citate, non avrebbe di quelle minore validità. Ma il catechista è titolare di una verità rivelata, e quindi può sparare giudizi assoluti sulle opinioni altrui senza che nessuno gli dica niente.

Credo sia il caso di citare un'altra affermazione del Catechismo:

Alla genesi e alla diffusione dell'ateismo «possono contribuire non poco i credenti, in quanto per aver trascurato di educare la propria fede, o per una presentazione fallace della dottrina o anche per i difetti della propria vita religiosa, morale e sociale, si deve dire piuttosto che nascondono e non che manifestano il genuino volto di Dio e della religione».[40]

A prima vista questa affermazione potrebbe suonare come un *mea culpa*, in quanto attribuisce ai credenti una parte della responsabilità per il diffondersi dell'ateismo. In realtà, essa è una prova di arroganza da un lato, e dall'altro un'ennesima sottovalutazione del cervello della gente.

La prova di arroganza sta nella pretesa di essere, nel bene e nel male, un modello di riferimento per tutti. La sottovalutazione sta nel ritenere che una persona non sia in grado di formarsi delle idee proprie e sia tanto sciocca da dover fare riferimento, appunto, al comportamento dei credenti (ma in realtà il riferimento è al clero) e non a qualcosa di più profondo, intimo e al contempo oggettivo, per orientarsi in questo campo. L'ateismo è una cosa, l'anticlericalismo tutt'altra.

Sono molti a confondere fra loro laicismo, ateismo, anticlericalismo ed empietà. L'atteggiamento del laico (che può benissimo essere credente) non è di inimicizia verso il clero, ma di separazione fra le cose della religione e quelle del diritto comune. Il

---

[39] Ibid., 2126. Il corsivo è mio.
[40] Ibid., 2125

laico ritiene che il male consista nel ledere o invadere la sfera delle libertà altrui e prescinde, nel valutare cosa sia lecito e cosa no, da considerazioni estranee a questo principio.

Analogamente, l'ateo non è *nemico di Dio*. Un siffatto atteggiamento farebbe dell'ateismo, a sua volta, una religione: la religione dell'anti-religione. L'ateismo vero nasce da un ragionamento scevro da passioni, se si esclude la passione per la ricerca e per l'approfondimento della conoscenza. Si può perfino dire (e non lo dico certamente io per primo) che l'indagine su Dio è molto più attenta e profonda in un ateo indagatore che non in un credente distratto.

L'ateo non è quindi, come piacerebbe a certi critici superficiali, un rozzo anticlericale dalla bestemmia più o meno facile o un intellettualoide che solleva il pugno verso quel dio che afferma di negare e del quale, invece, vuole sentirsi semplicemente superiore, con questo (bestemmiandolo o sfidandolo) contraddicendo il proprio asserito ateismo.

Un ateo è in realtà molto meno arrogante di quanto non si supponga. Approfondisce, sforzandosi di svincolarsi dalle proprie aspirazioni e dai propri desideri, tematiche psicologiche, filosofiche e scientifiche che lo fanno giungere a conclusioni che è comunque sempre pronto a rimettere in discussione. Prova fastidio, certo, per gli atteggiamenti di apodittica certezza tipici di certi credenti che – loro sì – parlano di cose che non conoscono e si nutrono di una pseudocultura acquisita per sentito dire; e, ancor più, prova fastidio per la pseudoscienza di teologi che da un lato pretendono di fornire una base razionale alle loro affermazioni e dall'altro contestano l'approccio veramente razionale alla conoscenza.

Il credente medio (che si identifica col credente distratto), in cambio di sacrifici personali tutto sommato simbolici, e comunque di entità modesta, gode di una rete di protezione, contro la paura del vuoto, che all'ateo manca del tutto. Non è infatti l'esistenza reale di qualcosa che conta, quanto la convinzione che quel qualcosa esista. Il credente, quale che sia la sua fede religiosa, può cullarsi nella speranza, se non nella certezza, che la sua morte fisica non segni l'annullamento totale del suo essere, che essa consista solo in un "andare da un'altra parte". Se crede nella metempsicosi è convinto che, prima o poi, rinascerà; un musulmano si vede proiettato in un giardino di beatitudini; un agnostico[41] si sente comunque gratificato dall'idea che il mondo abbia uno scopo, e di essere inserito in un "progetto". Un progetto di cui sa poco, ma che comunque esiste.

Un cristiano ha aspettative ben più precise: se è povero ed ha fame, può pensare che *lassù* sarà sfamato; se è deriso, o ignorato, che sarà gratificato, se è umile che sarà innalzato. Basta guardare alle Beatitudini del Discorso della Montagna: cosa c'è di più consolatorio?

Perfino il reprobo, l'assassino, il criminale più incallito, può preferire di pensare che lo aspettano le pene eterne dell'inferno, piuttosto che l'annientamento assoluto.

Questa speranza di sopravvivenza l'ateo non ce l'ha. L'ateo considera sé stesso come il frutto di un certo percorso evolutivo e il suo mondo per lui non è che un momento, un breve attimo, in un flusso di eventi incommensurabilmente più estesi ma di durata non infinita. La stessa esistenza dell'umanità non rappresenta, nella sua ottica, che una fase di un processo che, a sua volta, è di durata limitata nel tempo.

Non dubito che ci sia chi si dice ateo tanto per schivare i precetti religiosi o, stupidamente, per reazione contro l'ambiente che lo circonda, o addirittura per snobismo, ma questo è un altro discorso.

L'ateismo vero è una posizione culturale meditata ed assunta, il più delle volte, in contrasto con i propri desideri. Anche all'ateo, infatti, piacerebbe avere quella rete di protezione che rende più serena la vita di chi ateo non è. Ma desiderare qualcosa non implica la necessità, o la possibilità, che quel qualcosa esista.

---

[41] L'agnosticismo è una forma di religione personale, che riconosce l'esistenza di un'entità superiore, ma rifiuta l'idea che questa entità possa legarsi a questo o quel credo.

5. *Davvero gli atei sono amorali?*

E fugli mostrato da Dio maravigliosa visione; imperò che vide dinanzi a sé passare quasi moltitudine infinita di Santi a modo di processione a due a due, vestiti tutti di bellissimi e preziosi drappi, e la faccia loro e le mani risplendeano come il sole, e andavano con canti e con suoni d'Angeli. Tra' quali Santi erano due più nobilmente vestiti e adornati che tutti gli altri, ed erano attorniati di tanta chiarità, che grandissimo stupore davano a chi li riguardava; e quasi nel fine della processione, vide uno adornato di tanta gloria, che parea cavaliere novello, più onorato che gli altri. [...] E costui domanda: «Chi sono que' due che risplendono più che gli altri?». Rispondono costoro: «Quelli sono santo Francesco e santo Antonio, e quello ultimo che tu vedesti così onorato, è uno santo frate che morì nuovamente; [...] E questi vestimenti di drappo così belli che noi portiamo, ci sono dati da Dio in iscambio delle aspre toniche le quali noi pazientemente portammo nella religione, e la gloriosa chiarità che tu vedi in noi ci è data da Dio per la umile penitenza e per la santa povertà e obbedienza e castità, le quali noi servammo insino alla fine».[42]

[...] Ed era santo Francesco ammantato d'un mantello maraviglioso, adornato di stelle bellissime, e le sue cinque Stimmate erano come cinque stelle bellissime e di tanto splendore, che tutto il palagio illuminavano co' loro raggi. E frate Bernardo aveva in capo una corona di stelle bellissima, e frate Egidio era adornato di maraviglioso lume».[43]

E [frate Bernardo] dopo Nona ritornando in sé, andava per lo luogo gridando con voce ammirativa: «O frati! O frati! È niuno in questa contrada sì grande né sì nobile, al quale, se gli fosse promesso uno palagio bellissimo pieno d'oro, non gli fosse agevole portare uno sacco pieno di letame per guadagnare quel tesoro così nobile?». A questo tesoro celestiale, promesso agli amatori di Dio, fu frate Bernardo predetto sì elevato colla mente, che per quindici anni continui sempre andò colla mente e colla faccia levata in cielo.[44]

Questi tre episodi, tratti da *I Fioretti di San Francesco*, riguardano alcuni dei primi frati, compagni del santo di Assisi.
La lettura dei *Fioretti* mette molto bene in evidenza che questi fraticelli, da bravi uomini del Medio Evo, avevano una paura tremenda dell'Inferno e desideravano ardentemente il Paradiso.

---

[42] I Fioretti di San Francesco, cap. XX
[43] Ibid, cap. XXVI
[44] Ibid, cap. XXVIII

Un paradiso che non rappresentava, per loro, la felicità ineffabile di godere della visione di Dio, di ammirare *l'Amor che move il sole e l'altre stelle*[45], ma, molto più prosaicamente, il ritrovarsi in un ambiente luminoso e caldo, vestire un abbigliamento fatto di panni finissimi, *guadagnare quel tesoro così nobile* come *un palagio bellissimo pieno d'oro*. Ognuno si aspetta, in premio per la sua fede, ciò che ritiene più allettante: per i fraticelli umbri andavano bene abiti e luce, mentre per Dante, uomo di cultura imbottito di filosofia aristotelica, contava l'aspetto trascendentale.

Quale che fosse la paradisiaca aspettativa, comunque, sempre di retribuzione, di *do ut des* si trattava.

I primi francescani, insomma, stando a quel che si può leggere nei *Fioretti*, praticavano con entusiasmo quelle virtù che Francesco indicava loro (non si può dire lo stesso di molti loro successori), quali l'umiltà, la povertà, l'ascetismo, la castità. *Ma non gratis*: essi si aspettavano di essere molto ben retribuiti, nell'altra vita, per i sacrifici che facevano in questa.

Un simile atteggiamento è giustificato anche dai vangeli, nei quali Gesù parla frequentemente di ciò che si deve fare o non fare per entrare nel Regno - per guadagnarsi, cioè, una simile ricompensa - e di ciò che succede, invece, a chi agisce in senso opposto.

Sono queste le motivazioni di fondo che spingono molti cristiani a fare del bene: la paura dell'Inferno e la speranza del Paradiso, quale che sia il tipo di paradiso al quale essi pensano.

Anche gli apostoli, i dodici eletti, i portatori del Messaggio, non sfuggono a questa regola:

> Allora Pietro prendendo la parola disse: «Ecco, noi abbiamo lasciato tutto e ti abbiamo seguito; *che cosa dunque ne otterremo?*» E Gesù disse loro: «In verità vi dico: voi che mi avete seguito, nella nuova creazione, quando il Figlio dell'uomo sarà seduto sul trono della sua gloria, siederete anche voi su dodici troni a giudicare le dodici tribù di Israele. Chiunque avrà lasciato case, o fratelli, o sorelle, o padre, o madre, o figli, o campi

---

[45] Dante, Paradiso, XXXIII, 146

per il mio nome, riceverà cento volte tanto e avrà in eredità la vita eterna».[46]

Do ut des. Voglio sperare, nonostante tutto, che non sia una regola generale. Certo, nessuno può entrare nella testa di nessun
altro, e – malignamente – si può dire che è impossibile dimostrare che il più umile dei santi non fosse estremamente orgoglioso
della propria umiltà. Penso tuttavia, o almeno lo spero, che la
pratica della bontà e della generosità non sia stata motivata, in
tutti i cristiani vissuti finora, solo dal desiderio di guadagnarsi il
paradiso.
Una cosa, comunque, è certa: una religione che educa i suoi seguaci a pensare alla vita come ad un esame da superare, inevitabilmente sporca le azioni più nobili che essi possono compiere
con il dubbio che si tratti di nobiltà pelosa[47].
Gesù ha pur detto di non andare in giro a vantarsi del bene compiuto (*la mano destra non sappia quello che fa la mano sinistra*). Ma il povero cristiano può impedirsi, per discreto che sia,
di pensare che Dio lo vede? Non è questo, in fondo, il pubblico
che, in vista del premio finale, conta di più?
E un ateo? Ad un ateo, tutto questo non interessa.
Un ateo rispetta le leggi, e le regole della convivenza civile e
della buona educazione, senza aprire un registro di partita doppia (questo a Cesare, questo a Dio) e senza aspettarsi alcuna retribuzione ultraterrena.
Un ateo onesto è certamente più disinteressato di un cristiano (o
di un mussulmano, o di un ebreo, o perfino di un buddista) one-

---

[46] Mt 19, 27-29. Il corsivo è mio.
[47] Vorrei citare, a questo proposito, una bella fiaba di Marcel Aymé, *L'huissier* (dalla
raccolta *Le Passe Muraille*, Folio, 1990), che ho avuto il piacere di conoscere grazie
al mio amico Michelfranco Sbarato. Un ufficiale giudiziario senza cuore, Monsieur
Malicorne, muore. È sempre stato spietato e meriterebbe le pene eterne, ma gli viene
concesso di tornare sulla terra per un breve periodo, affinché, con qualche buona a-
zione, possa riscattarsi. Malicorne si dà da fare, compiendo tutte le buone azioni che
può e registrandole scrupolosamente su un quaderno. Ma una sola, l'ultima: compiuta
senza pensarci e, quella sola, per vera e disinteressata generosità, gli viene riconosciu-
ta come valida quando muore definitivamente. Una sola; ma sufficiente a fargli ottenere il paradiso.

sto. Un ateo disonesto, di converso, non è più disonesto di un credente disonesto.

Un ateo, inoltre, se davvero è ateo e quindi si interroga sul mondo e su sé stesso, come ho già avuto modo di sottolineare, non giudica gli altri ma ne valuta le idee, ed è quindi ben lungi dal condannare il suo prossimo per motivi ideologici.

L'unico giudizio che un ateo teme davvero è il proprio.

E di solito, in questi casi, il giudice è molto, molto severo.

INDICE

APPENDICI

www.ingramcontent.com/pod-product-compliance
Lightning Source LLC
Chambersburg PA
CBHW080526090426
42733CB00015B/2500